# しまなみ海道・四国一周 徒歩の旅絵日記

長坂 清臣

Kiyoomi Nagasaka

文芸社

# はじめに

本のタイトルに「四国一周」とありますが、これは四国八十八ヶ所霊場巡りをした記録ではなく、四国の東西南北の先端に位置する岬を訪れて、四国を歩いて一周した道中記です。最初に「四国一周 徒歩の旅」をするに至った経緯を説明致します。私は建築設備設計の技術者として建物の設備設計・現場監理の仕事に従事していたのですが、仕事の合間に1年半の年月をかけて、東京の日本橋から京都の三条大橋まで中山道を歩きました。その旅はあまりにも楽しくて、さらにその先へ歩き続けたいと思いました。当時60歳を過ぎていたこともあり、「これからはやりたい事を優先して生きていこう」と決心し、一旦仕事から離れて2年間限定で「日本縦断 徒歩の旅」をしようと思い立ちました。歩き終えた順番に記載すると、「西国街道・山陽道 徒歩の旅」、「九州・沖縄縦断 徒歩の旅」、「北海道縦断 徒歩の旅」、そして最後に「奥州街道・日光街道 徒歩の旅」を終えたのが2019年の3月です。中山道を歩き始めてから3年半の年月を費やして「日本縦断 徒歩の旅」を達成したのですが、その中に四国は含まれていませんでした。

旅を終えた翌月の2019年4月から都内の大学で施設を監理する部署に勤め、建築設備の設計・現場監理の仕事を再開したのですが、「四国一周 徒歩の旅」は仕事をしながら少しずつ歩くつもりでした。しかし働き始めて数カ月が過ぎた頃に激しい頭痛に襲われ、検査の結果手術をすることになり1カ月間の入院を余儀なくされました。その時に「人はいつ理不尽なことに遭遇するか分からない。本当にやりたい事を優先しよう。四国を歩いて『日本縦断 徒歩の旅』を『日本列島縦断 徒歩の旅』に格上げしよう」と思うに至りました。

結局、その職場には1年間在籍しただけで2020年3月に退職。在職していた当時は、仕事を終えて家に帰ると既に歩き終えた道中記やスケッチを本にするための原稿を作成していたので、毎日が忙しかったことも決断した理由のひとつでした。

退職した翌々月の2020年5月から「四国一周　徒歩の旅」を始めたかったのですが、前年の後半から新型コロナウイルスが日本中に拡散して緊急事態宣言が発令され、移動の自粛が求められました。コロナ禍が収束した同年10月に第1回目の旅を開始。しかし新型コロナウイルスのまん延は一進一退を繰り返し、感染者が少なくなった頃を見極めて合計5回に亘り旅を行い、2023年4月に終了。結局職場を退職してから3年の歳月を要しました。日本中が3年以上の長きに亘りコロナ禍に翻弄されました。

本のタイトル『しまなみ海道・四国一周　徒歩の旅絵日記』から分かるように、四国へ渡るのも歩いて行きたかったので、広島県の尾道市と愛媛県の今治市を瀬戸内海に浮かぶ六つの島々を経由して結ぶ「しまなみ海道」を通りました。島と島の間は歩行者と自転車が通れる橋で結ばれ、景色が素晴らしいことから「サイクリングの聖地」と呼ばれています。私が「しまなみ海道」を歩いた4日間は連日好天に恵まれて、橋を通る時は島と島の間を流れる急潮や渦潮を見ることが出来、素晴らしい景色の連続でした。

「しまなみ海道　徒歩の旅」を終えて、愛媛県今治市から「四国一周　徒歩の旅」を始めたのですが、四国には有名な四国八十八ヶ所霊場を巡る遍路道があります。私が歩いた道の多くも遍路道と重なっていました。四国にはお遍路さんをおもてなしする文化が根付いており、歩いていると何度も地元の方から声をかけられてミカンの提供を受けました。これらの御親切は、旅の思い出として何時までも私の心に残っています。

# しまなみ海道・四国一周 徒歩の旅絵日記 目次

## しまなみ海道 徒歩の旅



## 四国一周 徒歩の旅

# しまなみ海道　徒歩の旅

## 広島県の尾道市から向島、因島、生口島、大三島、伯方島、大島を通って愛媛県の今治市へ

# しまなみ海道　歩程地図

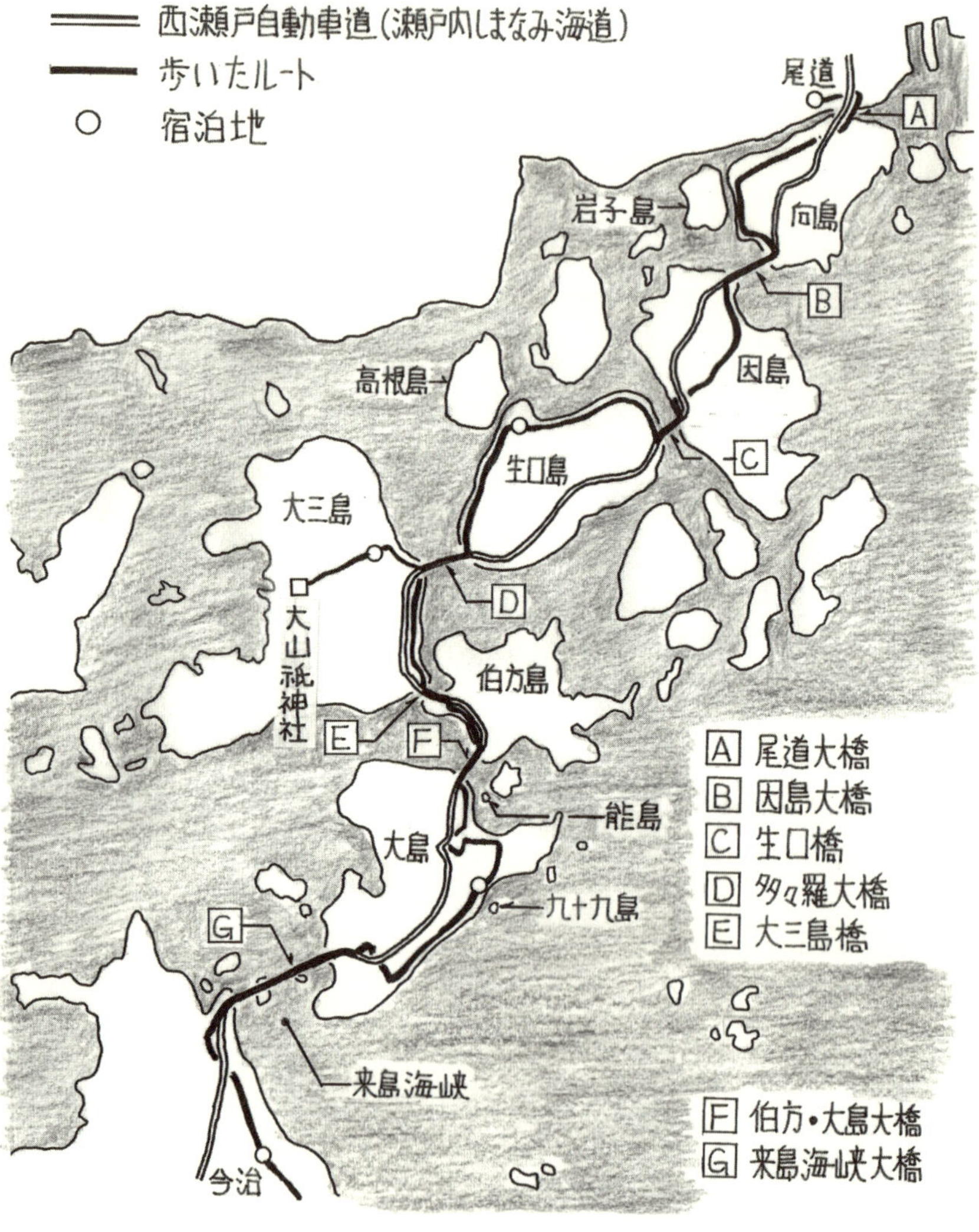

西瀬戸自動車道（瀬戸内しまなみ海道）
歩いたルート
宿泊地
尾道
向島
岩子島
因島
高根島
生口島
大三島
大山祇神社
伯方島
大島
能島
九十九島
来島海峡
今治
A 尾道大橋
B 因島大橋
C 生口橋
D 多々羅大橋
E 大三島橋
F 伯方・大島大橋
G 来島海峡大橋

# 1　尾道市

尾道市　千光寺公園広場より　隣に座る三毛猫と一緒に本殿を望む

しまなみ海道（西瀬戸内自動車道）

尾道
↓　[新尾道大橋]・[尾道大橋]
向島
↓　[因島大橋]
因島
↓　[生口橋]
生口島　　　　　　　↑ 広島県
↓　[多々羅大橋]　―┤
大三島　　　　　　　↓ 愛媛県
↓　[大三島橋]
伯方島
↓　[伯方・大島大橋]
大島
↓　[来島海峡大橋]
今治

## 尾道市

2020年10月12～13日

「しまなみ海道 徒歩の旅」を開始。しかし、新尾道駅の観光案内所で間違いが発覚。ルート変更を余儀なくされた。

新型コロナウイルスによる移動の自粛が解除されたのに合わせて「しまなみ海道・四国一周 徒歩の旅」を開始した。懸念された台風14号は南に遠ざかったので一安心。朝の6時20分に東京駅に到着。以前はこの時間帯から旅行者や外国人の観光客で混雑していたが、ビジネス関係者らしき人がわずかに歩いているだけで閑散としていた。東海道・山陽新幹線に乗るのは「九州縦断 徒歩の旅」で小倉に行った時以来3年振りである。私が乗った車両は乗客がほとんどいないが、マスクを着用しなければならず鬱陶《うっとう》しかった。

11時に新尾道駅に到着。いよいよ「しまなみ海道・四国一周 徒歩の旅」が始まると意気込んで歩き出そうとしたが、駅構内に観光案内所があったので「しまなみ海道」に関する情報を確認することにした。ここで私はとんでもない間違いをしようとしていたことを知り愕然とした。

私は、「しまなみ海道」は高速道路全体に歩行者や自転車が通れる歩道が併設されていて、インターで車と同様に歩行者や自転車も自由に出入りが出来ると思っていた。ところが歩行者や自転車が通れるのは島々を結ぶ橋の区間だけで、橋を渡ると自転車や歩行者は直ぐに一般道に下りなければいけないとのこと。私が計画した条件と全く異なるので、計画の練り直しが必要である。しかし事前に知る事が出来てよかった。私にとってもうひとつの幸運は、この日は尾道市街地に宿泊し、「しまなみ海道 徒歩の旅」は翌日から始まることだ。観光案内所で受けた説明によると、「しまなみ海道」とは島と島をつなぐ橋と島内を通る風光明媚な道路を組み合わせた呼名で、自動車専用道路は「西瀬戸自動車道」と言い、島の山間部を通っているので展望はほとんどないとのこと。「しまなみ海道」は、橋を渡ると島内の海沿いを中心とした道になる事を教えていただいた。この様な大切な情報を現地に来て初めて知るとは、事前の調査が余りにもずさんだった。

夜にホテルで対策を考えることにして、気を取り直して尾道市街地へと歩き出す。最初に向かったのは千光寺。尾道に来たのは「西国街道・山陽道　徒歩の旅」以来で3年振りだ。この日の天気は晴れ。ロープウェイで千光寺公園まで上がる。標高は１４０ｍ。展望デッキからは尾道市街地や尾道港が一望出来、瀬戸内海に浮かぶ島々が連なる景色は素晴らしかった。千光寺は大同元年（８０６年）に開基の古刹である。朱色の本堂は舞台造りで開放的な建物だ。そして「文学のこみち」を歩いたが、正岡子規、松尾芭蕉、林芙美子などの作家や俳人の文学碑があり、それらを読みながら下って行った。広場まで下りると数匹の野良猫がいるので立ち止まる。ベンチに座り見上げると本堂が望め、ロープウェイが上がって行く様子を隣に座る三毛猫と一緒に眺めていた。

広場を出て細い路地を下りて行くと、旧家が多くて趣のある街並みになった。尾道は歴史のある「坂の街」である。以前、山陽道を歩いた時は、浄土寺に寄った後にアーケード街を通ったので、空や海が見えないせいか少し暗い街だと感じた。この日は海に面した通りを歩いたので、明るい街という印象を抱いた。

向島《むかいしま》との間にある尾道水道は海というより

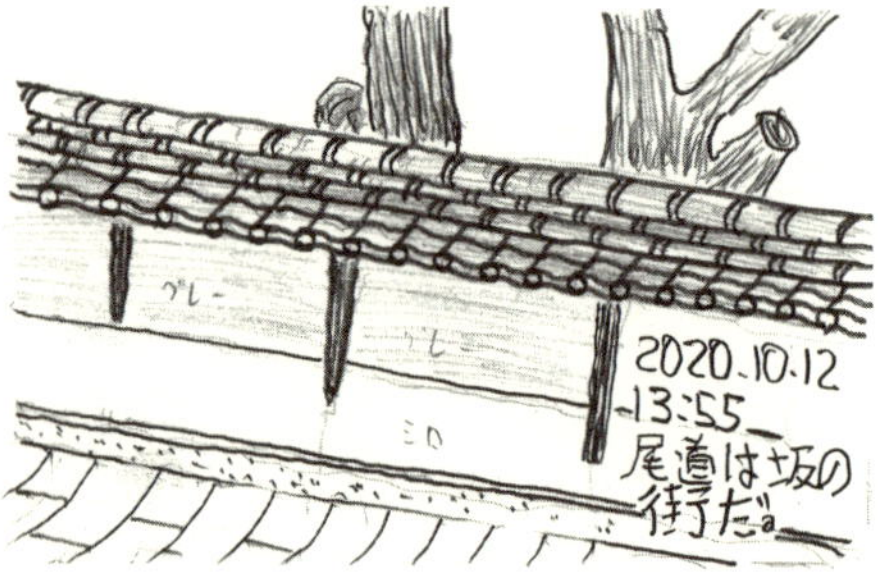
グレー
グレー
白
2020.10.12
13:55
尾道は坂の街だ。

2020.10.12
15:35
尾道港
向島へ行く
フェリーを見ている。

川のような感じがするくらい両岸は近い（「しまなみ海道　歩程地図」参照）。島との間を行き来するフェリーを眺めていたが、計画変更を検討するため宿泊するホテルへと急いだ。ホテル内のレストランでビールを飲みながら戦略を練り直す。「しまなみ海道」の歩程距離は約74kmで、島内に3泊する計画としていた。何カ所かルートを変更したが、何とか歩ける目途が付いたので安心した。

翌日は5時に起床。ホテルを7時半に出発。

JR尾道駅の前に向島との間を往来しているフェリー乗り場があり、フェリーが着くと自転車や車と共に大勢の人達が一斉に船から出てきた。その後は高校生達が乗船を始めた。この様なフェリー乗り場を他に2カ所見かけたが、尾道市街地と向島との往来は活発である。「しまなみ海道」をサイクリングする場合、尾道から向島へ行くにはフェリーを利用する。向島へは「西瀬戸自動車道」の「新尾道大橋」と一般道の「尾道大橋」が架かっているが、「新尾道大橋」は自動車専用なので自転車及び歩行者は入れないし、「尾道大橋」は歩道を通れないので自転車の通行は推奨されていない。私は歩行者なので「尾道大橋」の通行は可能である。フェリーに乗れば10分程で対岸の向島に行けるが、私は「歩く旅人」である。当たり前の様に約５㎞先の「尾道大橋」を目差して歩き始めた。

国道２号線を進み、尾道大橋入口の信号から山側へ続く道に入る。歩行者用の階段を上がると「尾道大橋」の前に出た。通行する車の量はかなり多い。狭い歩道の路面には斜張橋特有の太いワイヤーが固定されているので、確かに自転車の走行は無理である。

尾道市　尾道大橋

# 2　向島《むかいしま》

向島　九軒島付近　青いラインに沿ってサイクリスト達と共に進む

2020.10.13 8:45
尾道大橋から
新尾道大橋
を見る

2020.10.13 10:40
道路復旧のため廻り道
をしたら
向島
大橋
に出た。

## 向島

2020年10月13日

向島と岩子島に架かる向島大橋の横を通過した時、この橋を往復しようか迷ったが、その様な浮かれた行動は慎んだ。

向島　岩子島と向島大橋

「しまなみ海道」を歩くに当たり、島と島とをつなぐ橋は全て描こうと思っていた。尾道大橋の途中で立ち止まり、直ぐ横にある新尾道大橋をスケッチ。そして歩いている尾道大橋は橋塔からたくさんのケーブルが出ていて、それが狭い歩道の路面で固定されている。その場所を通過する度に体が車道側に出るので、後ろから車が来ないことを確認しながら通過した。これでは自転車は通行出来ない。また車道は車の通行量が多い割に道幅が狭いので、自転車の通行は危険である。

尾道大橋を渡り終えて向島に入り、海沿いの道路まで下りてきて分かったことがある。新尾道駅の観光案内所で頂いた「しまなみ海道」のパンフレットは、自転車で走る道を青い線で表示していたが、実際の道路でも青いラインが引かれていて、それに沿ってサイクリスト達は進んで行く。私も基本的には青いラインをたどって歩いた。

2020.10.13 10:45
因島大橋が見えた。坂急が多いとまずい。
歩くペースが少し遅いようだ。

尾道大橋から４㎞程歩いた頃に岩子島が見えてきた。向島と岩子島の間は非常に近い（「しまなみ海道　歩程地図」参照）。この二つの島に架かる赤い鉄骨で出来た向島大橋が現れたが、この時ハプニングに遭遇。道路復旧工事のため迂回しなければならないのだ。この日は当初の予定からコース変更をしたために歩く距離が長くなったので嫌な予感がした。山側へ迂回する道を上って行くと、先程見た向島大橋の横に出た。自動車用と歩行者・自転車用の各々に橋が架けられている。休憩しているとサイクリスト達が喘ぎながら上がってきた。この様な急な上り坂では歩く私の方が優勢なようだ。橋を渡って岩子島に行き、直ぐに戻ろうと思ったが止めておく。急いで歩かなければならないので、その様な浮かれた行動は慎んだ。道路工事のおかげで、向島大橋を近くで見ることが出来た事に感謝して海側の道へと下りて行くと、サイクリスト達はあっという間に私を追い抜いて行った。

海を右手に見て歩いて行くと、木々に包まれて因島《いんのしま》大橋が見えてきた。尾道側から来たサイクリスト達にとっては最初の橋である。時刻は10時45分。歩くペースが少し遅いようなので、歩きのギアを一段上げた。案内標示板があり、それに従って橋まで上がって行く。橋は海面から50ｍくらい上方にあるので、歩くのは大変だが自転車はもっと大変だろう。逆方向から勢いよく下りてくる自転車もあるので油断は出来ない。因島大橋にだいぶ近づいた頃、歩行者用の階段があった。サイクリストよりショートカットしたので少し得をした気分だ。

# 3　因島《いんのしま》

因島　因島大橋

2020.10.13 11:40
因島大橋
歩道

2020.10.13 12:40
八重子島

## 因島

2020年10月13日

因島大橋は、歩行者用と自転車用でゾーンが分かれていた。私は、歩行者ゾーンを走る自転車を蹴散らしながら進んだ。

因島　因島大橋から見た大浜埼灯台

向島と因島に架かる因島大橋に到着したのは11時半。自動車道の下に歩行者・自転車用道路が分離していた。橋長は1270mの吊り橋で、1983年に供用開始され、完成当時は日本最大の吊り橋だった。歩道のゾーンは路面が緑色になっていて、自転車ゾーンと分けられているので安心して歩いていける。自転車は時折通過していくが、歩道ゾーンは私の独占状態だ。自転車ゾーンは非分離の対面通行で、制限速度が30㎞である。それに幅が狭いので、時折歩行者ゾーンを走ってくる自転車がいるが、私が仁王立ちするかのように通路の中央を歩いているので、皆が本来の自転車ゾーンに戻って行く。歩行者の私が自転車を蹴散らしているかのようで痛快だ。この様な時に私の頭の中を流れるのは行進曲「威風堂々」である。私は正面を向いて胸を張り、いつもより腕を大きく振って足を高く上げて歩いていたに違いない。

右手には橋を構成するトラス鋼材の間から瀬戸内海のきれいな景色が広がっていた。因島大橋の下の海峡は「布刈瀬戸《めかりせと》」と言い、幅８００m、水深50mで交通の要衝である。たくさんの船が往来していて、小さな灯台が見えてきたので立ち止まる。これは大浜埼《おおはまさき》灯台で、確かにこの海域は灯台がないと危ないだろうなと思う。その横には大浜埼灯台記念館の白く尖った屋根が顔を出していた。

橋を渡り終えると、歩行者・自転車用道路は海側へ下りる道となる。これで因島を自由に歩き廻ることが出来る。一方、自動車用道路（西瀬戸自動車道）はそのまま真っ直ぐに山の中へと伸びていた。「しまなみ海道」を歩く要領がつかめてきた。もう正午を過ぎているので、橋の下の日陰に入り昼食休憩とした。

この後、方向を見失いながらも国道３１７号線に出て水軍城を目差す。因島の代表として是非とも見学したいと思っていた施設だが、もう13時に近いので急がなければまずい。この日の宿泊はこの因島ではなく次の生口島なのだ。水軍城に向けて歩くギアをさらに一段上げた。

水軍城まで５００mの案内表示を見つけた時は13時20分。城は高台にあるので行くべきか迷った。その隣の標示板には、瀬戸田《せとだ》まで13㎞と書いてある。生口島の瀬戸田がこの日宿泊する場所で、ここから3時間は歩かなければならない。残念だが水軍城へ行くのは諦めざるを得ない。せめて城の外観だけでも眺めたかったが、それすらかなわないので村上水軍の旗を描いた。近くには江戸時代に活躍

した囲碁棋士「本因坊秀策」の記念館もあるが、こちらも寄ることは出来ない。計画変更のため、歩く距離が長くなった影響に翻弄されていた。

ここから因島を横断するように、国道３１７号線は山側へと続く。そして現れたのが青影トンネルだ。トンネルの入り口に「歩行者・自転車に注意」との注意板があり、トンネル内の道幅が狭い上に内部は薄暗いので少し心配したが、トンネル内が工事中で片側通行規制がかかり、係の方の誘導で安全に歩くことができた。

トンネルを出ると海沿いの周遊道路に合流。そしてこの時に左足の付け根部分がつってしまった。普段より歩きのギアを2段階上げて歩いた影響が出たらしい。足がつった時に備えて持参した薬を服用する。初めて使用する薬なので、効果の程は全く分からない。道は生口橋への上り坂となり、足に負担をかけないようにゆっくりと歩いたが、再び足がつったので再度薬を飲む。よく分からない薬を2袋飲むことに不安を覚えたが、足がつっては動くことが出来ないのでやむを得ない。こうして何とか生口橋に到着。この日が「しまなみ海道　徒歩の旅」の実質初日である。これでは無事に最後まで歩き通せるのか不安に思えてきた。

# 4　生口島《いくちじま》

生口島　県道81号線から望む対岸の因島

2020.10.14
8:00
瀬戸田から
今日の旅の
始まり。
瀬戸田町観光案内所

2020.10.14 9:00
生口島の砂浜に
仏像あり。対岸
は大三島。


## 生口島

2020年10月13～14日

「しまなみ海道」最初の宿泊地は生口島。宿の女将さんから、次に渡る多々羅大橋での観るポイントを教えて頂いた。

生口橋は因島と生口島を結び、橋の長さは７９０ｍ。１９９1年に供用開始された。自動車道とは分離されていないが、歩行者・自転車道は幅が広くて歩きやすく、眼下には瀬戸内海の素晴らしい景色が広がっていた。橋を渡り終えたのは14時50分。歩行者・自転車道は下りとなり海沿いの県道81号線に合流した。

右手に先程まで歩いていた因島を見ながら進む。陽が短くなってきたので急ぎたいが、足に無理な負担はかけられない。南国的な街路樹を眺めながらゆっくりと歩く。瀬戸田に来ると平山郁夫美術館と耕三寺があった。両方とも見学を予定していたが、既に16時半なので諦めざるを得ない。この日の宿「民宿旅館ひよし」へ向かう。地図を見ながら歩いて行くと、街路樹の手入れ作業をしている方から声をかけられた。「どこに行くのですか」と尋ねるので、民宿の名前を言うと、建物を指さして丁寧に場所を教えて頂いた。

宿に着いたのは16時45分。先ずは風呂に入る。2度も足がつったので入念にマッサージをした。夕食の時、女将さんから次に渡る多々羅大橋の観るポイントを教えていただいた。橋塔の下に拍子木があるので鳴らすと音が共鳴して響くとのこと。そしてこの橋の中程が広島県と愛媛県の県境なので、見逃してはいけないとのことだ。それは本州と四国の境界でもある。四国では何が待っているのだろう。

翌日は6時に起床。疲れ過ぎていたせいかよく眠れなかった。7時40分に宿を出発。通りに出ると瀬戸田町観光案内所があり、大きなミカンとレモンのオブジェが置かれていた。「しまなみ海道」の島々は柑橘類の栽培で知られている。通りを進むと、広場にステンレスの針金で作られたサクソフォーンの形をした野外展示作品があった。瀬戸田観光案内地図によると、生口島には「島ごと美術館」と題して、このような屋外展示作品が島内に置かれているとのこと。路地を歩いて行くと高台に向上寺が見えてきた。ここの三重塔《さんじゅうのとう》は国宝であり見

生口島　高根大橋と高根島

学したいが、寺まで上がるのが大変そうなのでやめておく。「歩く旅人」を自認しているのに実に情けない話だが、足に負担をかけたくなかった。前日、2度も足をつった事が頭から離れない。

　海側の道に出ると、鮮やかなオレンジ色に塗られた大きな橋が現れた。高根島《こうねしま》と生口島との間に架かる高根大橋だ。高根島も柑橘類の栽培が盛んなので、両方の島の特産物である柑橘類の色にちなんで橋の色をオレンジにしたのだろう。高根島の木々を背景に下は海、上には青空、その真ん中でオレンジ色の橋が映えていた。近くにある瀬戸田港に寄ってから、先へと歩き出そうとした時、到着したフェリーから大勢の団体客が下りてきた。これから「しまなみ海道」をサイクリングするらしい。私は歩き出すタイミングを逸したので、もう少し留まって高根大橋を描くことにした。

　フェリー乗り場を後に歩き始めると、砂浜に朱

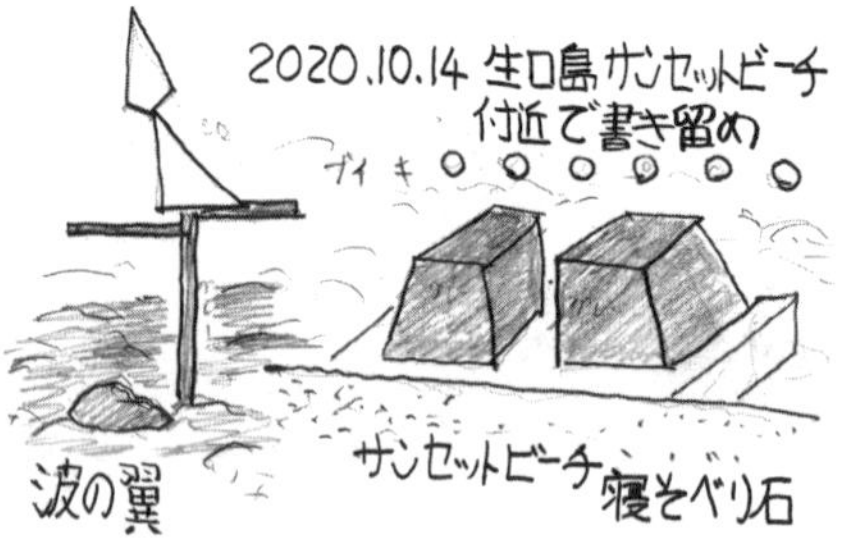


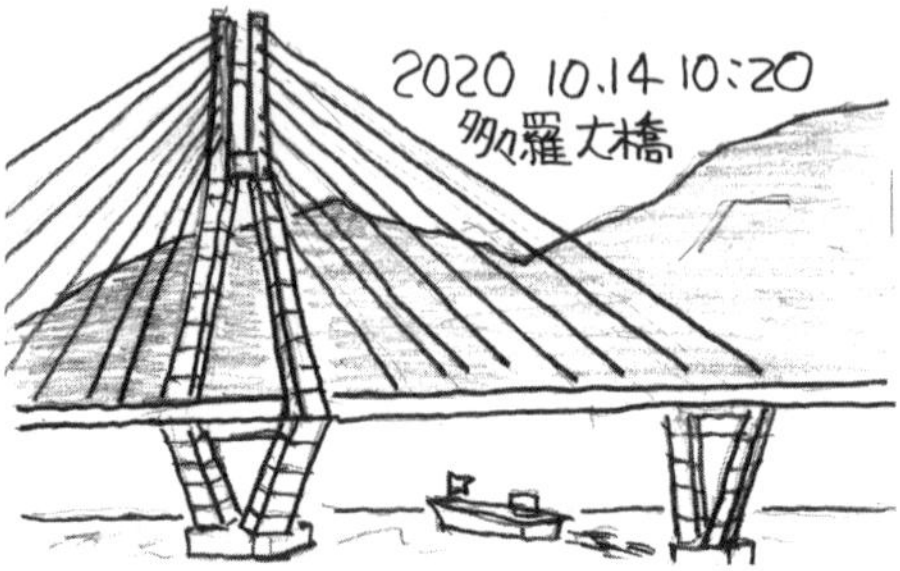


塗りのお堂があり小さな仏像が安置されていた。顔は何故か赤い布で覆われていて海の方角を向いている。この水域を往来する船と人々の安全を見守っているかのようだ。対岸は次に訪れる大三島である。この時、先程フェリー乗り場で見掛けた団体のサイクリスト達が通り過ぎて行った。

朝の散歩やジョギングをしている地元の方々に挨拶をしながら進むと、サンセットビーチと呼ばれる砂浜が見えてきた。長さが８００ｍくらいある絶好の海水浴場である。観光案内地図を見ると「しまなみレモンビーチ」と記載してある。ここに「島ごと美術館」の作品が数体展示されていて、「波の翼」という作品は海の中に立っていて、グレーの骨組みに三角の白い帆を付けて、風の向きに合わせて動いていた。そして次に渡る多々羅大橋が顔を見せた。ミカン畑の斜面を上がり多々羅大橋に着いたのは10時50分。近くで見ると、橋塔とそこから出ているたくさんのケーブルはすごい迫力で私に迫ってくる。サイクリスト達もこの光景を見て、皆が一旦は立ち止まって写真撮影をしていく。この多々羅大橋は全長１４８０ｍの斜張橋で、１９９９年に供用開始された。斜張橋とは橋塔から斜めに張ったケーブルを橋桁に直接つなぎ支える構造で、吊り橋の一種である。

# 5　大三島《おおみしま》

大三島　大山祇神社　拝殿

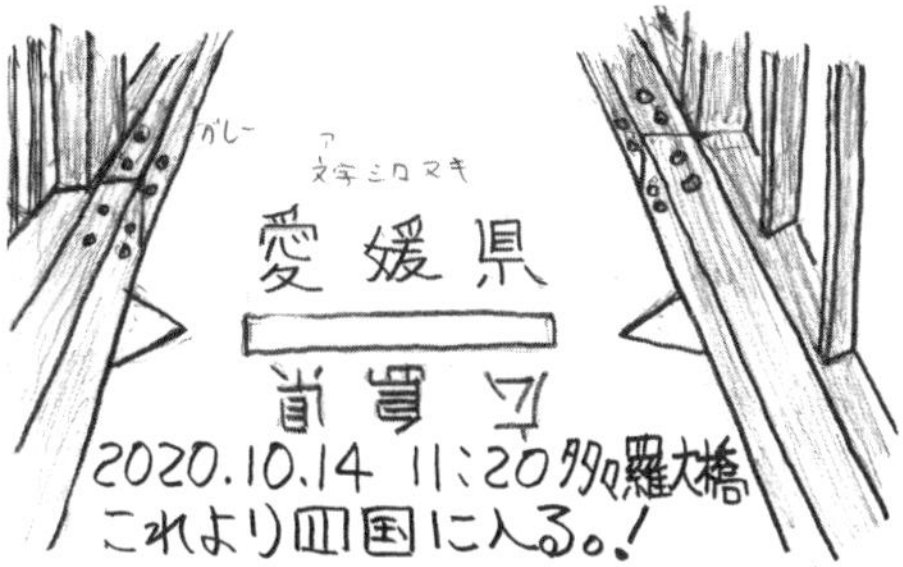


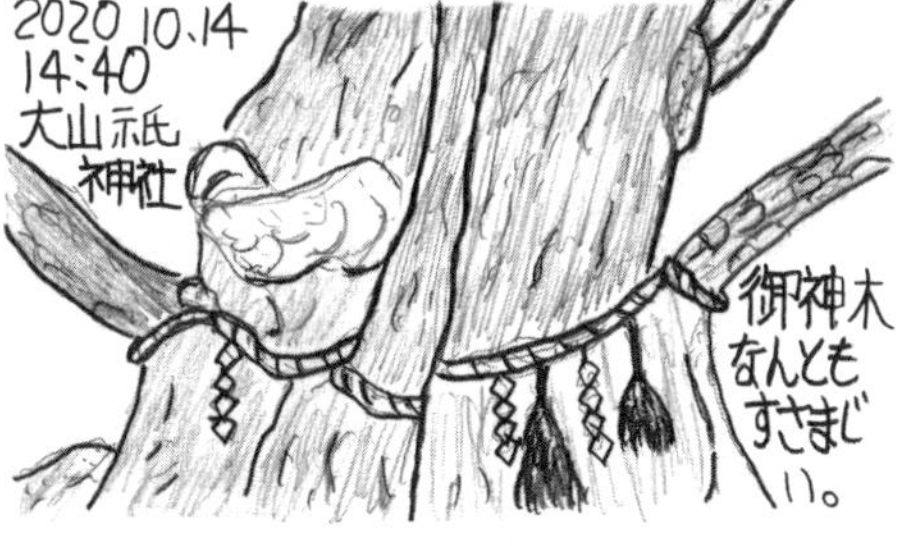


## 大三島

2020年10月14〜15日

広島県から愛媛県に入った。大山祇《おおやまづみ》神社の御神木は、樹齢約２６００年の大楠。その凄まじい姿に圧倒された。

多々羅大橋を歩き、橋塔の下まで来ると拍子木が置いてあった。車が通過しない静かになった時に打つと「ギャラーン・ギャラララーン」と上から音が響いてくる。後で知ったのだが、橋塔が逆Y字型なので、音が橋塔の内側の面を繰り返し反射して共鳴しながら上に登って行くように聞こえるとのことである。おもしろいので何回もやっていたが、後から来た歩行者のグループに拍子木をゆずり先へ行くことにした。

橋の中央付近に広島県と愛媛県との県境を示す表示が歩道の路面に書かれていた。ここから今治市に入ると共に四国の旅の始まりだ。そして再び橋塔を通った時に2度目の鳴き龍現象を体験。今度は拍子木を使わないで、手を鳴らすだけで共鳴するのか試すと、「ギャラララーン」と鳴るではないか。共鳴の感度は大変素晴らしい。そしてこの時に、手をたたく際に大きな音を出すコツをつかんだ私は、コンサートや講演会等では鳴り響くような大きな音の拍手をするように心がけるようになった。

多々羅大橋を渡り終えて大三島に入り、歩道を下りて行くと「道の駅多々羅しまなみ公園」に到着。汗をかいたのでレモンのソフトクリームを注文した。地元のレモンのエキスが入っているだろうと勝手に思い込んで、つい力が入ったのだろう。強く握りすぎて、いきなりコーンをつぶしてしまい食べるのに難儀した。

この日の宿泊はこの大三島である。時間はまだ12時半なので大山祇神社《おおやまづみじんじゃ》へ行くことにした。途中に宿泊する「民宿なぎさ」があるので、荷物を置かせていただいて身軽になって出発。ここから大山祇神社への道が楽しかった。県道21号線と並行して歩行者・自転車専用の道を進む。山の中のハイキングロードのような道で、メインの海沿いを走るルートからはずれているためか、自転車で通る人はほとんどいない。私はバードウォッチングをしながら、田んぼのある風景を楽しみ、ゆっくりと三村峠を越えて行った。

大三島　大山祇神社　狛犬

大山祇神社に着くと狛犬が出迎えてくれた。吽形の狛犬は頭の部分が一部オレンジ色になっているのが不思議だ。神社の御祭神は大山積神《おおやまづみのかみ》である。海の神、山の神、武人の神として信仰があり、多くの武将から武具が奉納されており、全国の国宝・重文の武具甲冑の8割をここで所蔵している。拝殿は檜皮葺《ひわだぶき》の屋根で貫禄十分の建物だが、それを上回るのが御神木だ。樹齢約２６００年の大楠で、木霊《こだま》に囲まれた様な凄まじい姿に圧倒された。私は木霊を見たことがないので、少し表現が大袈裟すぎたかもしれないが、感動の程は御理解いただけると思う。

　来た道を戻り16時過ぎに宿に到着。先ずは洗濯だ。それが終わるのを待つ間にスケッチの仕上げをする。洗濯機から洗濯物を取り出して干した後、風呂に入ってから再びスケッチの仕上げの続きをして、終わったのが18時半。私の旅は宿に着いて

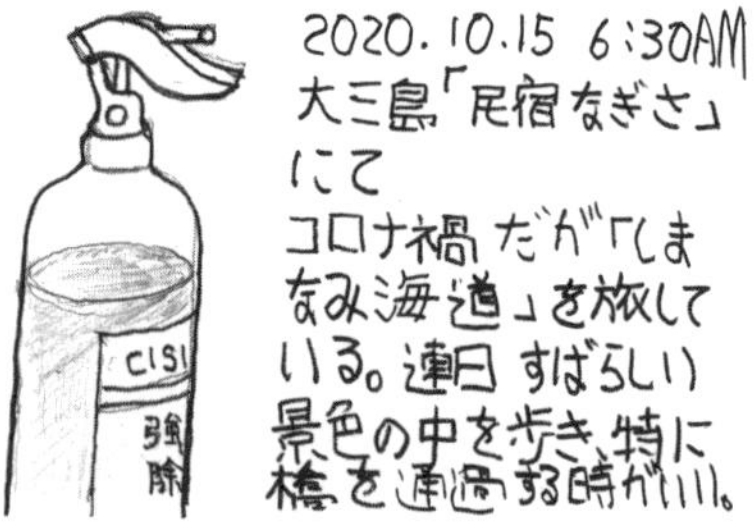


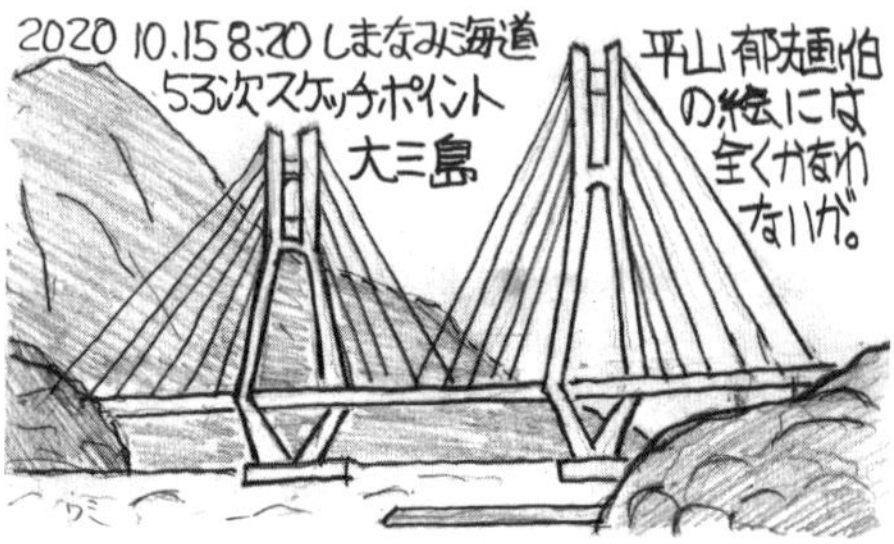


からゆったりと過ごす時間が少ないが、一番の楽しみはこれから始まる夕食だ。特に鯛の兜煮と刺身が旨かった。ビールを飲みながらこの日の思い出を振り返り、最後に鯛めしを食べた時は幸せの極みであった。

翌日は5時10分に起床。外はまだ暗いが干した洗濯物を取り込み、歩くルートを確認する。7時50分に宿を出発。１km程歩くと「しまなみ海道53次スケッチポイント」と書かれた案内板があり、平山郁夫画伯が描いた絵が掲示されていた。確かにここから望む生口島と大三島との間に多々羅大橋が架かる構図は素晴らしいと思う。今日の最初の一枚はこれだと意気込んで描き始めたが、平山画伯の絵よりはるかに劣る出来栄えにがっかりする。もっとも偉大な画家と比べること自体が恐れ多いことは十分に承知している。

左手に海を眺めながら進むと、防波堤にたくさんのイルカが描かれていた。双眼鏡を取り出して海を見るとイルカらしき姿は見えないが、島の重なりと海が創り出す景色は最高だ。さあ次は伯方島が待っている。

大三島　イルカが描かれた防波堤

# 6　伯方島《はかたじま》

伯方島　大三島橋

2020.10.15 11:40
伯方島道の駅
S・Cパークより大島
大橋を見る。

2020.10.15 11:55
伯方島道の駅より。
対岸は大島

## 伯方島

2020年10月15日

瀬戸内海に浮かぶ島々や航行する船を見て、「瀬戸の花嫁」を口ずさむ。唄われている歌詞の意味が心の底から理解出来た気がした。

大三島と伯方島に架かる大三島橋を目差して坂道を上って行く。対岸の伯方島は直ぐ目の前で、大三島と伯方島の間の海域を鼻栗瀬戸《はなぐりせと》という。幅が狭くて潮の流れが非常に速い。そこに架かるのが大三島橋だ。アーチ橋で、長さは328m。「しまなみ海道」で最初に出来た橋で、1979年に開通した。

大三島橋を渡り終えて、周りの島々が重なる景色を見ながら「瀬戸の花嫁」をまだら覚えの様に口ずさむ。「瀬戸は日暮れて夕波小波　あなたの島へお嫁にゆくの……段々畑とさよならするのよ……岬まわるの小さな船が　生まれた島が遠くになるわ……島から島へと渡ってゆくのよ……」私はこの歌詞の意味を心の底から理解出来たと思った。向島、因島、生口島、大三島を経て、今は伯方島を歩いている。それらの島の近くには数多くの小さな島々が点在していた。歌手の小柳ルミ子さんが「瀬戸の花嫁」を唄ったのは1972年。当時は大三島橋が出来る前なので、瀬戸内海の島々を行き来するには船しかなかった。私が通過した島では、周りの島々との間をフェリーが行き交う乗り場を何度か見かけた。そしてこの歌詞に出てくる「段々畑」とはミカン畑だろう。私は海沿いの道を中心に歩いてきたが、島が次第に小さくなっていく様子や航行する小さな船が視界から消えていくのを見てきた。プロの作詞家が創る言葉の力はすごいなと思う。

伯方島に入ってから国道317号線を歩き、造船所の横を通る。大きなクレーンが立ち並ぶ様子は、いかにも造船で名高い今治市らしい風景だ。そして「道の駅伯方S・Cパーク」に到着。「塩ソフトクリーム」を購入した。だいぶ汗をかいたので、塩分補給にと思いながらも、しょっぱい味がするのではと恐る恐るなめてみたが、そんなことはなく美味しかった。鯛の大きなオブジェの奥には次に行く大島が見える。その大島へ架かる大島大橋も木々の間から少し顔をのぞかせていた。

伯方島　伯方橋から造船所を望む

道の駅を12時に出発。30分程歩くと「伯方・大島大橋」に着いた。この橋が架かる海域には見近島があり、伯方島と見近島に架かるのが伯方橋、見近島と大島に架かるのが大島大橋で両方の橋は構造が違うが一体となっているので、総称して「伯方・大島大橋」と呼ばれている。橋の長さは１１６５ｍ。途中の見近島へは降りていくことが出来る。この島は無人島なので探検するのも楽しそうだが、その様な時間はとれないのが残念。そして大島大橋を歩き出すと、吊り橋構造なので橋塔がある。その真下にきた時に手をたたくと「ジャラランーン、ジャラランーン」と鳴り響いた。多々羅大橋の橋塔は逆Y字型だったが、大島大橋は逆U字型だ。どうやら鋼材が上方に伸びていて、それが上でつながっていれば響くのだろうと推測。我ながら実におもしろいことを発見した。それにしても橋の下は潮の流れが非常に速い。

# 7　大島《おおしま》

大島　「民宿とも」の部屋から見た夜明け前の景色

2020
10.15
13:15
大島と能島との間。流れが速くて渦巻が次々とできる。あかい流れが、やがて渦となる。

2020.10.15
14:45
村上海賊
ミュージアム。
さて宿へ
行こうか。
少しつかれて
集中力が切
れかかって
いる。


## 大島

2020年10月15～16日

「民宿とも」の部屋から見た夜明け前の景色はすごかった。黒い島がオレンジ色に縁どられ、空は藍色に染まっていた。

伯方・大島大橋を渡り大島に入った。「しまなみ海道」を歩いてこれまでに五つの島を通過してきたが、この大島が最後の島である。そして左手の海の向こうに能島《のしま》が見えてきた。大島と能島との間の潮の流れは物凄く速い。まるで川の急流を見ているようで、渦巻が次々と出来ては消えていく。双眼鏡で観察すると、渦の中心と端側では30㎝以上の段差がある。最初はゆっくりと回っているが、次第に勢いよく回り出して渦となり、やがて消えていくが、直ぐに違う場所で渦が出来る。一方通行の流れなのに何故、渦になるのか不思議だ。

私の前に地元の方と思われる年配の女性が歩いていた。その方を追い越して少し先で立ち止まり、再び潮の流れを見ていると声をかけられた。「いつもこんなに流れが速いのですか」と尋ねると、「今日の潮はかなり速い」とのこと。地元の人が速いと言うのだから、私はすごい光景を目にしていたのだろう。この方と少しの間一緒に歩き、別れる時にミカンをひとついただいた。その親切がありがたかった。

こんなに潮の流れが速いのに、観光客を乗せた急流観潮船があちこち動き回っていた。私がいるのは今治市宮窪町で、見ている海域は「宮窪瀬戸」という。船の乗客は揺れる船の中で、ぐるぐる回る海面を見て船酔いしていないか心配になる。そして先程いただいたミカンを食べると、暑い中を歩いてきたこともあり、甘くてとても旨い。地元の方からの真心が体に注入された気がした。

「しまなみ海道」を離れて村上海賊ミュージアムに向かう。因島を歩いた時は水軍城に寄れなかったので、この施設は是非とも見学したかった。14時半に到着すると、建物の前に船が展示してあった。パンフレットによると「小早船」といい、村上水軍の機動力として活躍したとのこと。すごい潮の流れを見た後だけに、人の手だけであの流れの中を航行出来るのか危ぶみながら眺めた。館内の展示施設を見学して、村上水軍は14世紀中頃から瀬戸内海で活躍した一族だが、能島、来島《くるしま》、因島に本拠を置いた三家からなり、連携と離反を繰り返していたことを知る。各々が異なる周辺の戦国大名と連携し、中でも能島村上氏は、日本を訪れた宣教師ルイス・フロイスから「日本最大の海賊」と称せられた。能島は先程急潮の奥に見えた小島で、城跡は国指定史跡になっている。パンフレットからの引用だが、昨今では「村上水軍」ではなく「村上海賊」と呼ぶことが多いとのこと。「水軍」は江戸時代以降に用いられた呼称で、古文書に見られる「海賊」を用いるとのことだ。一般に海賊と言えば無法者をイメージするが、瀬戸内海の水先案内、海上警備、海上運輸など海の安全や公益・流通を担う重要な役割をはたしていた。理不尽に船を襲い、金品を略奪するパイレーツとは違うことを知る。そして茶や連歌を愛する文化人でもあったとのことだ。２０１４年に本屋大賞を受賞した和田竜著『村上海賊の娘』は、戦国時代の能島村上一族の活躍がダイナミックに描かれた作品である。

2020.10.15
15:10
宮窪町の
マンホール
村上水軍の
絵柄だ。

ミュージアムを後にこの日宿泊する宿へと急ぐ。山に向かって進んで行くと面白い絵柄の汚水マンホール蓋を見つけた。「みやくぼ」の文字と共に、村上海賊が旗を立てて波の上を船が走っている様子が刻まれていた。

16時に「民宿とも」に到着。この民宿で印象に残ったのは、翌朝に部屋の窓から見た日の出前の景色だった。生垣の奥に見える黒い島がオレンジ色に縁どられ、空は藍色に染まっていた。それらを引き立てているのが、深緑色の生垣に咲く紫色の花で、朝から私の感動モードは全開になった。

朝食の時にふと目を向けると、障子の桟が山や雲、麓の街を表現していることに気が付く。前日ミュージアムで、村上海賊には文化人としての一面があることを知ったが、この民宿の人達はその末裔かも知れない。

テレビの天気予報によると、「晴れは今日までで明日は雨」とのこと。この日は「しまなみ海道 徒歩の旅」の最終日で、四国本土に渡る日だ。連日好天の下で歩いてきたが、やはり瀬戸内海の景色は海が青く輝く晴

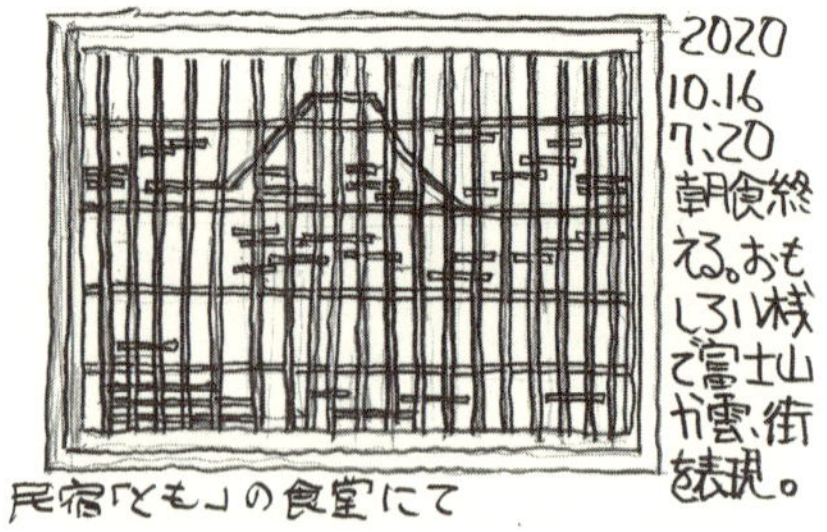
2020
10.16
7:20
朝食終える。おもしろい桟で富士山か雲、街を表現。
民宿「とも」の食堂にて

2020.10.16 8:00AM 民宿「とも」を出発。
くもりの天気で歩きやすい。九十九島は目の前だ。

2020.10.16
8:20 大島
『しまなみ海道』に共通する景色はミカンだ。

大島　江越峠　カーブミラーに映る自分を見ながら休憩

れが似合う。

　８時に宿を出発。左手に九十九島を見ながら進む。反対側の右手にあるのはミカン畑だ。「しまなみ海道」を歩く中で数多くのミカン畑の横を通り、色々な種類があることを知った。しかしミカン畑のある景色は一枚も描いていなかった。この大島が最後の島である。宿を出て直ぐにあったミカン畑をスケッチすることにした。ミカンはまだ黄色くなっていないが何という種類なのだろう。「しまなみ海道」を代表する作物をひとつ挙げると、それはミカンだと思う。

　道が次第に起伏にとんできた。そのためか、サイクリストは全く見かけなくなった。やはり徒歩の旅はこれでなくてはいけない。志津見地区を過ぎると、道はさらに野趣にあふれてアップダウンが一層激しくなり、海岸からかなり高い所を進んで行く。ジョウビタキを見かけたので冬の到来は

大島　来島海峡大橋

近いらしい。やがて江越峠に到着したので休憩。擁壁の階段に座ると正面にカーブミラーがあり、私が映っている光景をスケッチした。

　江越峠を後に下って行くと10時半に「道の駅よしうみいきいき館」に到着。修学旅行らしい中学生が大勢いた。目の前の海域は日本三大急潮のひとつ来島海峡である。（三大急潮の場所については諸説あるが、他の二つは鳴門海峡、関門海峡と言われている）修学旅行生達は急流観潮船に乗るのを待っているらしい。能島村上一族になったつもりで楽しんでほしいと願うが、船酔いとの戦いは結構厳しいと思う。

　ここからは次に渡る来島海峡大橋が直ぐ近くに見える。この橋は来島海峡第一大橋、第二大橋、第三大橋で構成されており、来島海峡大橋はその総称である。全て吊り橋の構造で長さは４１０５ｍ。１９９９年に供用開始された。橋はここから70ｍ

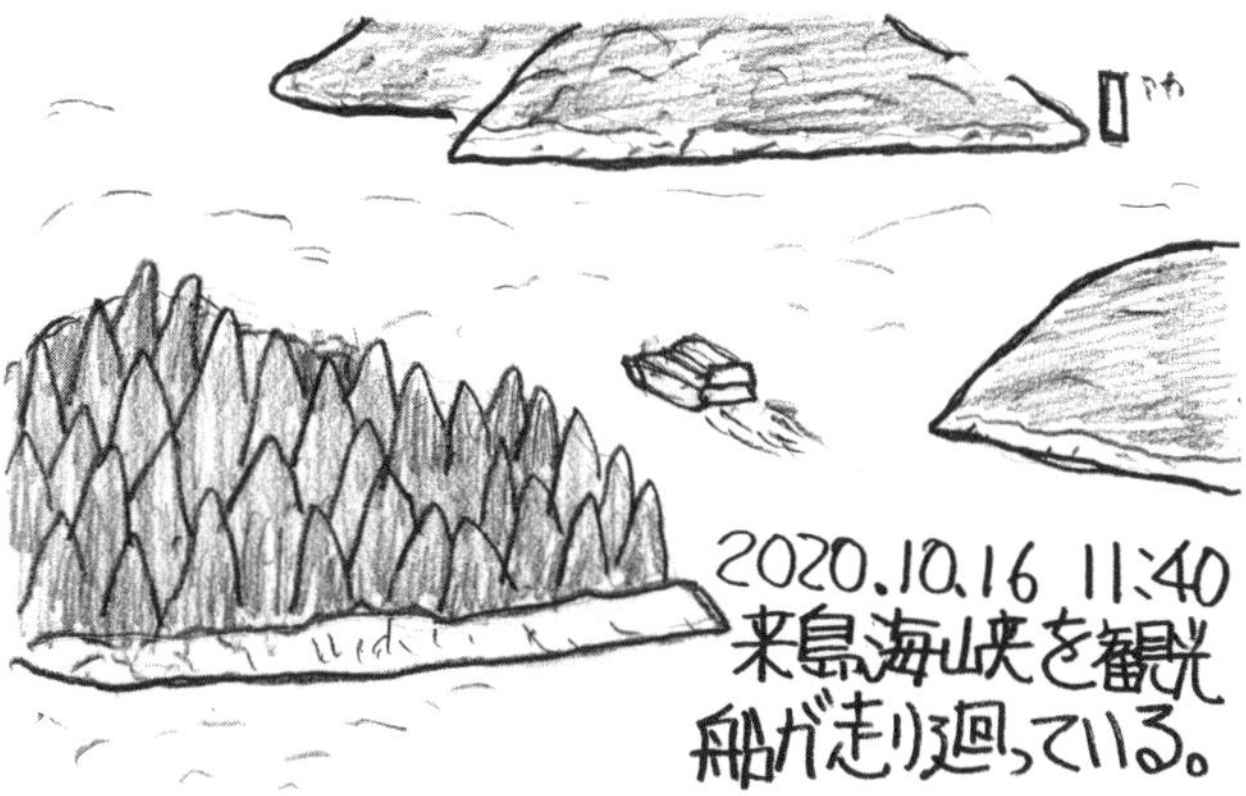
2020.10.16 11:40
来島海峡を観光
船が走り廻っている。

くらい上方にあり、橋に行くまで大きく円を描くように造られたスロープを上がっていく。来島海峡第一大橋に着いたのは11時20分。修学旅行生達に気を取られて、道の駅で食料を買うのを忘れたことに気が付く。全ての橋を渡るのに約1時間かかるので、昼食は抜きになりそうだ。「腹が減っては戦は出来ぬ」の格言は私の旅にも当てはまるが我慢するしかない。

「しまなみ海道」最後の橋を渡り始めた。下を見ると急流観潮船が走り廻っている。先程の修学旅行生達は歓声をあげていることだろう。瀬戸内海の島々が両側に見られるのはこの橋を渡っている今しかないと思い、ゆっくりと歩いた。この瞬間が晴れていて本当によかった。

# 8　今治市

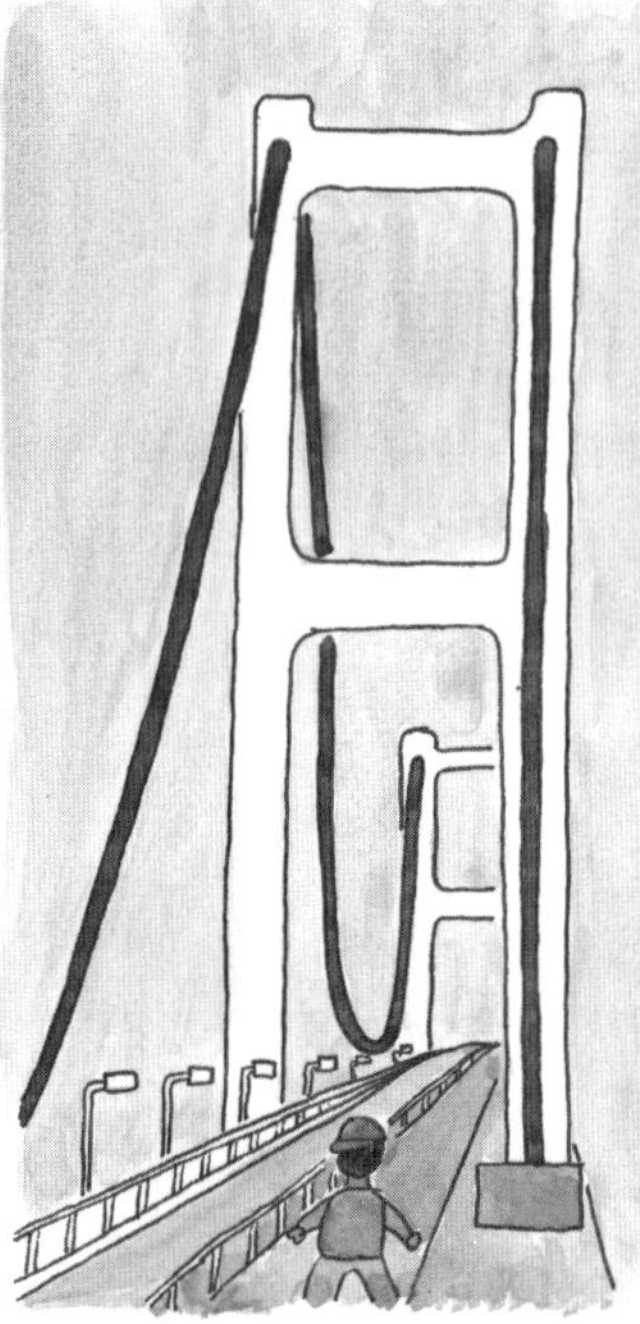

今治市　来島海峡第三大橋

2020.10.16 12:00
来島海峡は流れが
速い。渦ができる。
先程、NHKの方から何故歩く旅をしているのか聞かれた。

## 今治市

2020年10月16日

「しまなみ海道 徒歩の旅」は無事に終了して今治市街地に到着。連日の好天に恵まれて、瀬戸内海と島々が創り出す絶景は素晴らしかった。次は「四国一周 徒歩の旅」が始まる。

来島海峡大橋は四国本土と結ばれているせいか、これまで通過してきた「しまなみ海道」の橋よりジョギングやウォーキングをしている人達が多い。そして来島海峡第二大橋を歩いている時に、ＮＨＫ松山拠点放送局の方に呼び止められた。歩いている人達から話を聞いているとのことで、「何故ここを歩いているのですか」と尋ねられた。私は「日本縦断徒歩の旅を終えたが、その中に四国が含まれていないので、四国を歩いて一周したい。そのために、広島県の尾道市から『しまなみ海道』を歩いて四国本土へ渡る最中です」と答えた。その様な人は珍しいのか色々と質問を受けた。「主に旧街道を歩き、旅を終えた順に本にして『中山道六十九次　徒歩の旅絵日記』と『西国街道・山陽道　徒歩の旅絵日記』を出版しました」と言うと、スマホで検索していた。少し驚いた様子だが、内心は道楽が過ぎると思われていた可能性が高い。

来島海峡大橋は吊り橋なので橋塔がある。ここでも共鳴現象が起こるのか確認したかったが、橋塔の外側を巻くように歩道が設置されていたので実験は出来なかった。そんなことをしているうちに、来島海峡第三大橋に到着。これが「しまなみ海道」最後の橋だと思い、橋塔とロープが創る構図をスケッチした。今回の目的地は香川県高松市なので旅はまだ続くが、ハイライトのひとつが間もなく終わろうとしていた。

来島海峡第三大橋を渡り終えたのは12時45分。ＪＲ今治駅を目差す前に「サンライズ糸山」に寄る。ここは今治市側のレンタサイクルターミナルで、サイクリスト達にとっては「しまなみ海道」の起点・終点である。私の場合は「徒歩の旅」なのでＪＲ今治駅を終着点とする。

来島海峡第一大橋を歩き始めた時は昼食抜きでもいいと思ったが、腹が減ったのでコンビニに寄り、休憩を兼ねておにぎりを食べた。やはり「徒歩の旅」で昼食抜きは無理だった。14時40分に今治駅に到着。そし

2020.10.16 14:50
今治駅前
猿飛佐助像がある。何か今治と関係があるのかな。

2020.10.16
15:10 今治市役所
金色のプロペラあり。何だろう。

て駅前広場にあったのが雲に乗る「猿飛佐助」の像である。説明板によると、明治・大正時代の小説「立川文庫」の原作者が今治市出身の山田一族で、その中心で活躍した山田阿鉄が『忍者名人猿飛佐助』を創作し大ベストセラーになったとのことだ。

　今治市役所の横を通ると、巨大な金色のプロペラが展示されていた。これは今治造船株式会社が寄贈したもので、直径９ｍ、重さ93トンのスクリューだ。背後の建物は今治市公会堂で、設計者は今治市に多くの作品を残している建築界のレジェンド丹下健三氏である。

　この日の宿「ホテル今治菊水」に着いた時は15時半を過ぎていたが、チェックインはしないで今治城へ向かうことにした。翌日も城の前を通るが、雨の予報なのでこの日のうちにゆっくりと見ておきたかった。今治城は藤堂高虎が築き、後に今治松平藩の本拠となった。立派な天守閣と石垣を見ていると描かずにはいられない。疲れた体と心に鞭打って外観を描く。この絵が今治市を代表する１枚となるのだと思い頑張った。

　ホテルに入ったのは16時半。夕食では、鯛の兜煮をつまみにビールを飲みながら、これまでの「しまなみ

海道」の旅を振り返る。この日が尾道から旅を始めて5日目で、連日好天に恵まれ、瀬戸内海と島々が創り出す景色は素晴らしかった。ミカンの段々畑もよかったなどと思っている時に鯛の炊き込みご飯が出てきた。この鯛めしだが、今治市に入ってから大三島の「民宿なぎさ」、大島の「民宿とも」、そしてこの日と3日連続である。流石に鈍感な私も考えた。店員さんに「鯛の炊き込みご飯は今治市の名物なのですか」と尋ねると、「鯛が特産品です」との答えだった。来島海峡の速い流れで、身の引き締まった鯛が獲れるのだろう。以前、山陽道を歩いた時に明石を通ったが、淡路島と明石との間の海域も潮の流れが速かった。明石の鯛は有名だが、今治の鯛も兜煮、刺身、炊き込みご飯のどれもが旨い。この鯛の炊き込みご飯を食べ終えた瞬間をもって「しまなみ海道 徒歩の旅」の終了とする。そして「四国一周 徒歩の旅」へと続く。

# 四国一周　徒歩の旅

四国の最北端香川県「竹居観音岬《たけいかんのんみさき》」、最東端徳島県「蒲生田《かもだ》岬《みさき》」、最南端高知県「足摺岬《あしずりみさき》」、最西端愛媛県「佐田岬《さだみさき》」を通って四国を一周

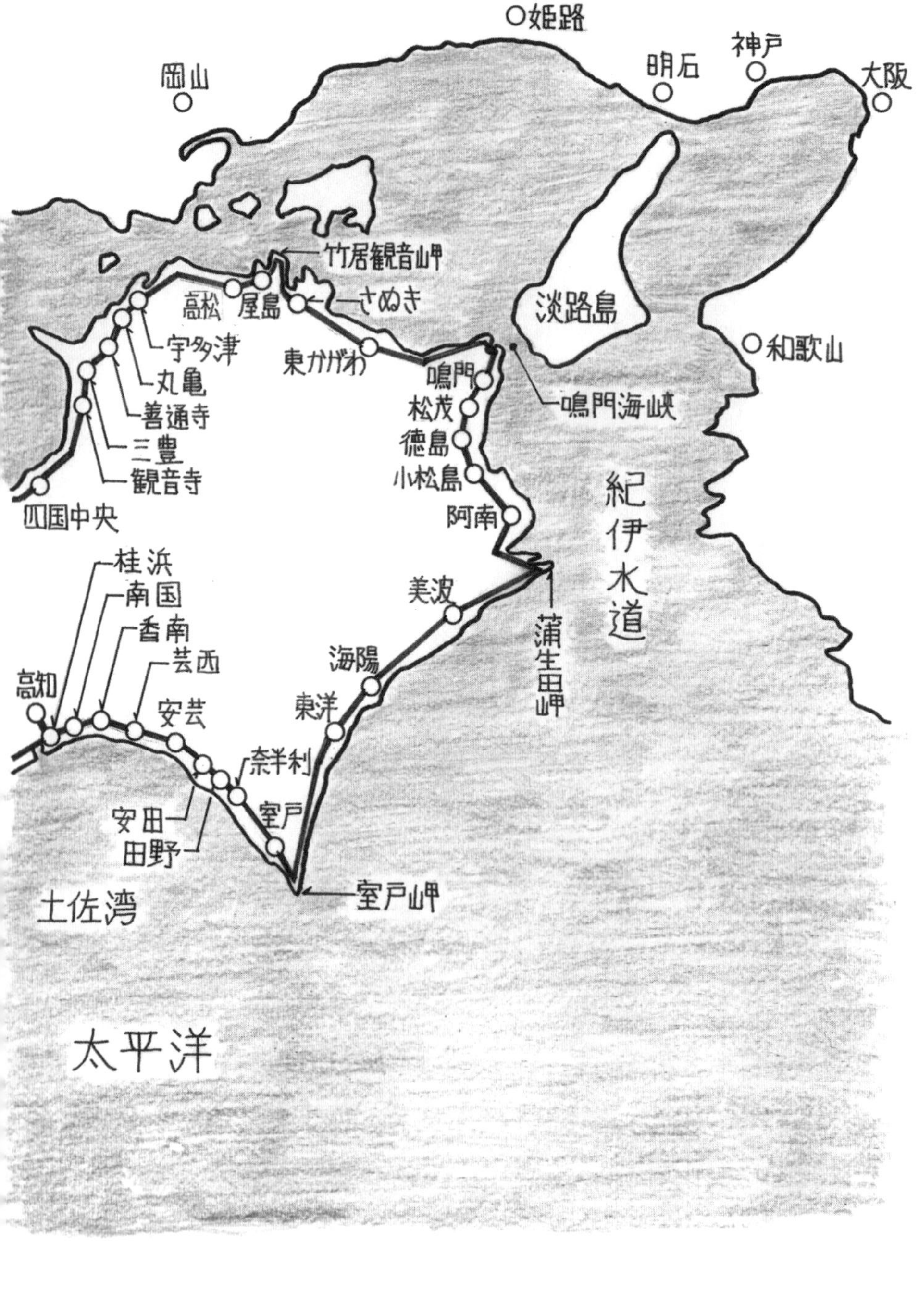
姫路
岡山
明石
神戸
大阪
竹居観音岬
さぬき
高松
屋島
淡路島
宇多津
東かがわ
和歌山
丸亀
鳴門
善通寺
松茂
鳴門海峡
三豊
徳島
観音寺
小松島
紀伊水道
四国中央
阿南
桂浜
南国
美波
香南
蒲生田岬
芸西
海陽
高知
安芸
東洋
奈半利
室戸
安田
田野
室戸岬
土佐湾
太平洋

# 四国一周　歩程地図

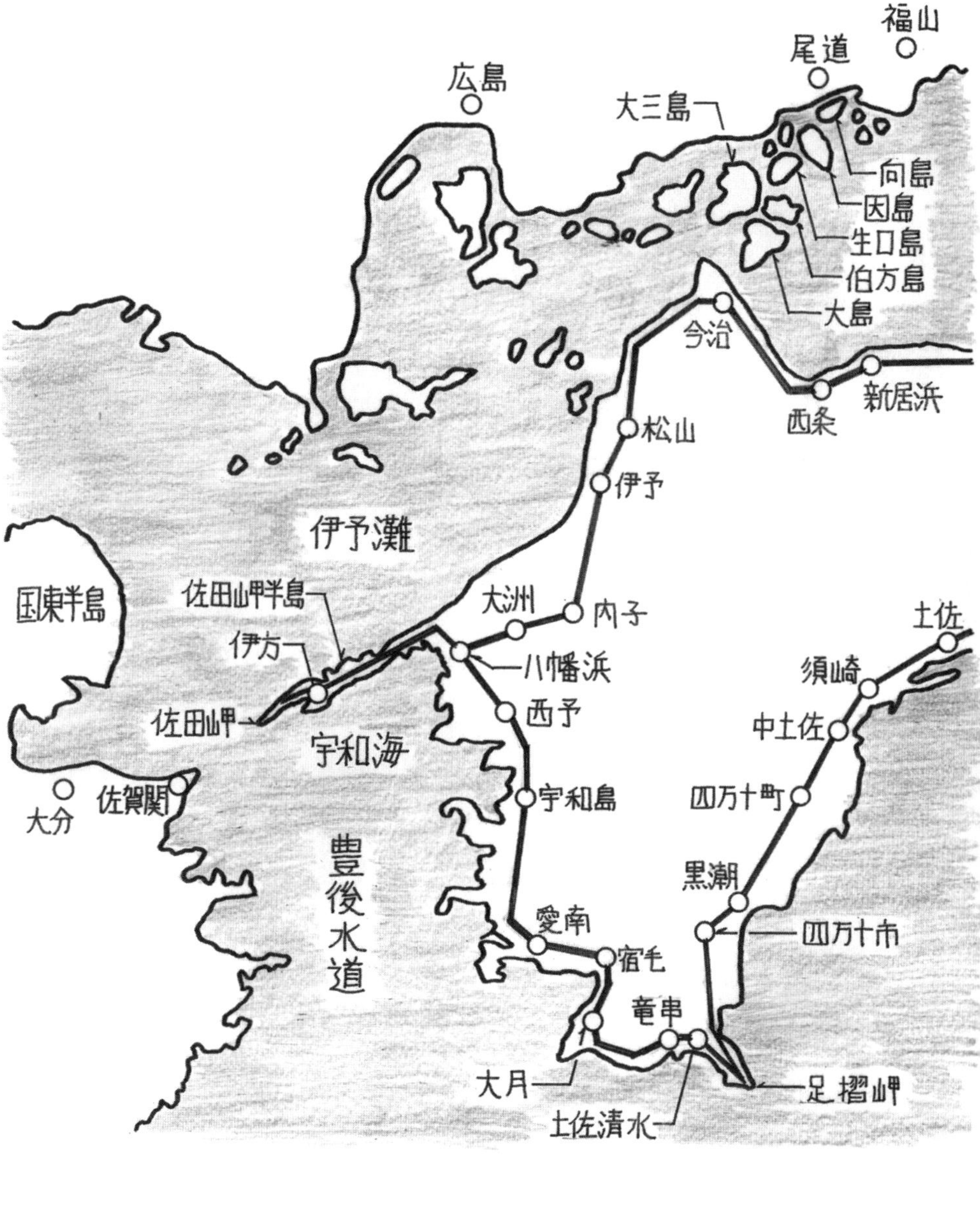
福山
尾道
広島
大三島
向島
因島
生口島
伯方島
大島
今治
新居浜
西条
松山
伊予
伊予灘
国東半島
佐田岬半島
伊方
佐田岬
大洲
内子
八幡浜
西予
宇和海
佐賀関
大分
宇和島
豊後水道
土佐
須崎
中土佐
四万十町
黒潮
四万十市
愛南
宿毛
竜串
大月
土佐清水
足摺岬

# 1　今治市（1）

今治市　6：35AM　ホテルの部屋から見た雨の中に浮かぶ今治城

## 今治市（1）

2020年10月17日

旅の舞台は「四国一周 徒歩の旅」に移った。宿の部屋から外を見ると雨が降っている。厳しい旅になりそうな予感がした。

5時45分に起床。「しまなみ海道 徒歩の旅」は前日で終わり、この日から「四国一周 徒歩の旅」が始まる。窓から外を見ると雨が降っていて、今治城がぼんやりと浮かんでいた。四国には「四国八十八ヶ所霊場巡り」で四国を一周する遍路道がある。私の旅は、既に終えた「日本縦断 徒歩の旅」で歩いた道を四国までつなげて一周するのが目的だ。それが終了した時に、「日本縦断 徒歩の旅」は「日本列島縦断 徒歩の旅」に格上げされる。四国の東西南北に位置する岬を通ることで「四国一周 徒歩の旅」の証としたい。遍路道と重複している箇所も多いので、四国八十八ヶ所の寺や遍路道でお遍路さん達に出会うこともあるだろう。

私には一度の旅で四国一周を歩き通す体力と根性はないので、数回に分けて実施する。今回の旅では広島県の尾道市から「しまなみ海道」を歩いて今治市まで来たが、ここからさらに香川県の高松市まで歩く予定だ。旅に雨は付き物なので気にはしないが、傘をさすのでスケッチがしにくいのと、通過する車から水しぶきがかかるので、出来れば雨は避けたいのが本音である。雨具を着て8時に宿を出発した。

今治港の横を通り、今治城に寄って説明板を読む。そして県道38号線今治街道を進み、国道196号線に合流して1㎞程行くと「道の駅今治湯ノ浦温泉」に到着。雨の中を歩き続けたで東屋の椅子に座って休みたいが、先客がいたのでトイレだけお借りして先へと進んだ。この時に進行方向右側を歩いたのが失敗だった。100m程歩くと歩道は行き止まりになり、それ以上進めなくなった。道路の反対側に渡りたいが、車両の通行が多いうえに信号がないので道路横断が出来ない。やむを得ず再び道の駅に引き返した。この日は雨の中を西条市まで約32㎞歩く。いきなりつまずいてしまったが、道を間違えないように注意して歩こう。今治市は「四国一周 徒歩の旅」の最終到着地でもある。再び戻ってくるのはいつの日のことだろう。

# 2　西条市

西条市　鯱《しゃちほこ》の屋根飾りがある民家

2020.10.17 13:00　刈り入れ前のたんぼ
今治街道には昔の
雰囲気が感じられる。

2020
10.17
13:45
国道
196号線を
歩く。
山はぼん
やりとし
た景色。

## 西条市

2020年10月17～18日

入母屋屋根に鯱《しゃちほこ》の飾りを載せた民家が多い。この地域に引き継がれる住宅の伝統なのだろう。

国道196号線を進み、医王池の付近からJR予讃線を横断して県道159号線に入ろうとした時、交通事故直後の現場に遭遇した。警察官が交通誘導をしており、片方の車がひどく損傷していた。誘導に従い横断して県道159号線の静かな道に入り、ここで今治市から西条市に踏み入れた。刈り入れ前の田んぼが広がる道を進む。道路に面して建つ民家は入母屋屋根の立派な家が多く、旧家だけでなく比較的新しい家でも屋根の棟の先端や軒先に鯱《しゃちほこ》の飾りを載せている。鯱の数が多過ぎて屋根全体が躍っているような感じに見える家もある。これがこの地域に昔から引き継がれてきた住宅の伝統なのだろう。

道安寺の賽銭箱の横に座っておにぎりを食べたが、直ぐに体が冷えてきた。この日の気温はかなり低くて雨は冷たい。JR壬生川駅《にゅうがわえき》を過ぎて国道196号線に合流すると、山の中腹に雲がかかり、山が浮いているように見える景色は美しかった。道はやがて国道11号線に合流して、15時に伊予小松駅に到着。傘を持ち続けて筋肉が固くなった腕や、寒さで凝り固まった背中や腰の筋肉をほぐした。近くには四国八十八ヶ所61番札所香園《こうおん》寺《じ》、62番宝寿寺、63番吉祥寺、64番前神寺《まえがみじ》があるが時間がないので寄ることは出来ない。この「四国一周 徒歩の旅」の後半では遍路道を歩くのが楽しくなり、四国八十八ヶ所の寺には積極的に寄るようになったが、歩き始めたこの頃はあまり気にかけていなかった。遍路道を歩かなかったのは、惜しいことをしたと思っている。

伊予西条駅に到着したのは17時。雨の中を何とかたどり着いた。西条陣屋跡の大手門や石垣、堀を見学する予定だったが、もうすぐ暗くなるので諦めた。夕食を購入してからホテルに到着したのは18時。先ずは洗濯をしている間にスケッチを仕上げた。雨のため、かなりラフに描いたのでいつもより時間がかかった。その後にホテルの大浴場に行く。「石鎚の湯」と命名された広くて気持ちよい風呂だった。浴槽に浸かると雨

西条市　雨の中、稲穂の向こうに雲に浮かぶ山々を見る

の中を歩いた疲れが体から出ていくようで心地よい。部屋に戻ったのは20時15分。これから夕食である。私の旅にもお遍路さんに負けないストイックな一面があると思う。心身共に余裕のない一日だったが、風呂上がり後のビールは格別に旨かった。天気予報で「今日の気温は11月下旬と同じ」と報じていた。寒い日は体に力が入るので全身の筋肉が固くなる。道理で疲れたはずだ。

翌日は6時に起床。天気は晴れ。7時40分にホテルを出発。歩き始めて直ぐにカワセミが描かれたマンホール蓋を発見。まだ早い時間帯のため人通りが少ないので、歩道の真ん中で落ち着いて描くことが出来た。そして渦井川沿いを進む。カワセミが盛んに飛び回っているのを見ていると、この鳥がマンホール蓋の絵柄に採用された理由に納得。土手道から見える山々は送電用の鉄塔がたくさん立っていた。近くに変電所でもあるのだろうか。山

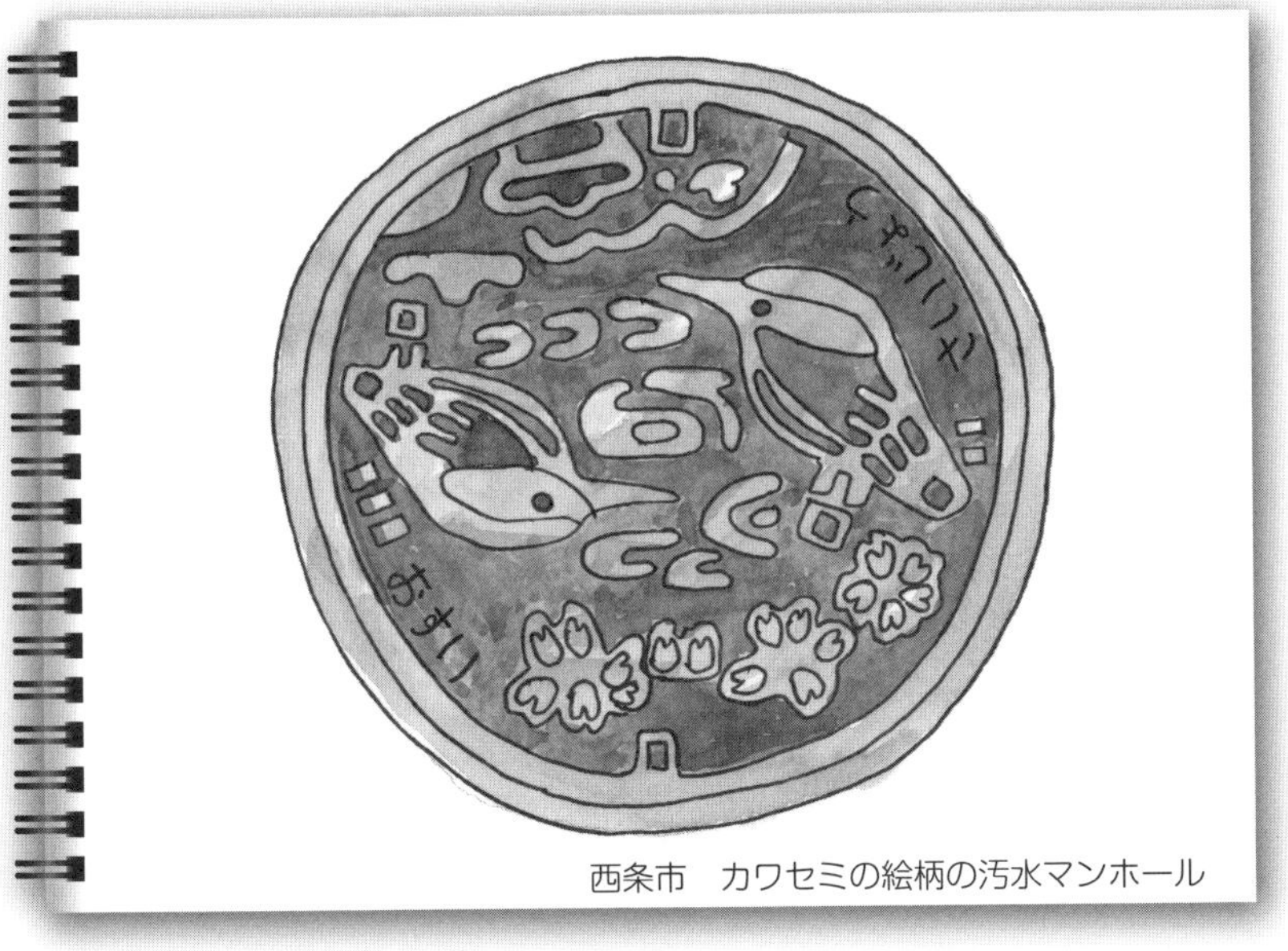

西条市　カワセミの絵柄の汚水マンホール

の中程に雲がかかり幻想的な景色だった。少し歩いて海側に目を向けると、造船所が遠くに見えた。クレーンは手前にある4階建ての集合住宅よりはるかに高い。この様な光景を見ていると地元の活気を感じて嬉しくなる。そして時折見かける民家の屋根は、相変わらずたくさんの鯱を載せていた。

なぜか
山に送電塔
がたくさんある。
2020.10.18 8:15
渦井川沿いに歩く。

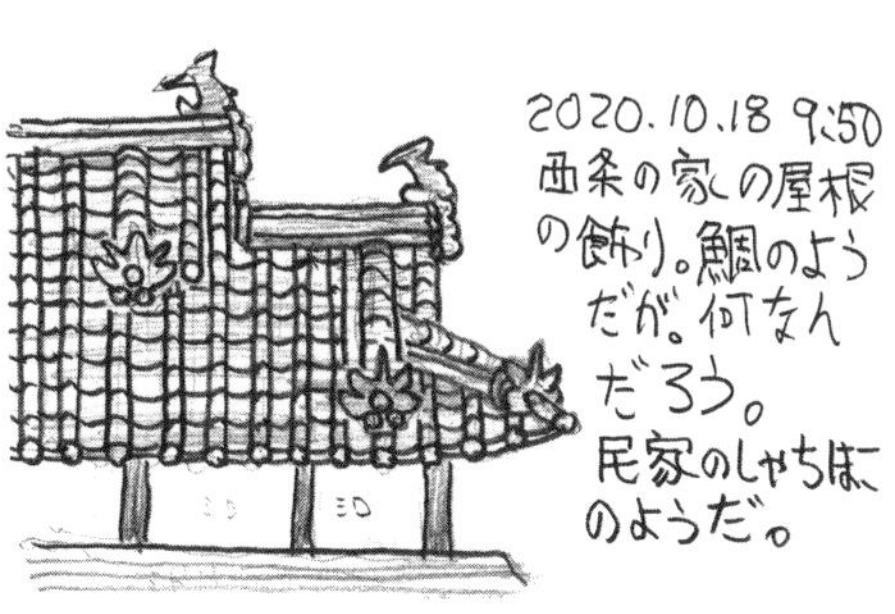
2020.10.18 9:50
西条の家の屋根
の飾り。鯛のよう
だが。何なん
だろう。
民家のしゃちほこ
のようだ。

# 3　新居浜市

新居浜市　新居浜駅前広場で踊りを見る

2020.10.18 10:20 晴れ
新居浜の旧讃岐街道を歩く。

2020.10.18
10:35
すごい真壁造りの家あり。

## 新居浜市

2020年10月18日

新居浜駅前広場で、太鼓に合わせて踊りを披露していた。コロナ禍で「新居浜太鼓祭り」は中止だが、皆が頑張っていた。

国道11号線を歩いて新居浜市に入った。ＪＲ中萩駅付近から国道に並行する旧道を歩いたが、旧家が目白押しのように両側に並び、生垣の向こうに梁が突き出た真壁造りの民家を見て立ち止まる。曲がった梁が露出している漆喰仕上げの建物だ。旧道歩きをしていて面白いと思うのは、この様な建物に出会った時である。前方にはお遍路さんが歩いていたので遍路道なのだろう。楽しい旧道歩きの旅もやがて終わりがくる。旧道はまだ続いているのだが新居浜駅に向かうことにした。私は鉄道が好きなこともあり駅舎を見たかった。それに駅があるのは新居浜市を代表する場所だろうから、市街地を歩いて地元の雰囲気を味わいたい。

新居浜駅には11時50分に到着。駅前広場では踊りのイベントが開催され、子供達が踊りを披露していた。そしてこの日10月18日は、本来なら「新居浜太鼓祭り」の期間であることを知る。この祭りは徳島の阿波踊り、高知のよさこい祭りと並ぶ四国三大祭りのひとつである。毎年10月16日～18日の３日間で行われ、豪華で巨大な太鼓台と呼ばれる山車が練り歩くが、この年はコロナ禍のため中止になった。私はその様な事情を知らないで旅を計画したが、もし「新居浜太鼓祭り」が開催されていたら、今回の旅は実行出来なかったかも知れない。観光客が大勢集まるので、隣接する地域も含めて宿泊場所の確保が難しかったと思われる。駅前広場では華やかな衣装に身を包んだ人達が音楽に合わせて元気に踊っていた。太鼓が鳴り響いて勇ましいことこの上ない。出店も出て、大勢の人達が集まって地元を盛り上げようと頑張っていた。

新居浜駅構内のベンチに座っておにぎりを食べ、12時20分に出発。予讃線に沿って進み、多喜浜駅の横を通過して海側から離れて県道１３８号線へ入って行くと四国中央市の標示板が見えてきた。新居浜市では昔の面影が残る旧道が印象に残った。早くコロナ禍が収束して「新居浜太鼓祭り」も盛大に復活してほしい。

# 4　四国中央市

四国中央市　田んぼの畦道で休んでいるお百姓さん

2020.10.19 8:30 村山神社
『四国のみち』を歩いてる。
小雨が降りだした。

2020.10.19
9:20 雨
『四国のみち』を歩いていると案山子を発見。


## 四国中央市

2020年10月18〜19日

田んぼの畦道で休んでいるお百姓さんの後ろ姿を眺めながら私も休憩。二人の間にはのどかな時間が流れていた。

山間を通る県道138号線を進むと国道11号線が見えてきた。新居浜駅を経由しないで国道11号線を歩き続ければ約6㎞短縮出来たが、駅前で踊りのパフォーマンスを見られたので遠回りしてよかったと思う。国道に合流する手前で脇道に入り、国道を右手に見て進む。道の両側は田んぼで稲刈りを終えたばかりだった。お百姓さんが田んぼの畦道に一人座ってタバコを吸っていた。もう15時半なので、一日の仕事を終えて一休みしているのだろう。私はこの様な日々の生活が感じられる光景が好きだ。田んぼには稲積があちこちに置かれている。お百姓さんにとっても、1年を通して今が一番ほっとしている時期なのだろう。

暑い中を歩いて疲れたので、私もお百姓さんの背中を見ながら休憩する。二人の間にはのどかな時間が流れていた。国道に合流したらこの雰囲気は一変してしまうのを知りながら、残念だが先を急ぐことにする。「お百姓さん、今日一日のお仕事お疲れ様でした。私はもう少し頑張って歩いて行きます」と心の中で呼びかけた。関川に沿って歩いて行くと、国道へ通じる道があった。まだこのまま歩いて行きたいが、行き止まりになっていることを恐れて無難に国道へ出ることにした。まもなく夕暮れなので道を間違えたくなかった。

この日の宿泊はJR予讃線伊予土居駅近くの「蔦廼家《つたのや》」である。途中のコンビニで牛乳を購入して、宿に着いたのは16時半。到着した時に出された冷たい麦茶が旨かった。前日洗濯をしたのでこの日はするつもりはなかったが、洗濯機と乾燥機の利用は無料とのこと。それを聞いて洗濯をすることにしたが、私は実に節操のない男である。いや適応力があると言い直したい。この日の宿泊客は私一人とのことで、風呂に入るのは夕食の直前にする。これがビールを一番旨く飲む私のやり方だ。

夕食をとりながら女将さんと会話をした。「今年はコロナ禍でお遍路さんなど宿泊客が激減して、四国の宿泊業

四国中央市　「蔦廼家」の部屋より

界は大変な打撃を受けていて、コロナ禍の収束に目途がつかないので廃業する宿もある」とのことだ。一般に旅館で出される夕食の料理は品数と量が共に多いが、ここでも鯛の兜煮を筆頭に次々と料理が出てくる。私は全て食べたが、食べ過ぎで健康にいいとは思われない。「もう少し料理を少なくしてもよいのでは」と言うと、「それではインターネットに書かれて評判が悪くなる」とのことだ。

翌日は5時半に起床。夜中に寒くて目が覚めた。この時期、毛布一枚で寝るのは無理だった。前日洗濯したラガーシャツを着ると、第二ボタンが無い事に気づく。洗濯の時にとれたと思い洗濯機を見に行くと槽の中にボタンを発見。旅には細心の注意が必要で、この様に粘り強く行動しなければいけない。

8時に宿を出発。国道11号線に並行する旧道を歩く。旧家が多くて楽しい道だが、村山神社に寄った時に雨が降り出したので傘をさす。旧家の他にも田んぼに干す稲束、何を植えているのか分からない畑、作物を守る案山子《かかし》、実がたわわになった柿の木などを見ながら進む。そして「四国のみち」という案内標示が立っていた。四国のみち公式ポータルサイトによると、四国のみち（四国自然歩道）の全長は約１５４５㎞。この起点は徳島県の鳴門市、終点は徳島県板野郡板野町で、四国霊場や各地に点在する身近な自然や歴史に親しみながら歩いて四国を一周することが出来る道とのこと。あまり信心深くない私が四国八十八ヶ所霊場を巡る遍路道を歩くのは少し後ろめたいが、この「四国のみち」なら気兼ねなく歩き通せる気がした。何時の日か挑戦したい。

2020.10.19
12:25
伊予三島
大王製紙の
工場。
迫力がある。

2020、10.19
12:45 川之江
おもしろいと
思って描き始
めたが、ツル
が多すぎて
後悔している。

国道11号線を歩き続けて行くと製紙工場がたくさん現れ、伊予三島駅付近を通ると大王製紙の工場があった。煙突から白煙があがり、配管やダクト類が複雑に配置された大迫力のプラント工場だ。この四国中央市は日本を代表する製紙産業地帯である。そして折り鶴が描かれたマンホール蓋を見つけた。大きい折り鶴が中央にひとつ、その周りに小さい折り鶴がたくさん配置されていて「四国かわのえ」、「紙のまち」と刻まれていた。描き始めたのはいいが、折り鶴の数があまりに多くて、描き終えるのに苦労した。

# 5　観音寺市《かんおんじし》

観音寺市　民家

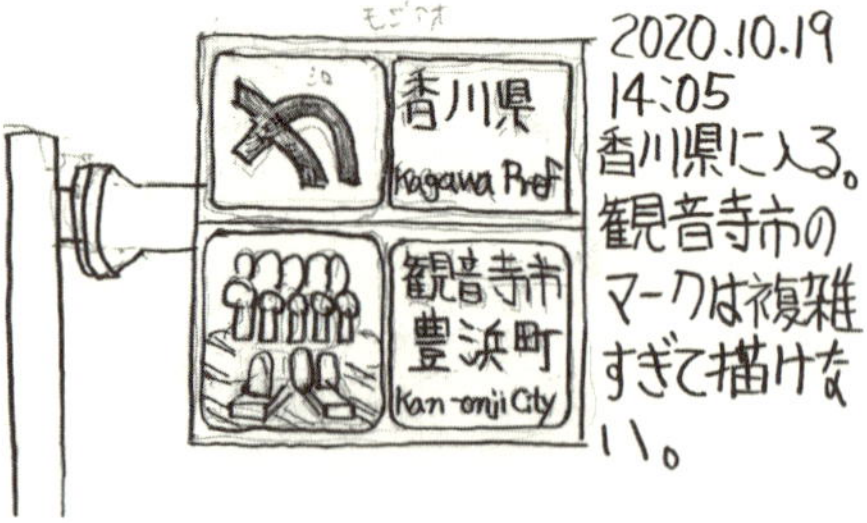

香川県
Kagawa Pref
観音寺市
豊浜町
Kan-onji City
2020.10.19
14:05
香川県に入る。観音寺市のマークは複雑すぎて描けない。


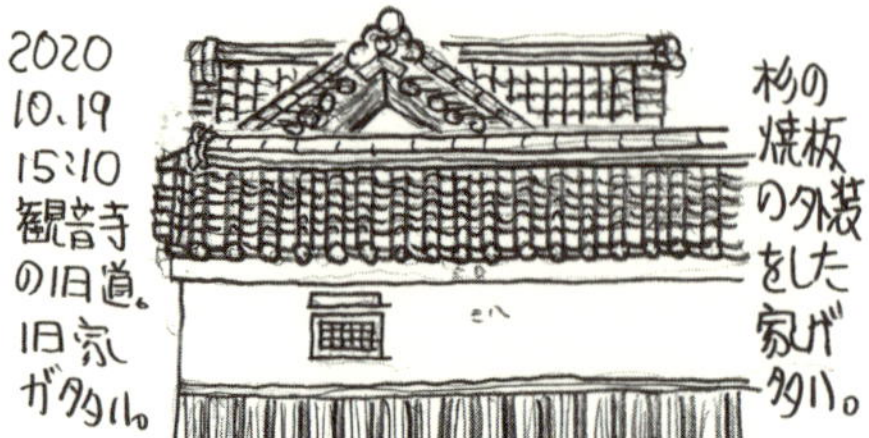

2020
10.19
15:10
観音寺の旧道。旧家ガ多い。
杉の焼板の外装をした家ガ多い。


## 観音寺市

2020年10月19～20日

寛永通宝の銭形砂絵を見ることが出来なかったのは、時代劇「銭形平次」ファンの私にとって痛恨の極みだ。

国道11号線を進み、県境を越えて愛媛県から香川県の観音寺市に入ったのは14時。これから69番札所の観音寺に向かう。市名と同じ名前なので、観音寺市を代表するのはこの寺だと勝手に思い定めていた。また近くにある琴弾《ことひき》公園には有名な砂絵がある。私は時代劇『銭形平次』のファンで、タイトルバックに出てくる「寛永通宝」の銭形砂絵を見たかった。銭形平次は寛永通宝を投げる銭投げを得意技とし、頭脳明晰で十手の扱いが上手く、時代劇に登場する「岡っ引き」の中では最強である。尤も原作者や演出家のさじ加減ひとつでどうにでも変わる創作の世界ではあるが。一方で現実の私が置かれた状況に目を向けると大ピンチに陥っていた。この時期は17時を過ぎると暗くなり始めるので急がねばまずい。

左手に燧灘《ひうちなだ》を見ながら急ぎに急いで歩いたが、それでも旧道を歩くと旧家があり、杉の焼き板が張られた外壁の住宅を見ては立ち止まり見入ってしまう。ＪＲ豊浜駅に着いたのは15時45分。ここから観音寺まで6㎞程あり、寺からこの日の宿まではさらに2㎞以上ある。観音寺や銭形砂絵に行くのは諦め、宿へ直行することにした。事前の計画とは違う道を歩き、観音寺駅にも寄らずに宿へ到着したのは17時20分で、周囲は暗くなっていた。この日は予定より短縮して約32㎞を歩いたが、スケッチをするために何度も立ち止まるので、一日に歩く距離をもう少し短くした方がよさそうだ。

翌日は5時に起床。まだ暗いので朝の散策は出来ない。旅の支度をしている間に周囲が明るくなってきたので、朝食を待つ間に部屋から見える隣の旧家をスケッチした。簡単な朝食を終えて7時50分に宿を出発。県道237号線を3㎞程歩くと国道11号線に合流。そして財田川に架かる本山橋に到着した。ここが観音寺市と三豊市との境界である。

# 6　三豊市《みとよし》

三豊市　本山寺　五重塔を望む

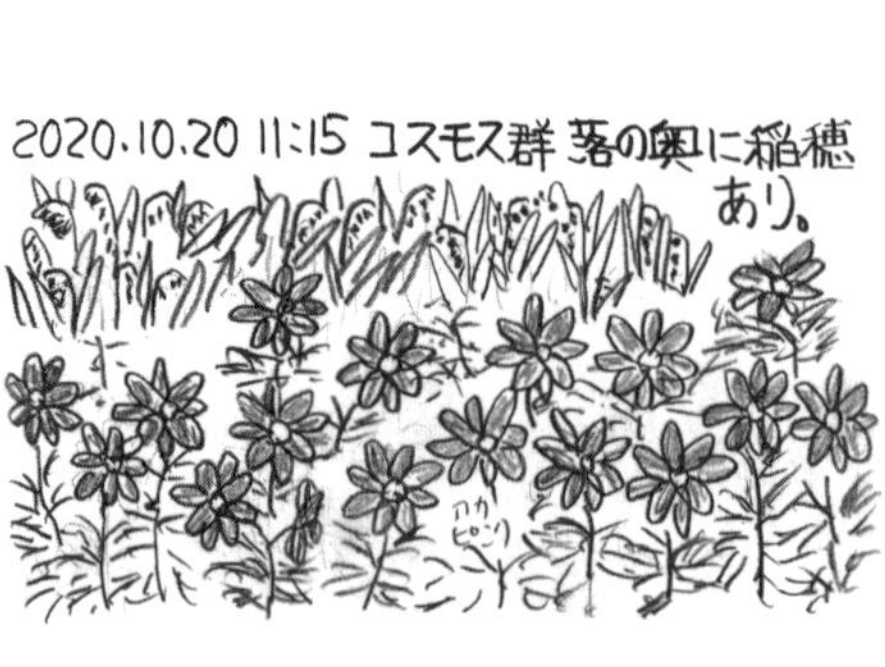


## 三豊市

2020年10月20日

地元の方からミカンを頂いたり、接待の申し出を受けたりして旧道を歩いた。旅で受けた親切はいつまでも忘れない。

三豊市　ため池と水草の葉に乗るカエル

本山橋を渡っていると、大きな山を背景に本山《もとやま》寺《じ》の五重塔が見えた。本山寺は四国八十八ヶ所霊場70番札所で、本堂は国宝に指定されている。それ以外にも仁王門など重要文化財があるが、五重塔を遠くから眺めただけで通過したのはもったいなかった。私は通過する街で最低でも1枚は絵日記を残したいと思っているが、三豊市では本山寺が絶好の1枚だった気がする。

国道11号線と並行する旧道を進むとため池が多くあり、池からポチャ・ポチャと音が聞こえてきた。目を凝らして池を見ると、水面に浮かんだ水草の葉に乗った小さなカエルが池に飛び込む音である。私の足音を聞いて驚いたらしい。この光景をそのまま俳句にすると「ため池や　蛙《かわず》飛びこむ水の音」となる。「ため池」を「古池」に置き換えると松尾芭蕉の有名な句と全く同じだ。この日は暑くて池の水は温められてぬるい。そして「た

三豊市　国道11号線沿い　稲束を干している農家

め池」は大きくて、中にカエルはたくさんいるので、芭蕉の句よりかなり緊張感に欠けるなと思いながら水面を眺めていた。池の横でこの様子をスケッチしていたら近所に住む女性から声をかけられて、「ミカンを差し上げますので少し待っていてください」と言う。「私はお遍路さんではありません」と伝えたが、家に入りミカンをひとつ持ってきて私に手渡してくれた。四国ではお遍路さんを温かく迎える文化が根付いている。暑い中を歩いてきたので、ミカンの提供は嬉しかった。

国道を横切り、ため池と背後の山々をスケッチしていると、今度は別の女性から声をかけられた。「何をしているのですか」と尋ねるので、「四国を歩いて一周する旅をしています」と答えると、「お茶を差し上げますので、家で休憩したらいかがですか」と言う。先を急ぐので丁重にお断りしたが、心の温かい人達が多い。この様な地元の人達とのやり取りは、何時までも覚えているものだ。ありがたい親切を受けた旧道の旅もやがて終わり、三豊市役所付近で再び国道11号線に合流した。

善通寺に行くのでこのまま国道11号線を進めばよいのだが、途中から71番札所弥谷寺《いやだにじ》に続く遍路道に入った。田んぼや旧家を見ながら歩いて再び国道に戻った時、稲束を干している一軒の農家があった。これぞ典型的な日本の原風景で、私はこの様な地元の生活感に触れたくて歩く旅をしている。そして高松自動車道の高架を潜り鳥坂峠に到着。ここから先は善通寺市となる。三豊市での一番の思い出は、地元の方々から受けた親切であることは言うまでもない。

# 7　善通寺市

善通寺市　善通寺で出会った猫

## 善通寺市

2020年10月20日

75番札所善通寺に到着。暑い中を歩いてきたので、建物群を描く気力が失せてしまい猫と戯れていた。

鳥坂峠を越えて国道11号線を１㎞程行くと、上池、大池という二つの大きなため池があった。香川県に入ってからため池を頻繁に見かけるようになった。これは全国的にも香川県の降水量が少ないことに加えて、南側に讃岐山脈があり、多くの川が短くて急勾配なので、河川の水を十分に利用出来ないからである。そのため、稲作に必要な水を確保したくてため池が造られた。中学生の頃に社会科の授業で習った事を身をもって体験していた。大池付近で国道11号線から離れて県道48号線に入り、75番札所善通寺へと足を向けた。

善通寺は弘法大師空海の生家跡に建つとされ、京都の東寺、和歌山の金剛峯寺と並んで弘法大師三大霊跡のひとつである。広い境内には金堂、五重塔、仁王門、赤門、経蔵などたくさんの建物が配置されていたが、私の関心を引いたのは、私の周囲を動き回る一匹の猫である。本堂に参拝するより先に猫と戯れる私を見て、弘法大師様はあきれていたことだろう。弁解になるが、この時の私は暑い中を歩いてきたので根気がなくなり、丹念に建物を見て説明板を読む気力が失せていた。涼し気に美しく並ぶ松の木々が印象に残っている。

善通寺を後に歩き出すと道に迷ってしまった。進む方角は把握しているつもりだったが、広い境内を動き回っているうちに方向感覚が90度ずれたようだ。１㎞程歩いてから何かが変だと思い元の場所まで引き返してきた。暑さで頭を少しやられていたのかもしれない。

ＪＲ土讃線沿いに歩き76番札所金倉寺《こんぞうじ》の横を通過。私は「四国一周 徒歩の旅」を計画するに当たり、四国八十八ヶ所巡りを兼ねて歩こうか検討したことがある。もし実施していたら、行く先々の寺で丁寧に説明板を読み、寺の建物を描きながら旅をするのは相当な労力と忍耐が必要なので、恐らく音を上げていたと思う。それは先程の善通寺での振る舞いを思い起こすと容易に想像が出来た。

# 8　丸亀市

丸亀市　丸亀城

## 現存十二天守　⊙は国宝

- ・弘前城（青森）
- ⊙犬山城（愛知）
- ⊙姫路城（兵庫）
- ⊙松江城（島根）
- ・高知城（高知）
- ・宇和島城（愛媛）
- ⊙松本城（長野）
- ・丸岡城（福井）
- ⊙彦根城（滋賀）
- ・備中松山城（岡山）
- ・松山城（愛媛）
- ・丸亀城（香川）

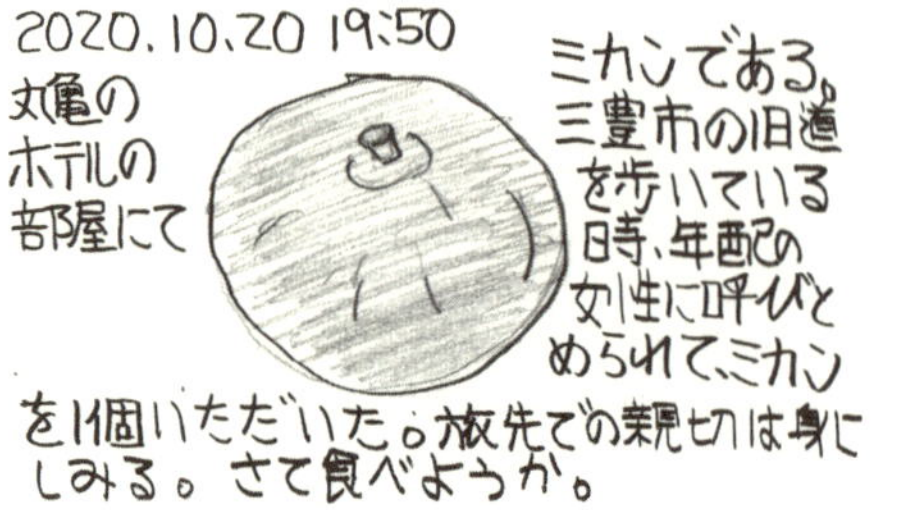
2020.10.20 19:50
丸亀の
ホテルの
部屋にて
ミカンである。
三豊市の旧道
を歩いている
時、年配の
女性に呼びと
められて、ミカン
を1個いただいた。旅先での親切は身に
しみる。さて食べようか。

### 丸亀市
2020年10月20～21日

丸亀城は「現存十二天守」のひとつで、高い石垣は見応え十分。そして讃岐富士の横から昇る太陽は印象に残る。

丸亀市　ホテルの部屋から見た讃岐富士の横から昇る太陽

県道33号線を進むと遠くに丸亀城が見えてきた。丸亀市のホームページによると、丸亀城は江戸時代に生駒親正とその子である一正により築城され、天守は「現存十二天守」のひとつである。この城の最大の特徴は高い石垣で、その高さは日本一とのこと。丸亀城の横に到着したのは16時。この城は下から見上げるのが一番素晴らしい姿なのだと言い訳して、天守まで行くのは止めて石垣の下から描くことにした。

この日の宿泊はＪＲ丸亀駅近くのホテルで16時45分に到着。ズボンや帽子まで汗で濡れたので前日に続いて洗濯をし、乾燥を待つ間にスケッチを仕上げた。大浴場で汗を流して、部屋に戻ったのは19時。これで何の憂いもなくビールを飲む事が出来る。そして食事は終わりデザートとなるが、三豊市の方からいただいたミカンを食べた。私の中に親切な心が入り、これから出会う人に対して優しくなれそうな気がした。

2020.10.21 8:20
丸亀駅前
猪熊弦一郎美術館
入りたいが、開館にはまだ早い。

2020.10.21 8:30 はれ
土器川大橋から
讃岐富士を見る。

翌日は5時20分に起床。窓から讃岐富士の横から昇る太陽を見た。7時50分にホテルを出発。通学時間帯なので大勢の高校生とすれ違いながら丸亀駅前広場に着くと、外壁に馬の絵がたくさん描かれた「猪熊弦一郎美術館」があった。この美術館は前日に見学する予定でいたが、到着が遅れて入館出来なかった。今は早すぎて入館が出来ない。思うようにいかないのが旅である。

丸亀市はうちわの生産で名高い。私は夏にエアコンをつけないでうちわで過ごすことが多く、うちわにはこだわりがある。普段使っているのは奈良うちわで、和紙に鹿の姿が透かし彫りされた絵柄が入った伝統工芸品である。関西での勤務を終えて戻る時、知人に送るお土産にしたのが奈良うちわだった。そのため、丸亀駅の近くにある「うちわの港ミュージアム」に寄りたかったが、こちらも開館まで時間があるので見学は出来ない。前日頑張ってもう少し速く歩けばよかったのだが、風景を楽しんで感じたことを記録して歩くのが私の旅のスタンスなのでやむを得ない。この日の天気は晴れで、土器川《どきがわ》に架かる土器川大橋からは讃岐富士が大きく見えた。讃岐富士は飯野山の別名で標高422m。なだらかな裾野を持つ美しい山容をしていた。

# 9　宇多津町《うたづちょう》

宇多津町　臨海公園　入浜式塩田施設

2020.10.21 9:00 宇多津の公園 はれ
瀬戸大橋を見る。瀬戸内海はおだやか。

2020.10.21 11:20 予讃線沿いに高松へ
向かっている。2両編成の列車が通過。

## 宇多津町

2020年10月21日

「恋人の聖地」臨海公園に立つ。青い空とマリンブルーの瀬戸内海との間で、白い瀬戸大橋は美しく映えて、圧倒的な存在感を放っていた。

安達川に架かる安達川橋を渡ると宇多津町だ。私は瀬戸大橋が見たくなり臨海公園に向かった。瀬戸大橋は本州側の倉敷市と四国側の坂出市を結んでいる。1988年に全線が開通し、瀬戸中央自動車道とＪＲ瀬戸大橋線が併用されている。臨海公園は「恋人の聖地」との別名があり、夕日がきれいでライトアップされた瀬戸大橋の景色は素晴らしいとのことだが、まだ朝の9時なのでロマンチックな雰囲気は全くない。橋は青い空とマリンブルーの瀬戸内海との間を横切るように伸びていて、圧倒的な存在感を放っていた。

公園内に復元した「入浜式」を紹介した塩田施設があった。ここで塩を作るには複雑な工程を経る事を知る。宇多津町のホームページによると、遠浅の海岸に堤防を造り、干潮と満潮の中位に塩田面を築く。浜溝に海水を導き、毛細管現象により砂層上部に海水を供給し、太陽熱と風で水分を蒸発させ、砂に塩分を付着させる。この砂を沼井《ぬい》（抽出装置）に集め、海水をかけてかん水（濃度の高い塩水）を採る。これを煮つめて塩にする。ここでは江戸時代から塩田の開拓が始まり、本格的な製塩事業が開始されたのは明治時代に入ってからとのこと。宇多津町の海岸線は塩田で埋めつくされ、同時に日本一の塩の町として名を馳せた。その後、国内では入浜式塩田による方法は天候に左右されやすいので、塩田を必要としない化学製塩法であるイオン交換膜法になり現代に至っている。宇多津町では昭和47年に製塩事業を停止したとのことだ。

臨海公園を後に、大束川《だいそくがわ》に架かる大束川橋を渡る。ＪＲ予讃線の高架を潜ると坂出市に入った。県道33号線を予讃線と並行するように進む。通過する列車は特急が多いが、普通列車は2両編成で運行しているようだ。田んぼの奥に線路が見えるが、そこには人の侵入を防ぐような囲いはない。安全上の問題はあるが、のどかな感じがいい。正午に鴨川駅に到着。無人駅なのでホームに入り、ベンチに座って昼食休憩とした。

# 10　高松市

高松市　源平合戦の有名なシーンが刻まれたマンホール蓋

**高松市**

**2020年10月21～22日**

マンホール蓋に那須与一が扇を射落とすシーンが刻まれていた。伝説を大切にする高松市の姿勢に好感を抱いた。

県道33号線をひたすら歩く。地図にこの道は丸亀街道との記載があり、時折長屋門が現れるので昔の街道筋の面影が垣間見える。80番札所国分寺に到着したのは13時半。中に入ると見事に手入れをされた松があり、上品な感じがする寺である。暑い中を歩いてきたので休憩。いつの間にか高松市に入っていた。

国分寺を後に県道を進み、ふと足元を見ると下水マンホール蓋の絵柄が気になった。那須与一が屋島の戦いで、弓矢で扇を射落とす有名なシーンが刻まれている。高松市が地元の伝説を継承しようとする熱意を感じた。

ＪＲ高松駅に到着したのは16時40分。寄り道をあまりしないで一所懸命に歩いたつもりだが、いつも最後は時間に追われてしまうことの繰り返しだ。ホテルには17時10分に到着。直ぐに汗を流したくて大浴場に行ったら誰もいないので、大きな浴槽を平泳ぎで往復する。風呂から上がり体重計に乗ったら、旅に出る前より3kg減っていた。連日のように贅沢な食事をしたが、それでも減量していた。歩く旅は結構ハードな運動なのだろう。

翌日は6時過ぎに起床。ホテルを8時に出発。朝から雨である。先ずは高松駅近くの玉藻公園に行く。ここは

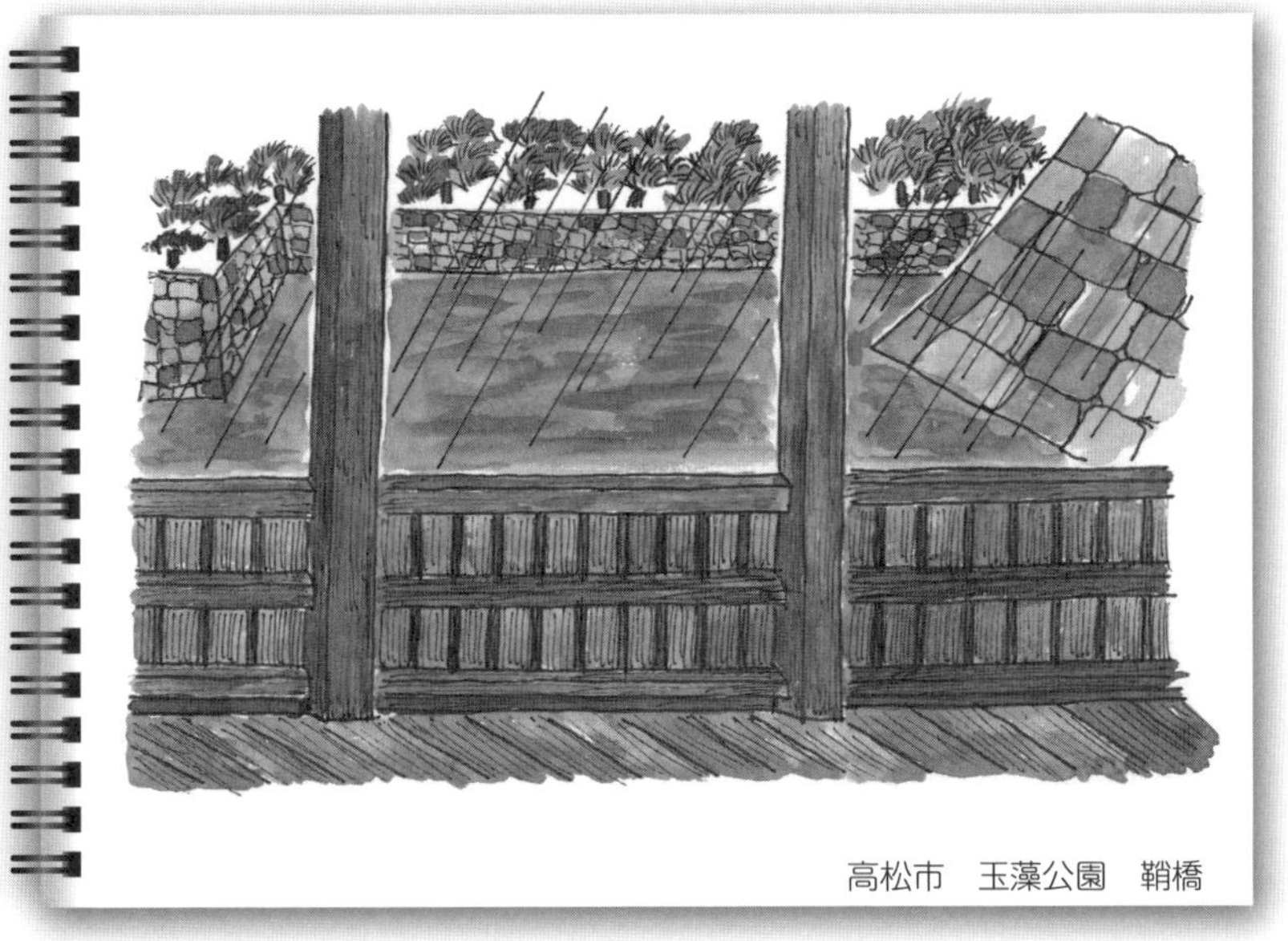

高松市　玉藻公園　鞘橋

高松城跡で立派な石垣があり、見事な松が数多く植えられていた。パンフレットによると、高松城は天正15年（1587年）に豊臣秀吉から讃岐一国を与えられた生駒親正が、現在地を高松と改めて築城に着手した平城（水城）で、瀬戸内の海水を外堀、中堀、内堀に引き込んだこの城は、日本三大水城のひとつである。他の二つは、今回の旅で寄った今治城と大分県中津市の中津城とされている。そして鞘《さや》橋《ばし》に着いた時に雨がさらに強くなってきた。ここは本丸と二の丸を結ぶ唯一の連絡橋である。橋には屋根が架かっているので雨宿りを兼ねて休憩していたが、止みそうにないので本丸の天守閣跡に移動した。

公園を後に源平時代の名シーンを蠟《ろう》人形で展示している「平家物語歴史館」に向かう。しかしそれらしき建物や案内板はなく、あちこち探して現地に着いたが既に廃業していた。楽しみにしていただけに残念だ。

# 11　屋島（1）

屋島　屋島寺本堂

## 屋島（1）

2020年10月22日

屋島寺への上りはきつかった。この道を歩いている時、四国八十八ヶ所霊場を全て歩いて回るのは大変な事だと分かった。

雨の中、84番札所屋島寺《やしまじ》を目差す。今回の旅では四国八十八ヶ所霊場の寺の近くを通っても寄らないことが多かった。遍路旅ではなく「四国一周 徒歩の旅」を目的にしているのでやむを得ないのだが、もし寄っていれば、旅により一層の彩りを添えられたと思うと惜しい気がしていた。屋島寺はこの日の時間を全て使ってもよいので、お遍路さん以上にじっくりと拝見するつもりでいた。寺の開基は鑑真である。鑑真は苦難の末に渡日し唐招提寺《とうしょうだいじ》を創建したことで知られている。私は奈良に在住していた時、何度も唐招提寺を訪れた。静かな雰囲気の寺で、金堂には八本の列柱が並び、内陣を見ると盧舎那仏座像《るしゃなぶつざぞう》、薬師如来立像、千手観音菩薩立像、四天王立像、梵天・帝釈天立像が安置された空間は素晴らしく、私の好きな寺のひとつである。その鑑真が奈良に向かう途中にこの地を訪れたとのことで、是非とも見学したかった屋島寺だった。

屋島西町の信号で地図を見ていたら、「お遍路さんですか」と尋ねられた。「お遍路ではないが、屋島寺へ行きます」と答えると、丁寧に行き方を教えていただいた。その道順に従い先へ進むとため池があり、そこから屋島寺への上り道が始まった。この道が21％の急勾配で、まるで登山道並みの傾斜だった。私にとって幸運だったのは、この日は雨で涼しかった事と、ホテルに荷物を一部置いてきたので身軽だったことだ。傘をさしながらゆっくりと上って行く。時折、参拝を終えたお遍路さんとすれ違った。四国八十八ヶ所霊場を全て歩いて回るのは大変なことだと知ったのは、この坂道を上っている時である。霊場は平坦な場所にあるだけでなく、山の上にある寺も多い。屋島寺は標高３００ｍ近くに位置している。またお遍路さんは、標高８００ｍくらいの所を歩くこともあるようだ。かなりの覚悟と信念に加えて体力がないと、歩いて四国八十八ヶ所霊場を全て訪れて四国を一周することは出来ないと思う。

石畳の道を歩いて行くと「加持水《かじすい》」に到着。仏像が5体安置され、それらを見ながら休憩した。案内板によると、空海がここで一休みした時、周囲に水場がないので御祈禱《ごきとう》をしたところ、水が湧き出したとのこと。さらに先に進むと「不喰梨《くわずのなし》」があった。こちらは空海が梨を所望したところ断られた。以降この梨は固くて食べられなくなったそうな。弘法大師・空海を粗略にしてはいけない戒めである。

正午に屋島寺に到着。山門をくぐり、本堂に今回の旅も無事に終えることが出来た報告をする。そして横を見ると、大きな狸の像があるではないか。こちらは蓑山大明神《みのやまだいみょうじん》で、「太三郎狸」を祀っている。二つの狸の像の間には鳥居が重なるように続いている。鳥居が続く様子は稲荷神社を想い起こす。しかし稲荷神社は狐に関係が深いはずなので、鳥居と狸の組み合わせを不思議に思いながら眺めていた。この狸はアニメ映画『平成狸合戦ぽんぽこ』のモデルとのこと。伝承では鑑真や空海の道案内をしたと伝えられているので、狸の世界ではレジェンドと言っても過言ではない。この後、雨が強くなってきたので山門の庇の下で昼食休憩とした。少し行儀が悪いが、鑑真様と空海様は困っていた私を許してくださるだろう。雨のため参拝客が少ないので、山門の真ん中に立って本堂をスケッチした。

屋島寺を後に来た道を戻る。上りでは快調に歩いた石畳だが、下りる時は雨に濡れて滑りやすいので慎重に歩いた。屋島小学校の横を通り、ため池の横で休憩。高松琴平電鉄で帰ろうと思ったが、来た道を歩いて戻ることにした。

屋島大橋から振り返ると屋島が近くに見えるので、山の様子を双眼鏡で観察。橋を渡るとヨットハーバーがあり、停泊中のヨット越しに屋島方面をスケッチ。雨が一段と強く降ってきたので、手帳に雨がかかり描

屋島　屋島大橋付近から屋島方面を望む

くのに苦労した。次の旅は屋島の向こうに位置する四国最北端の竹居観音岬を目差す旅になる。コロナ禍の状況にもよるが、恐らく半年後の春になるだろう。

15時にJR高松駅に到着。翌日は家に帰るので、岡山駅行の快速マリンライナーと、それに接続する新幹線の切符を購入。岡山駅までは自由席にした。高松駅が始発なので間違いなく座れるだろう。この何気ない判断が大きな幸運をもたらすのだが、この時点では知る由もない。15時半にホテルに戻り、直ぐに大浴場に直行。私が一番風呂だと思ったら先客が一人いた。前日のように浴槽内を泳ぐような無法行為は許されないのでおとなしく湯に浸かり、尾道から歩き始めた始めた11日間の旅を振り返った。この様な時に思う事はいつも同じで、今回の旅も無事に終わってよかったということである。

# 12　瀬戸大橋線

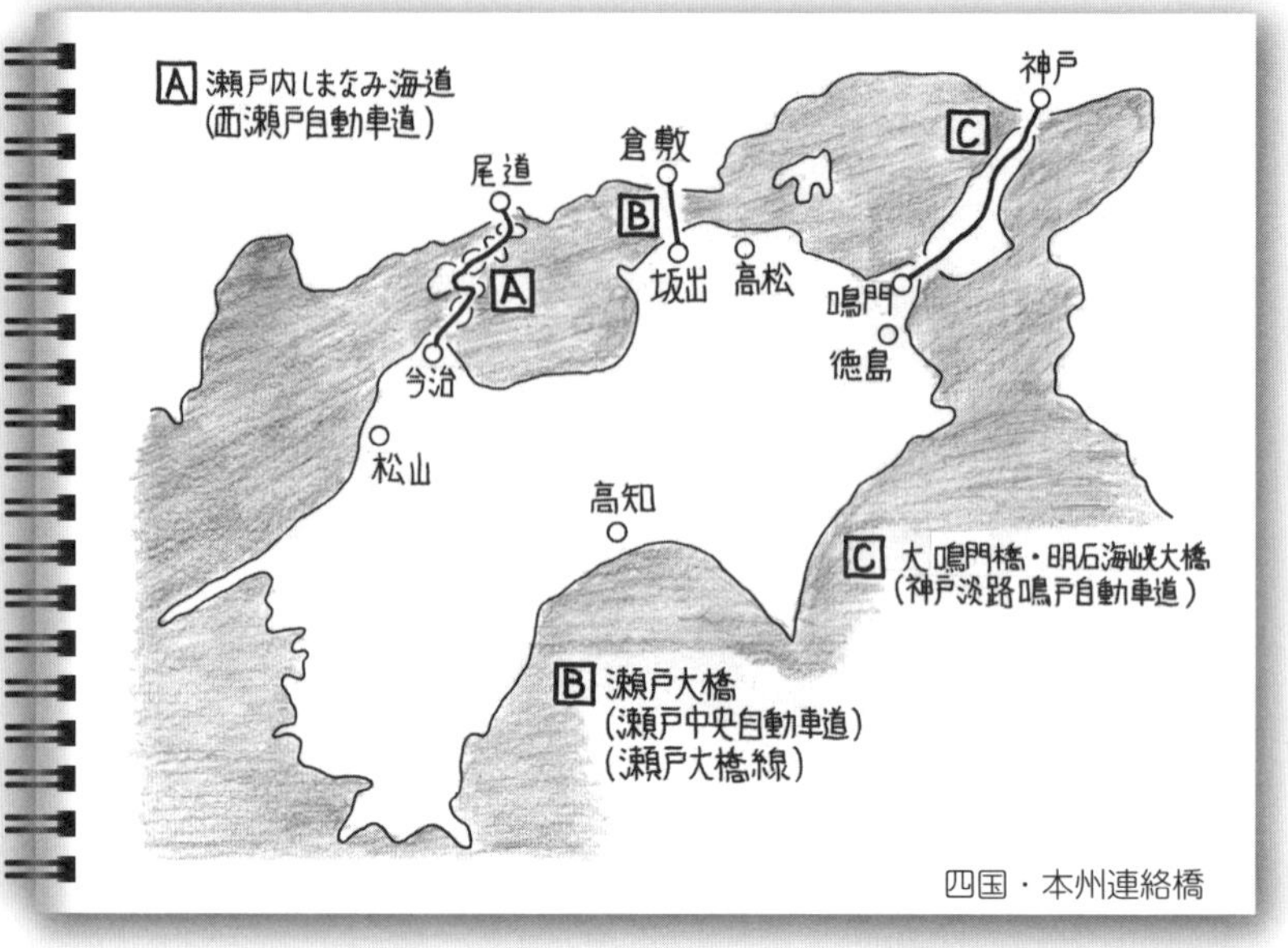

四国・本州連絡橋

A瀬戸内しまなみ海道
- 2006年全面開通（西瀬戸自動車道）
- 橋の区間のみ歩行者と自転車の通行が可能

B瀬戸大橋
- 1988年全面開通（瀬戸中央自動車道とJR瀬戸大橋線が併用）
- 歩行者と自転車の通行は不可

C明石海峡大橋・大鳴門橋
- 1998年全面開通（神戸淡路鳴門自動車道）
- 歩行者と自転車の通行は不可

**瀬戸大橋線**
**2020年10月22日**
**2021年11月3日**

日本中に新型コロナウイルスが拡散し、旅を再開するのに1年の歳月を要した。

4時50分に起床。この日は自宅に戻る日だ。前夜は20時頃に眠くなったので寝てしまった。出発時間が遅いのでもっと寝ていてもよいのだが、9時間近く寝たので体が痛くてこれ以上は寝ていられない。洗顔を兼ねて朝風呂に入った。朝食は食堂でとったが、コロナ禍のせいか落ち着かない雰囲気なので早々に部屋へ戻った。

8時10分にホテルを出発。那須与一が刻まれた絵柄のマンホール蓋があったので、改めてじっくりと観察。私の周りには通勤、通学の人達が大勢いるが、歩道の真ん中に立ち止まり下を向いて動かない私を無視するかのように、皆が足早に通り過ぎて行く。私だけがゆっくり流れる時間の中に一人取り残されていた。

8時40分にJR高松駅に到着。予定では9時23分発のマリンライナーに乗車する予定だったが、一本早い8時50分発で行くことにした。瀬戸大橋を渡る時に歩いてきた方面を見たいので、進行方向左の窓側の席に陣取る。列車は前々日に歩いた道と並行するように走り、鬼無駅、国分駅、鴨川駅、八十場駅など休憩に寄った駅舎が懐かしい。そして坂出駅に到着。ここから瀬戸大橋を通って岡山駅へと向かう。前ページに掲載したが、本州四国連絡橋には三つのルートがあり、瀬戸大橋が一番早く全面開通した。瀬戸大橋を通過する時に、10日前に歩いた「しまなみ海道」の島々や橋が見えるかと淡い期待を抱いたが、島は余りに多くて分からず、橋は確認出来なかった。水平線に隠れる以上の距離があるのだろう。

岡山駅には9時50分に到着。この時、JR予讃線は車両故障の影響で運行停止中とのアナウンスが流れていた。マリンライナーも運行中止とのことだ。もし高松駅で当初の予定通りに一本遅い列車に乗っていたら、私も巻き込まれていたことになる。自由席にしておいてよかった。事前に購入した新幹線指定席の変更をするためにみどりの窓口に行くと、今度は山陽新幹線が車体確認のため25分遅れで運行しているとのことで、

瀬戸大橋線　マリンライナーは瀬戸大橋を通過中

結局予定より早い新幹線の指定席を確保することが出来た。新大阪駅に近づいた頃、「北陸方面に向かうサンダーバード号には接続出来ないので申し訳ありません」とのアナウンスが流れた。旅にも運と不運はつきまとう。この幸運は前日、高松駅で購入したマリンライナーの乗車券を指定席にしなかったことに端を発している。さらに付け加えると、ホテルを早く出発したことも関連する。ついでにもうひとつ付け加えると、前夜20時に寝たので早起きした事につながる。旅の運命の不思議を思うと共に、旅の神様が私を後押ししてくれていた。「四国一周 徒歩の旅」は、何としてでも成し遂げようとの気持ちを強くした出来事だった。続きは翌年以降になるが、その頃にはコロナ禍が収束していることを願う。

高松　玉藻公園　艮櫓

２０２１年11月に第２回目の四国の旅を開始。一年振りの再開である。この１年間は日本中に新型コロナウイルスが拡散して、何度も緊急事態宣言が発令されて移動の自粛が求められ、全く旅が出来なかった。ようやく鎮静化に向かい始めたので、今回は高松市から鳴門海峡を経由して徳島市まで歩く予定だ。

　岡山駅でマリンライナーに乗り換え高松駅に到着したのは11時20分。どこかで昼食を食べようと思うが、やはり讃岐うどんが食べたい。駅の近くのレストランできつねうどんを注文。前回の旅で屋島まで行ったので、高松琴平電鉄志度線で琴電屋島駅まで行こうと考えたが、やはり私は歩く旅人である。玉藻公園の艮《うしとら》櫓《やぐら》を左手に見ながら屋島に向けて歩いた。もう11月なので寒さを心配したが、この日は暑かった。

# 13　屋島（2）

大阪城
残石


屋島　四国村　河野家住宅

2021.11.03 15:40
四国村『かずら橋』渡った
ときは少々スリルがあった。

2021.11.03 16:00
屋島神宮
背後の岩山、迫力あり。


## 屋島（2）

2021年11月3〜4日

「駒立岩《こまだていわ》」を見て、源平合戦のヒーロー那須与一を想う。小舟に掲げられた扇までの距離はいかほどだったのだろう。

この日の宿泊は琴電屋島駅近くのホテルである。そこにした理由は近くにある四国村を見学したかったからだ。四国村は山の斜面に四国の各地から古い民家や作業小屋、灯台退息所などを移築した施設である。木の蔦を編んで作った「かずら橋」を渡ると小豆島農村歌舞伎舞台に出た。建物の前は観客が座って観ることが出来るすり鉢状の段差になっていて、そのため音響効果が抜群でコンサート等の野外劇場として使用出来る。そして「河野家住宅」の前で休憩。茅葺屋根の立派な民家で「大阪城残石」の石垣の上に建っている。「砂糖しめ小屋」は円形の建物で、中で牛が石臼を挽くとのこと。そして山の斜面の一番上に建つのが大久野島灯台と灯台退息所である。そこから下って行くと四国村ギャラリーがあった。コンクリート打ち放しの建物で設計は安藤忠雄氏。入館するとピカソの絵が展示されていた。顔の正面と横顔を一枚の絵にしたいかにもピカソという作品だった。ギャラリーを後に古民家や御用蔵、醤油蔵などを見学しながら「流れ坂」と呼ばれる石畳を下りて行った。私は大学の専攻が建築工学で古民家が好きなこともあり大いに楽しめた。

四国村の隣に屋島神宮があり、その背後に屋島山頂と露出した岩が見える景色は迫力満点。長い参道の階段を上がり今回の旅の安全を祈願。近くのスーパーで夕食の食材を購入してからホテルへと向かった。

翌朝は5時20分に起床。不安定な空模様だ。7時15分にホテルを出発して相引川《あいびきがわ》沿いに歩く。この辺りは源平合戦の古戦場として名高いが、私はその様な事とは関係なく、イサムノグチ庭園美術館を目差して進む。すると与一公園があり、近くに「駒立岩《こまだていわ》」と呼ばれる岩が池のような所に顔を出していた。那須与一が小舟に掲げられた扇を射る時、馬の足場を固定するために乗り上げたとされる岩である。この日の最初の1枚目としてスケッチした。そして少し離れた所に水門があり、舟に女官と扇を乗せた絵が描かれているのが見え

屋島　駒立岩と水門に描かれた絵

たので、近くまで行ってスケッチ。再び「駒立岩」に戻ると、岩は潮が満ちてきたのでほとんど沈みかけた状況になっていた。那須与一は岩が現れている時間を知っていたのだろうか。このシーンは源平合戦のハイライトのひとつだが、那須与一と扇との距離については20～90ｍくらいまで諸説あるようだ。私は大学時代の4年間を洋弓（アーチェリー）部に所属していた。仮に一番短い20ｍだったとしても、照準器の付いていない和弓で、波で揺れている小舟に掲げられた扇を最初の1射で射貫くのはかなり難しい。まして90ｍでは不可能だと断言出来る。そしてこの時、小舟に乗って扇を掲げた女官は恐かっただろうと同情する。扇より人に当たる確率の方がはるかに高い。那須与一はこの時の軍功により備中（現在の岡山県西部）に領地を賜った。以前、山陽道の七日市宿（岡山県井原市）を歩いて井原鉄道の井原駅の横を通った時、駅舎は三角錐が弧を描いた曲線の屋根を突き破る形の外観で、明らかに弓と矢をイメージしたデザインだった。また那須与一は下野国《しもつけのくに》（現在の栃木県）の出なので、奥州街道の旅で佐久山宿（栃木県大田原市）を通った時は、公衆便所の壁にこのシーンが描かれていた。那須与一は源義経に次ぐ源平合戦のヒーローで、その人気は全国区である。「駒立岩」に時間を取られ過ぎたので、イサムノグチ庭園美術館に寄るのは諦めて、与一橋を渡って四国最北端の竹居観音岬《たけいかんのんみさき》へ急ぐことにした。

県道36号線を北上して行くと、石材店がたくさん現れ、山腹には石切り場が見られるようになった。やがて高松市庵治町《あじちょう》の市街地に入って行くと、石のオブジェが道路の横にたくさん置かれていた。庵治小学校入学広場では、毎年制作していると思われる石材の記念碑が並んでいた。産出される石材は庵治町の文化の一端を担っている。世界的に著名な彫刻家イサムノグチの美術館がこの町にある理由が分かった。そしてこの辺りで産出される石を「庵治石」といい、高級石材であることを知ったのは旅を終えてからのことである。

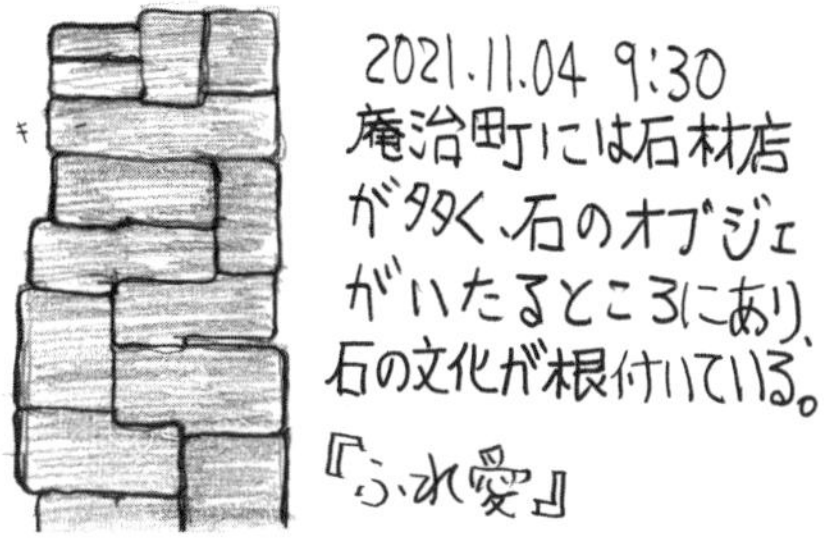
2021.11.04 9:30
庵治町には石材店
が多く、石のオブジェ
がいたるところにあり、
石の文化が根付いている。
『ふれ愛』

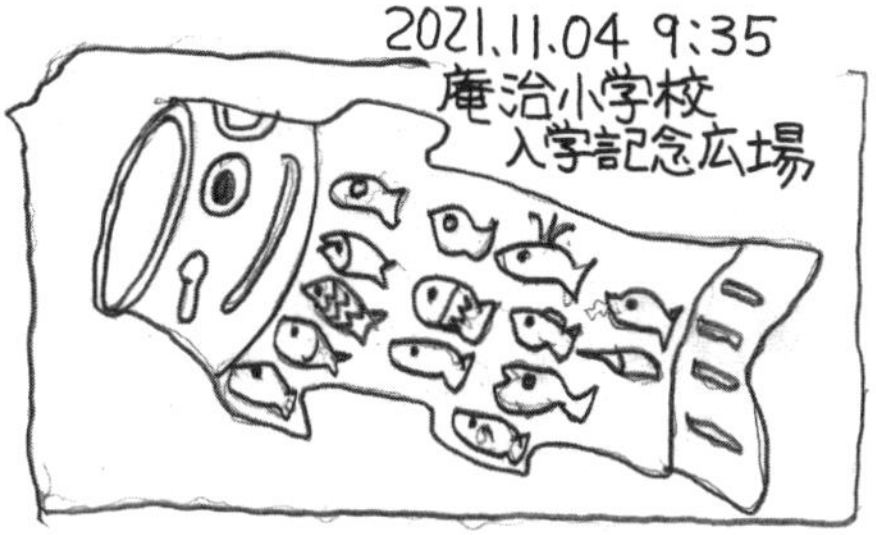
2021.11.04 9:35
庵治小学校
入学記念広場

# 14　竹居観音岬《たけいかんのんみさき》

竹居観音岬　四国の最北端

2021.11.04 10:20 竹居漁港からの景色。ここは四国最北の地。

2021.11.04 12:20
歯ART美術館の
おやすみ処で昼食。
手のひらのイスに
座る。県道36号線
のアップダウンの
ある道を歩いてきた。

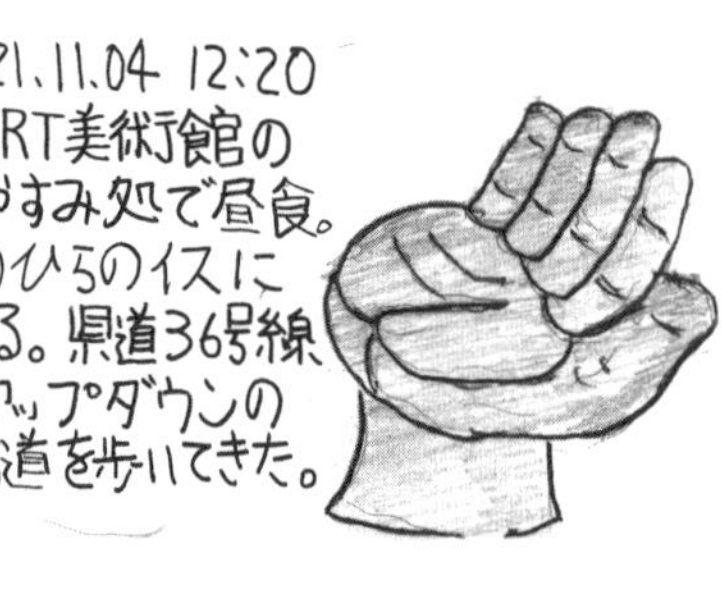

## 竹居観音岬

2021年11月4日

東西南北の先端に位置する岬を訪れる事で「四国一周 徒歩の旅」の証とする。先ずは、最北端の竹居観音岬に立った。

竹居観音岬は四国の最北端に位置している。私は「四国一周 徒歩の旅」をするにあたり、東西南北の先端にある岬を訪れる事で、四国一周の証にすることにした。竹居観音岬以降歩く順番に記載すると、最東端は徳島県阿南市の蒲生田岬《かもだみさき》、最南端は高知県土佐清水市の足摺岬《あしずりみさき》、最西端が愛媛県伊方町の佐田岬《さだみさき》である。

県道36号線を北上し、庵治漁港を左に見て庵治温泉を通過すると竹居漁港に出る。少し行くと「四国最北端」の案内標示があったので、県道から離れて海側へ続く道を下りて行くとゲートがあり、その両側に「四国最北端」・「庵治町 竹居岬」と書かれた場所に到着。時刻は10時半。そこは断崖絶壁などではなく普通の海辺で、三人の釣り人が海釣りを楽しんでいた。天気がよくて風が吹いていないので海は穏やかだが、午後に低気圧が通過して雷雨が予想されているのであまりのんびりとしていられない。四つの岬の先端に立つ時は是非とも晴れていてほしかったので、先ずはひとつ目の願いがかなった。

ここからは県道36号線を左手に瀬戸内海を見ながら南下する旅となる。海岸に沿って道があれば全くアップダウンがなくて楽なのだが、歩く旅はそれほど甘くはない。道は山側に続く上り坂となる。アップダウンを繰り返しながら進み、「歯ＡＲＴ美術館」の横を通過。寄りたいのは山々だが、午後から天気の崩れを考えると出来るだけ早く先に進むことを優先した方がいい。地図で確認をすると、この辺りから左側に見える海は志度湾《しどわん》となっていた。少し行くと美術館のお休み処と書かれた広場があり、そこに画家の岡本太郎の作品に似た手の形をした椅子が置かれていたので、これに座って志度湾を眺めながら昼食のおにぎりをほおばる。ここは庵治町なので椅子の素材はもちろん石である。岡本太郎の椅子の作品は、わざと座り心地を悪くした様な意地悪な一面があるが、ここの椅子は座りやすい形の優しいデザインだった。

# 15　さぬき市

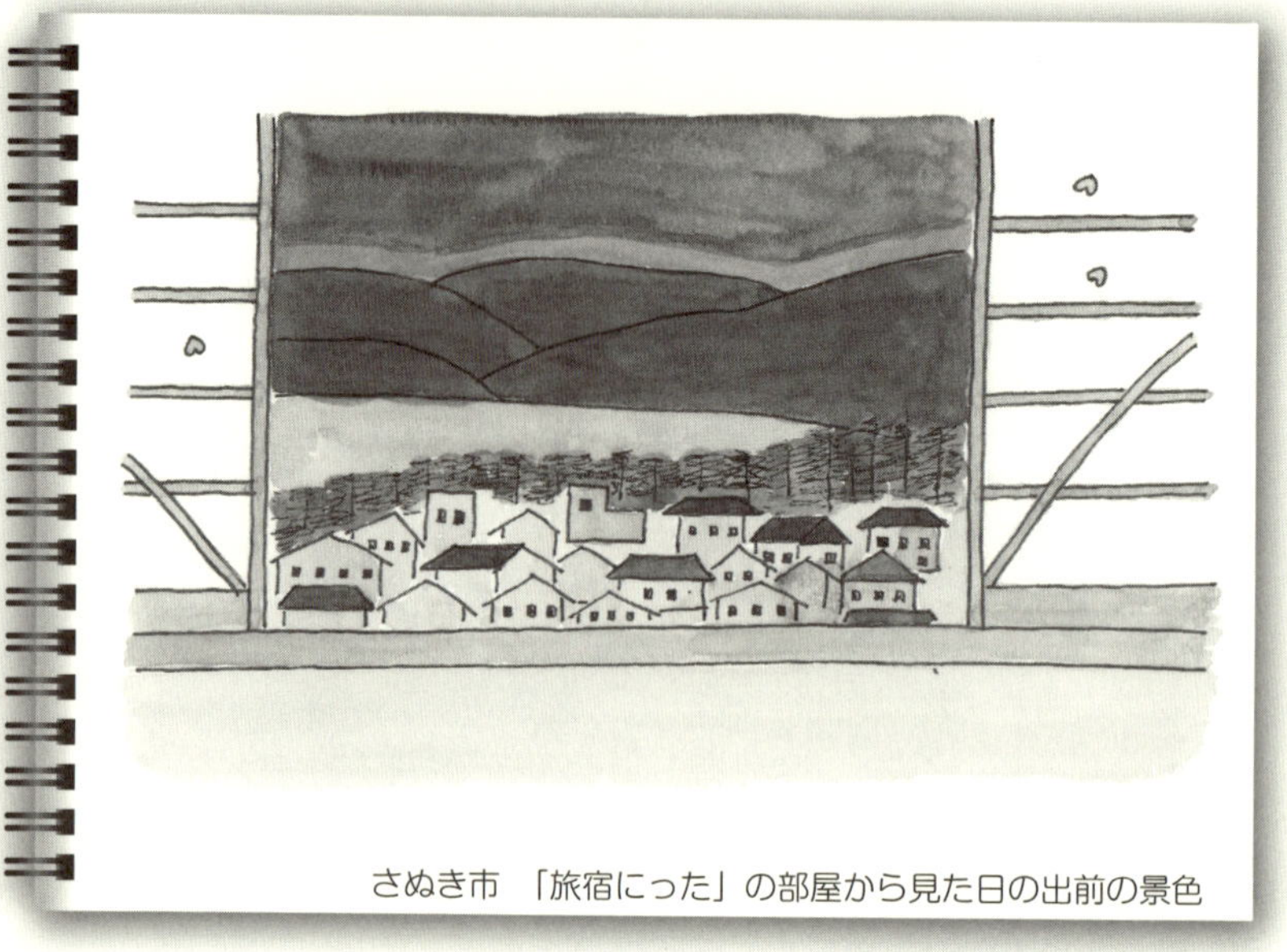

さぬき市　「旅宿にった」の部屋から見た日の出前の景色

2021.11.04
14:10 平賀源内
旧邸
急ぎたいのだが立ち止まる。

2021.11.04
14:40
志度寺
雷が鳴りはじめた。これはまずい!

**さぬき市**

**2021年11月4〜5日**

宿から見た日の出前の景色は美しい色彩の一言に尽きる。津田湾の手前に見える「津田の松原」に行くのが楽しみだ。

志度湾を左に見ながら歩き、さぬき市に入る。私が目差しているのは86番札所の志度寺である。その途中に平賀源内旧邸と書かれた旧家があった。平賀源内は江戸時代の発明家として名高い。建物の前が駐車場になっているので建物全体を見渡すことが出来たが、直ぐ近くに犬がいて盛んに吠えて私を威嚇する。それに海側から黒い色をした雲の一団がこちら側に向かってくるので、落ち着いた気分で描けなかった。

志度寺には14時半に到着。急いで本殿や五重塔を見てから仁王門に戻った時に雨が降り出した。稲光と共に大きな雷鳴が轟き、周りは急に暗くなって冷たい風が吹き始めた。仁王門に大きなわらじが掛けられている様子を素早く描き、仁王門の下に逃げ込んだ時には土砂降りになった。平賀源内が研究したエレキテル（静電気発生装置）と雷が発生する原理は似ているなどと思いながら雨宿りをしていたが、もう15時に近いので暗くなる前に宿に着かなければまずい。この様な状況では分かりやすい道を歩いた方が無難なので、路地道を抜けて国道11号線を歩くことにした。郵便局の屋根付きカーポートの下で雨具を着用。その後国道を歩き続けて脇道に入り、17時に「旅宿にった」に到着。道に迷わなくてよかった。

翌日は6時に起床。到着した時は暗くて気付かなかったが、部屋の窓から外を見ると素晴らしい景色だ。津田湾の背後に黒い山が横たわり、その稜線はオレンジ色に縁どられ、空は群青色に染まっていた。太陽が顔を出す直前の景色は1日の中でも一番美しい瞬間である。特に空のグラデーションはすごいの一言。

宿を7時50分に出発。ＪＲ高徳線の讃岐津田駅に向かうと、家々の庭や工場の敷地に手入れの行き届いた松が植えられていた。足元を見るとマンホール蓋にまで松が描かれている。駅を過ぎて「津田の松原」へと踏み入れたが、この松林はすごかった。防風林として植えられたのだろうが、樹齢を重ねた巨木が多い。私は手帳にスケッチをする時、普通は1枚の紙に描くが、あまりにも木が大きいので2枚にして描いた。それでも下の幹の部分だけしか描けない。松の葉が全く描かれていないので、まるで立ち枯れた大木のような絵になってしまった。この「津田の松原」は約1㎞にわたり続いた。案内板によると多くの映画のロケ地になったとのことだ。松林を抜けると海岸は海水浴場になり、瀬戸内海のきれいな景色が広がっていた。

さぬき市　津田の松原

さぬき
つだ
2021.11.05
8:25
『さぬきつだ』
の汚水マンホール
これから行く
「津田の松原」
が楽しみだ。

# 16　東かがわ市

東かがわ市　白鳥神社拝殿

## 東かがわ市

2021年11月5日

引《ひけ》田《た》の昔ながらの街並みを見学。大きな旧家は見応えがあった。遅い時間だったので急いで見たが、寄ってよかった。

津田湾から離れて山間の道へと移る頃に東かがわ市に入った。この日の天気は晴れで暑い。アップダウンが続く道を進み、汗まみれになったので奥ノ池で休憩。池にはハシビロガモが浮かんでいるが、このカモは冬鳥なので、私以上に暑さがこたえているに違いない。やがて山間の道から平地に下りて、稲刈りを終えた田んぼでケリ（チドリの仲間）を発見。バードウォッチングをしながらゆっくりと進んだ。

「白鳥の松原」を通り白鳥神社《しろとりじんじゃ》で休憩。ここの御祭神は日本武尊《ヤマトタケルノミコト》で、その霊が白い鳥になり舞い降りたという伝説がある。小学校低学年の遠足だったらしく、境内は大勢の児童達が昼食休憩をしていて大変賑やかだった。本殿、拝殿など素晴らしい建物が並んでいるが、落ち着いて参拝が出来る雰囲気ではないので、私は拝殿の鈴から下りている紫色の太い鈴緒《すずお》を眺めながらおにぎりを食べていた。

白鳥神社を出て讃岐白鳥《さぬきしろとり》駅に着いたのは13時。この日の宿まではまだ16㎞程ある。この時期は16時半を過ぎると暗くなり始めるので急いだ方がいい。国道11号線を進み、引田の街並みへの案内板を見たのが14時。行くべきか迷ったが、私は街道を歩いて昔に想いを馳せたい旅人だ。ここは行かねばなるまいと腹をくくる。朱塗りの欄干がある「みゆき橋」を渡ると紅い大きな建物があった。ここは昔ながらの製法で醬油作りを続けている商家で「かめびし」という。建物を正面から描きたいが、道幅が狭くて出来ないので、引き返して駐車場から側面をスケッチした。腰壁はなまこ壁模様で紅い外壁が目立つ建物だった。次に訪れたのは讃州井筒屋敷。こちらも大きな建物で、江戸時代から続いた酒、醬油作りの商家を改装したものだ。建物の前にある駐車場に入りスケッチを試みるが、建物が大きすぎて一部分しか描けなかった。内部は見学出来るのだが、全て見るにはかなりの時間がかかりそうなので、残念だが入館は諦めた。

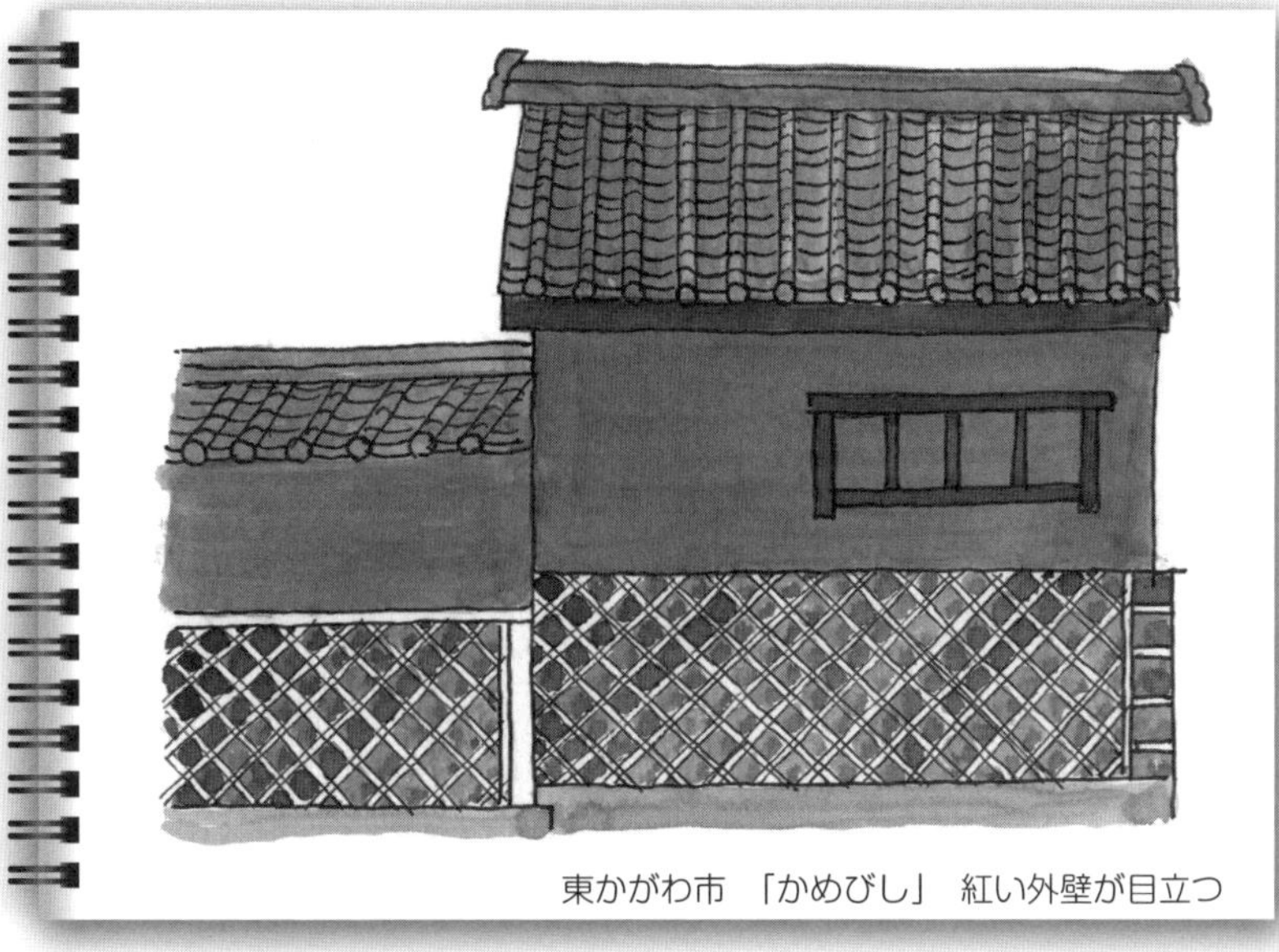
東かがわ市　「かめびし」　紅い外壁が目立つ

古い街並みの中で迷わないように気を付けて路地道を通り抜け、引田駅に着いたのは14時40分。地図に記載がある手袋ギャラリーに寄りたかったが、宿まではまだ10㎞以上歩かなければならない。この時の私は体の疲れと焦りの気持ちが同居していた。そして左手の播磨《はりま》灘《なだ》を横目に歩くギアを一段上げた。

2021.
11.05
14:30
讃州
井筒屋
敷。
とにかく
大きい。

2021.11.05 15:10
同じような形の島が播磨灘に浮かぶ。
毛無島
通念島

# 17　鳴門市（1）

鳴門市　「グランドエクシブ鳴門 ザ・ロッジ」からの眺め

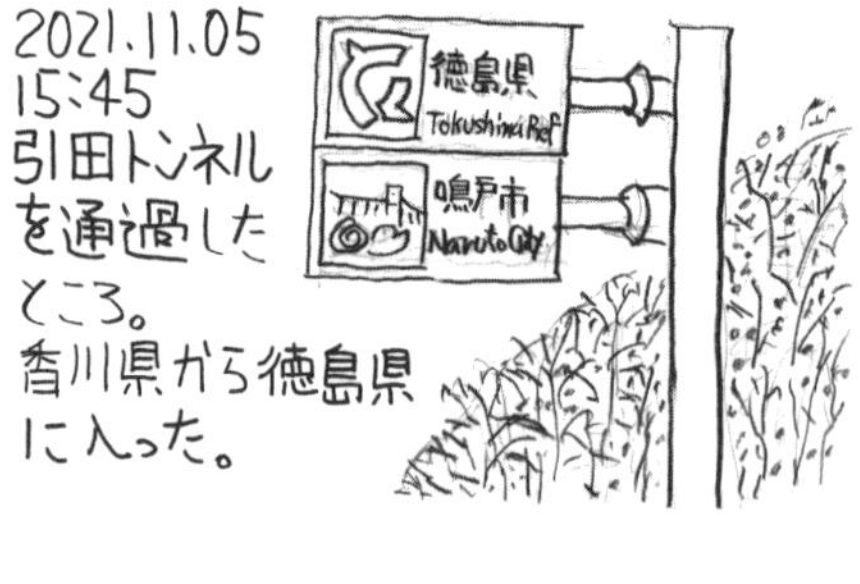
2021.11.05
15:45
引田トンネル
を通過した
ところ。
香川県から徳島県
に入った。
徳島県
Tokushima Pref
鳴門市
Naruto City

三津トンネル
三津トンネル
長さ690m
2021.11.05 16:00
三津トンネル

## 鳴門市（1）

2021年11月5〜6日

宿泊するホテルが山の上にあるとは想定外だった。夕闇が迫る中、正しい道かどうか分からないのに、急斜面を懸命に上り続けた。

国道11号線を進み引田《ひけた》トンネルを通過したのは15時45分。ここで香川県から徳島県の鳴門市に入った。少し行くと三津トンネルがあり、長さは６９０ｍ。新しいトンネルで歩道幅が広くて歩きやすかった。この時が16時10分。宿までは残り３㎞程なので、明るいうちに何とか到着出来そうだと思われた。

三津トンネルを抜けると山の上に大きな建物が見えてきた。私の歩いている場所から２００ｍくらい上に建っている。特に気にすることなく歩いて行くと、「グランディ鳴門」ゴルフ場へと続くゲートがあった。この日の宿は「グランドエクシブ鳴門 ザ・ロッジ」というのだが、似たような名前のゴルフ場だなと思いながらゲートを横目に通り過ぎた。しかし宿へ続く山側へ入る道が一向に見当たらない。この時に嫌な予感がしてきた。先程見た山の上にあった建物が宿ではないかと。ゲートに戻りゴルフ場への道を上がって行く。私は登山を趣味としているが、標高差１００ｍを登るのに20分必要だ。２００ｍでは40分かかる。ゲートを出発した時は16時半を過ぎていたので、間違いなくホテルに着く頃には暗くなっている。舗装はされているが急勾配の坂道を進む。それにこの道が本当に宿泊するホテルへ行く道なのか半信半疑の状況だった。11月なのでこの時間の気温はかなり低いはずだが、私は汗まみれになって全力で急斜面を上がって行く。「エクシブ鳴門」に到着したのは17時で周囲は既に暗かった。案内係の方に尋ねると「ザ・ロッジ」はここではないと言う。行き方を教えて頂いたが、巡回バスに乗る事を勧められた。私はこれ以上歩く気力を失くしていたので、アドバイスに従いバスを待つことにした。周りにいるのはゴルフ客ばかりである。汗まみれで首にタオルを巻きザックを背負った私を、皆がどのように見ているのか気にする余裕はなかった。

「グランドエクシブ鳴門 ザ・ロッジ」には17時15分に到着。このゴルフ施設には他にも宿泊施設があり、そのうちのひとつが「ザ・ロッジ」であることを知る。ゴルフのスタートはこの建物から近くのようだ。部屋には大きなユニットバスがあるが、「アロマハウス」というスパ施設があるので巡回バスで移動。入浴を終えて「ザ・ロッジ」に戻ったのは19時半。コロナ禍のため食堂を利用出来ないので、フロントで夕食の弁当を受け取り部屋で食べた。美味しい料理だったが、あまりにも量が多くて全て食べ切れなかった。

翌日は6時半に起床。前日は暗くて分からなかったが、窓からの景色は大変素晴らしい。眼下にはゴルフコースが広がり、遠くに播磨灘が望める。フロントに行って朝食の弁当を受け取り、部屋に戻って美味しいサンドイッチを食べながら外を見ると、早朝からスタートするゴルファー達がパットの練習を始めていた。

8時10分にホテルを出発。会計の際に、「ここまで歩いてくるのは大変だった」と言ったが、フロント係の方は「何故車でこないのか」と不審に思ったかも知れない。急な坂道を下りて行くと、土曜日なのでゴルフ客が運転する多くの車とすれ違い、ゲートに着いたのは8時45分。下りだけで30分もかかったので、前日はこの道を同じ30分で上り切ったことを考えると、私はかなり必死に歩いていたと改めて思った。

この日は今回の旅で楽しみにしていた鳴門海峡に行く日である。歩く距離は約22㎞と短いのでゆっくり歩いても大丈夫だ。天気は晴れ。左手の播磨灘は穏やかで養魚場の浮き球が見える。そして「きたなだ海の駅」で休憩。入り口で「ふるまい汁」を無料で提供していたので一碗いただく。だしのきいたわかめの味噌汁で旨かった。生簀《いけす》があり、鯛が泳いでいる様子をベンチに座ってぼんやり眺めていたが、鯛も私と同じようにのんびりと泳いでいた。すると突然生簀に網が入り、私がスケッチしていた鯛がすくわれてしまった。残った魚はパニック状態になり、生簀の中は大混乱だ。やがて魚達は何事もなかったかのように、再びゆっくりと泳ぎ出して平和な日常へと戻った。私はスケッチを切り上げて、売店で昼食用に8個入りのタコ焼きパックをひとつ購入。地図を見るとこの先、鳴門海峡までコンビニや食堂は無さそうなので助かった。

海の駅を後に国道11号線を進むと、11時20分に県道183号線鳴門スカイラインへの分岐に到着。このまま国道11号線を直進すると鳴門市街地方面へ至るが、私は鳴門海峡を目指すので鳴門スカイラインに入る。日出湾を過ぎた所に不動明王像が道端に安置されていて、そこで先程購入したタコ焼きを食べた。そして海から離れて山間の道へと入って行く。通る車はほとんどない。坂道を上り切ったところに「鳴門フィールドアーチェリー」があり、インストラクターが初心者らしき二人に指導をしていた。先の「13屋島（2）」の項で記載したが、私は大学時代の4年間アーチェリー部に所属していた。その当時を懐かしく思い出す。私が取り組んでいたのはオリンピックで採用されている競技のターゲットアーチェリーだが、野山で的を射るフィールドアーチェリーはしたことがなかったので、興味を持ってインストラクターを見ていた。

坂道を下りて行くと小鳴門海峡に架かる小鳴

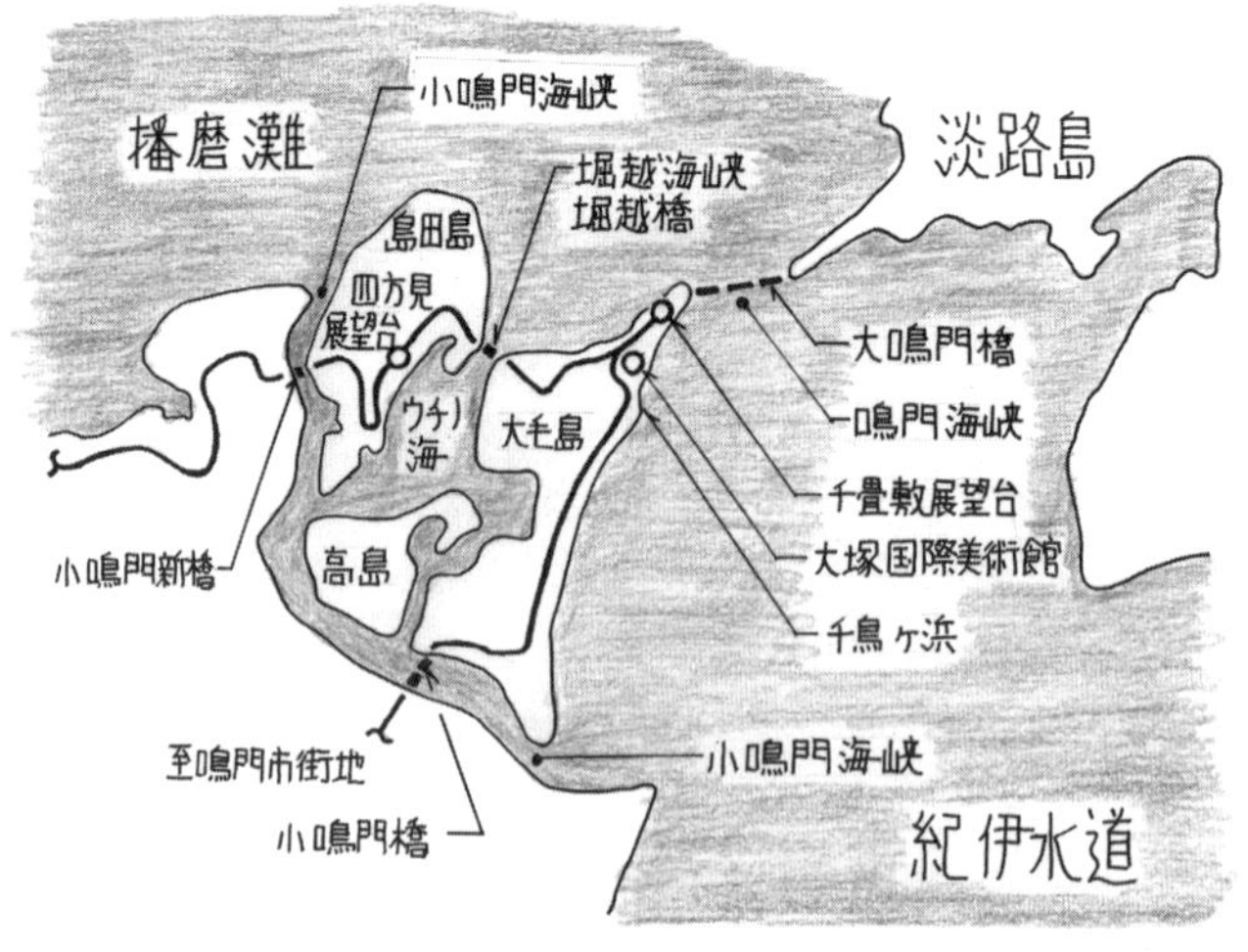


鳴門海峡付近の歩程地図

鳴門市　小鳴門海峡　小鳴門新橋から播磨灘を方面を望む

2021.11.06 13:30 四方見展望台より
大鳴門橋が見える。奥の山々は淡路島だ。

門新橋に到着。前ページに掲載した「鳴門海峡付近の歩程地図」を見ていただければ分かるが、渦潮で有名な鳴門海峡は、瀬戸内海の播磨灘と紀伊水道の間にある淡路島と鳴門市の大毛島《おおげ》に挟まれた海峡である。その手前で島田島と高島及び大毛島と四国本土に挟まれて、播磨灘と紀伊水道を隔てているのが小鳴門海峡だ。小鳴門新橋は高い所に架かっていて、眼下に見える小鳴門海峡は妖しい感じで海が動いていた。渦にはならないが流れが回転している様子があちこちに見られた。橋を渡ると島田島に入る。再び坂道を上がり四方見《よもみ》展望台に到着したのは13時半。ここで鳴門海峡に架かる大鳴門橋が姿を現した。その奥に横たわるのは淡路島だ。ここは鳴門スカイラインの一番高い位置にあり、周囲の景色は素晴らしい。ウチノ海にはたくさんの釣り筏が浮かんでいた。三つの島に囲まれた内海なので波がほとんどなくて穏やかだ。

　展望台を後に道は下りになり、島田島と大毛島に架かる堀越橋に到着。ここは播磨灘とウチノ海を隔てる堀越海峡で、橋の中程から下を見ると、潮の流れは猛烈に速くてあまりにもすごい。そして堀越橋を渡り鳴門海峡がある大毛島へと踏み入れた。

# 18　鳴門海峡

鳴門海峡　旅館の大広間からライトアップされた大鳴門橋を見る

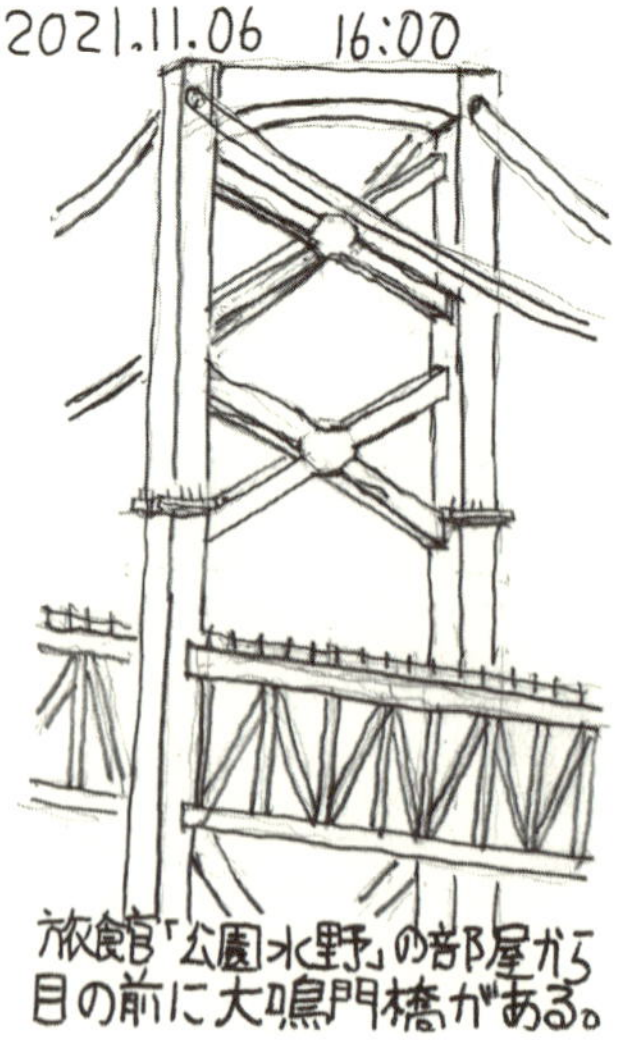
2021.11.06　16:00
旅館「公園水野」の部屋から
目の前に大鳴門橋がある。

## 鳴門海峡

2021年11月6〜7日

旅館の部屋から満潮時の鳴門海峡の流れを満喫。前日は堀越海峡で干潮時の流れを見た。私は絶好のタイミングで鳴門海峡を訪れた。

鳴門スカイラインを進むと「うずしお観潮船のりば」が見えてきた。直ぐ近くで鳴門海峡の渦潮を見たいのは山々だが、小鳴門海峡と堀越海峡で速い潮の流れを十分に堪能したので乗船するのは止めておく。大塚国際美術館への分岐を過ぎ、この日の宿「公園水野」に向けて歩く。直ぐ横には鳴門海峡に架かる大鳴門橋へと続く神戸淡路鳴門自動車道があり、その下を潜るように進む。駐車場があり管理する方に旅館の場所を尋ねると、丁寧に行き方を教えていただいたので一安心。宿に着いたのは15時15分。部屋からは直ぐ近くに大鳴門橋が望めるので早速スケッチ。描き終えると汗を流したくなり大浴場に向かった。

本州と四国本土の間には車で移動出来るルートが三つある（「12瀬戸大橋線」四国・本州連絡橋　参照）。そのうちのひとつが「しまなみ海道」で、歩いて通れるのはこれだけだ。前回の旅で広島県の尾道市から3泊4日をかけて愛媛県の今治市まで歩いた。ふたつ目は瀬戸大橋である。ＪＲ瀬戸大橋線が通っているので、「四国一周　徒歩の旅」でも利用することが多い。三つ目が淡路島を経由する神戸淡路鳴門自動車道である。鳴門市の大毛島と淡路島を結ぶのが大鳴門橋で、淡路島と本州を結ぶのが明石海峡大橋だ。今回の旅は徳島市までを予定しているが、帰りは徳島駅前からバスで大鳴門橋、淡路島、明石海峡大橋を通って京都駅へ行く計画である。私はこの三つのルートを全て通りたいと思っていた。

スケッチの仕上げを終えて、この日の出来事や感想をまとめると自由な時間となる。私はやるべき事を全て終えた後に訪れる心が解放されたこの瞬間が好きだ。再び大浴場に行ってくつろいだ後に夕食を大広間でいただいたが、窓からライトアップされた大鳴門橋が白く浮かんでいるのが見えた。食事を終えて部屋に戻ってテレビを見ていたが、直ぐに眠たくなってきた。せっかく心が解放されたのに、何する訳ではなくた

鳴門　旅館の部屋より大鳴門橋の柱脚を見る

だ眠くなるだけでは充実した過ごし方とは程遠いが、眠気には勝てない。

翌日は5時に起床。まだ暗いし寒いので、散歩には出かけられない。チェックインした時に潮見表という満潮と干潮の時刻が書かれたパンフレットを入手したが、それによると本日11月7日の満潮は7時20分、干潮は13時50分と記載されている。どちらも大潮である。前日の満潮時刻は6時40分、干潮時刻は13時丁度で、こちらも大潮だった。大潮の時はその前後2時間が渦潮の見頃とのことで、小鳴門海峡を通ったのが12時40分、堀越海峡を通過したのが14時05分だった。川のように流れが速かったのは、大潮で干潮の時間帯に運よく当たったからだと分かった。

部屋の窓から大鳴門橋の柱脚を見ると、右手の紀伊水道側から左手の播磨灘に向けてすごい勢いで流れている。時は6時半。これが鳴門海峡の満

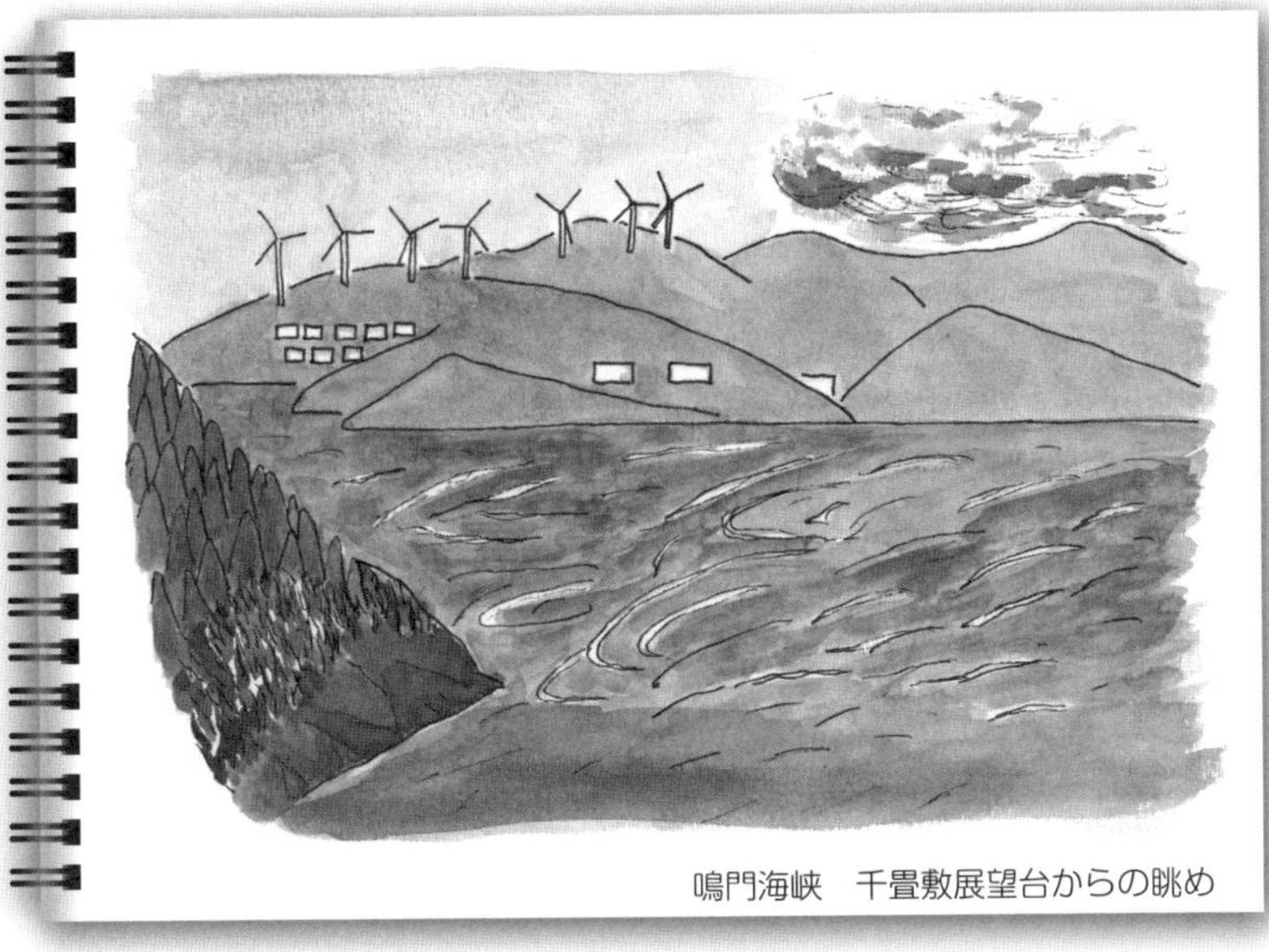
鳴門海峡　千畳敷展望台からの眺め

潮時の流れなのだ。柱脚付近には岩が出ているが、それに潮の流れがぶつかり、白波と白い泡が浮かび凄い光景だ。部屋の椅子を窓際に移動して座りじっくりと観察したが、その流れをうまく描く力量がないのがもどかしい。日本画の大家「奥村土牛」が「鳴門」と題した渦潮を描いた作品がある。著書『牛のあゆみ』の中で、この作品の基となる写生をした時、揺れる船の中で奥様に帯をつかんでもらっていたと紹介している。私が前日に「うずしお観潮船のりば」の横を何気なく通り過ぎたことを思い出すと、一流の画家が対象を見極めようとする執着心はすごいなと思う。

朝食はしらすを贅沢に使った料理で美味しかった。8時半に宿を出発。近くの千畳敷展望台に寄る。ここでも鳴門海峡の速い流れはまだ続いていた。天気は晴れで、対岸の淡路島の前に現れる渦潮をここでも十分に堪能した。まんぞく・まんぞく・大まんぞく。

# 19　鳴門市（2）

鳴門市　大塚国際美術館　「ゲルニカ」を前にして休憩

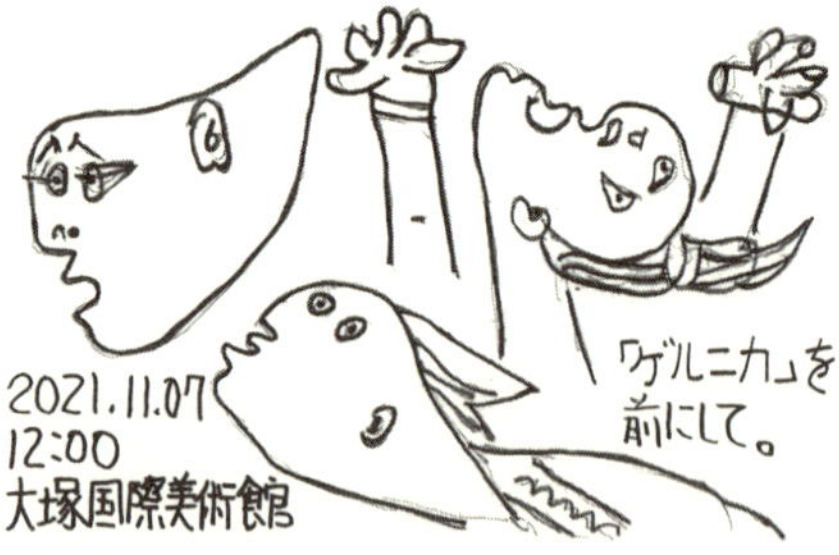

## 鳴門市（2）

2021年11月7〜8日

大塚国際美術館でシスティーナ礼拝堂の天井と壁に描かれたミケランジェロの絵に驚き、ピカソのゲルニカに圧倒された。

千畳敷展望台を後に坂道を下りて行くと大塚国際美術館の建物が見えてきた。この美術館は世界の名画を陶板に複製して展示しており、日本最大級の常設展示スペースを誇る。陶板は経年変化で退色しないので、複製した当時の状態でいつまでも見ることが出来る。展示している作品の大きさはオリジナルと同じだ。

開館時間の9時半に合わせて入場し、先ずはシスティーナ礼拝堂に入る。ミケランジェロが描いた天井画と壁画が有名で、これが実物大の空間なのだから大迫力で私に迫ってくる。この部屋の中央付近に椅子が用意されていて、システィーナ礼拝堂についての説明を受けた。説明員の方は「ミケランジェロはこの礼拝堂の絵を何年かけて制作しましたか」との質問を投げかけた。そして最前列に座っていた私を指さして答えを促す。私が適当に「5年」と答えると、これが正解で「もう少しボケてほしかった」と言われてしまった。

この空間とミケランジェロの絵が凄すぎて、これ以降しばらくの間、他の作品が頭に入らなかった。

ボッティチェリの「ヴィーナスの誕生」、レオナルド・ダ・ヴィンチの「最後の晩餐」と世界で最も有名な絵画のひとつ「モナリザ」、レンブラントの「夜警」、フェルメールの「真珠の耳飾りの少女」など名画が次々と登場するので、いちいち取り上げたらきりがない。そして現れたのがピカソの「ゲルニカ」だった。この作品の前に椅子があるので座り、その一部をスケッチしながら40分間見とれていた。

美術館を後に鳴門市街地を目差す。千鳥ヶ浜に出ると鳴門海峡を越えたので、目の前の海は紀伊水道となった。砂浜に流れ着いた流木に座って休憩すると、大鳴門橋と鳴門海峡、背後の淡路島が美しかった。

紀伊水道を左手に見て県道11号線を進むと、小鳴門海峡に架かる小鳴門橋に到着（102ページ「鳴門海峡付近の歩程地図」参照）。ここまで歩道を歩いてきたが、この橋には歩道がないうえに大型車の通行が多い。

橋長は約４５０ｍ。私はこの橋を人が歩いていいのか分からず躊躇した。道の端に幅30㎝位のケーブル類を収納する金属製のダクトがあるので、覚悟を決めてその上を歩く。私以外に歩行者はいるはずがなく、車道には自転車も通っていないので、地元の人はどのようにして小鳴門海峡を渡るのか不思議に思った。何はともあれ大毛島から四国本土に踏み入れた。橋を渡り終えると直ぐ横にボートレース場があり開催中だった。橋を歩いている時でもレース場は見えていたはずだが、その時は必死だったので目に入らなかった。旅を終えてから知ったのだが、地元の方は海峡を渡るのに渡し舟を利用しているとのことだ。

鳴門市街地を進み、ＪＲ鳴門駅前にあるこの日の宿に到着したのは15時40分。今回の旅を始めて5日目だが、ようやく洗濯をすることが出来た。身だしなみに気を使うのは、「歩く旅人」の大切な心掛けである。

翌日は5時に起床。天気予報によると、この地域はいつ雨が降るのか分からない不安定な空模様とのこと。7時40分に宿を出発。路面にあるマンホール蓋がおもしろい。「渦潮と鯛」と「大鳴門橋」の二つのバージョンの絵柄がある。通学中の大勢の高校生達とすれ違いながら、ゆっくりと鳴門市街を通り過ぎた。

# 20　松茂町《まつしげちょう》

松茂町　ふれあいまる池公園

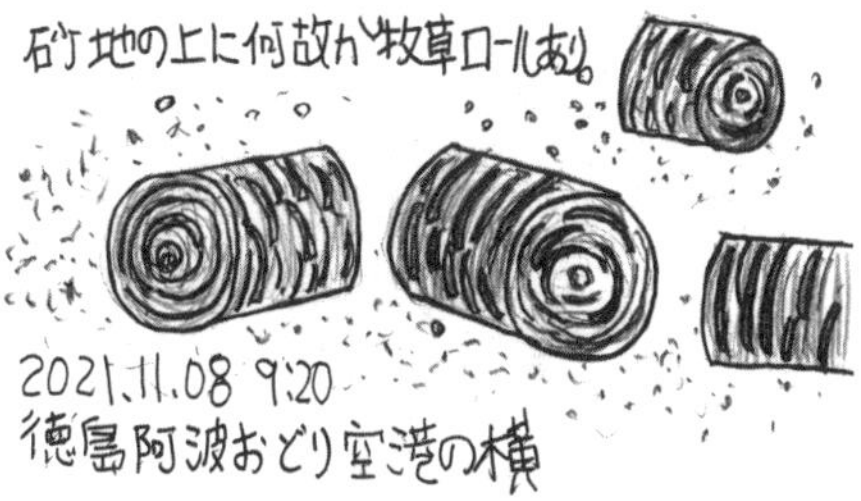
砂地の上に何故か牧草ロールあり。
2021.11.08 9:20
徳島阿波おどり空港の横

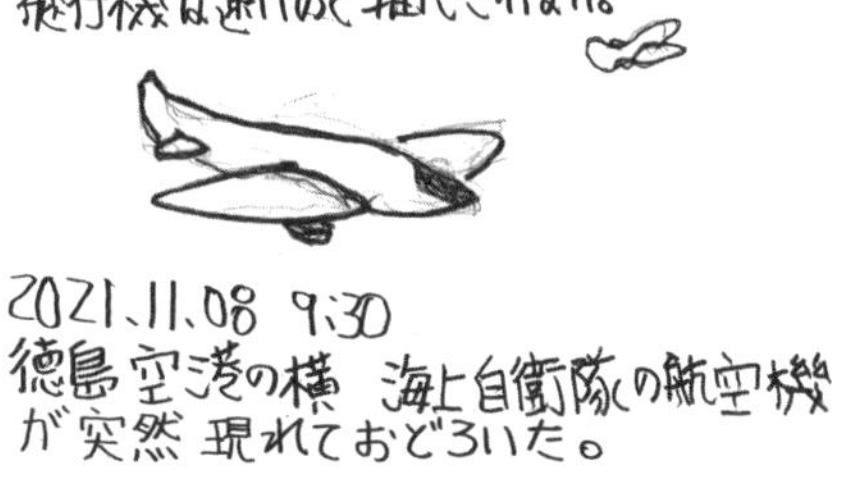
飛行機は速いので描ききれない。
2021.11.08 9:30
徳島空港の横 海上自衛隊の航空機が突然 現れておどろいた。

## 松茂町

2021年11月8日

「徳島阿波おどり空港」の横に立っていると、遠くに飛行機が点のように現れた。それが直ぐに大きくなって近づいてきた。

国道28号線を歩き松茂町に入ると、１㎞程離れた場所に「徳島阿波おどり空港」があった。当初の計画では、歩いて空港ターミナルに行って帰宅するのも一案だと考えたが、今回の旅は徳島市街地まで行くことにしている。私は7歳から航空自衛隊入間基地の近くで暮らしている。毎年11月3日の文化の日に航空祭が開催され、全国から航空ファンが大勢集まりブルーインパルスの展示飛行で大変盛り上がる。ブルーインパルスは6機編成で、フォーメーションを次々と変えて、基地内の観衆が見やすい場所で展示飛行を行う。私は基地内の混雑を避けて、近くを流れる入間川の土手から機体がフォーメーションを変えていく様子を双眼鏡で眺めて楽しむのが常である。そんな訳で「徳島阿波おどり空港」が見たくなり寄り道することにした。

空港に向けて歩き出すと砂地の上に小さな牧草ロールが置いてあった。牧場を見つけようとして周囲に目を配りながら歩いて行くと空港の横に出たが、高い木で遮断されて空港の中まで見ることが出来ない。せっかく暑い中を歩いてきたので残念に思ったが、ふと空を見上げると遠くに飛行機がポツンと点となって現れた。手帳に描き留めようとしたが、飛行機は直ぐに近づいて機体が大きくなり、あっと言う間に空港に降りてしまった。地図には「海上自衛隊教育航空郡」との記載があるので、海上自衛隊の飛行機だと思われた。

再び国道28号線に戻って徳島市街地に向けて歩いて行くと「ふれあいまる池公園」があり休憩。池には木製のデッキが架かり、所々に設置してあるベンチに座って休憩する。今は晴れているが、天気予報では午後から雨の予報なので歩くペースを少し速めた方がよさそうだ。しかし今回の旅はこの日が最終日で翌日に帰宅する。出来るだけ長く旅の雰囲気に浸っていたいので急いで出発する気になれず、旅で出会った色々なことを思い出しながら水面を眺めていた。

# 21　徳島市

徳島市　阿波十郎兵衛屋敷

2021.11.08 11:15 眉山が大きくなってきた。徳島市街地は近い。空模様があやしくなってきたので急いだ方がよさそうだ。

雨が降りそうだ。
2021.11.08
14:00
端巌寺
鬼瓦の口から手水が出ている。

## 徳島市

2021年11月8～9日
2022年3月27～28日

阿波踊り会館で、阿波踊りをミニ体験。「同じ阿《あ》呆《ほ》なら踊らにゃ損々」

徳島市　阿波しらさぎ大橋

今切川《いまぎれがわ》に架かる加賀須野橋《かがすのばし》を渡ると、徳島市のシンボル眉山《びざん》が次第に大きくなってきた。その眉山の方向から黒い雲の塊がこちらに押し寄せてくる。少し急いだ方がよさそうだ。

　吉野川に架かる阿波しらさぎ大橋に着いた時、阿波十郎兵衛屋敷の案内表示があった。天候が気になるが、私は地域の歴史を知りたくて四国を旅しているので寄らない訳にはいかない。阿波十郎兵衛屋敷は大きな建物で、内部の見学は止めて外から眺めるだけにした。建物を見ながら草地に座り、おにぎりを食べていたら雨が落ち始めた。近くに阿波《あわ》木偶《でこ》人形《にんぎょう》会館という人形のカラクリを公開している施設があるので入館したかったが、雨が本降りになる前に徳島市街地に行くことにした。しかしこれが判断ミスで、気持ちが消極的になると運から見放されることが多い。

　再び阿波しらさぎ大橋に戻ってきた時、雨が次第に強くなり冷たい風が吹き始めた。阿波木偶人形会館に入れば雨宿りを兼ねて見学が出来たのだが、ここまで来て戻る訳にはいかない。空を見上げると私のいる辺りだけが黒い雲に覆われ、西側の眉山方面は雲が白いので雨は上がったようだ。この橋は吉野川に架かり、河口に近いのでその橋長は約１３００ｍと長い。渡り始めるとさらに風雨が強まり、遮るものは何もないので直ぐにズボンが濡れてきた。途中の橋柱で少し風を避けることが出来たので、急いでザックカバーを付け雨具を着る。そして橋を渡り終えた頃に雨は上がった。雨が降っていたのは20分間程度だった。冴えない行動はさらに続く。「阿波おどりカラクリ時計」へ行くと、開始時間に遅れて人形の踊りは見られなかった。眉山に上ろうとして阿波おどり会館に寄ると、強風のためロープウェイは運休していた。

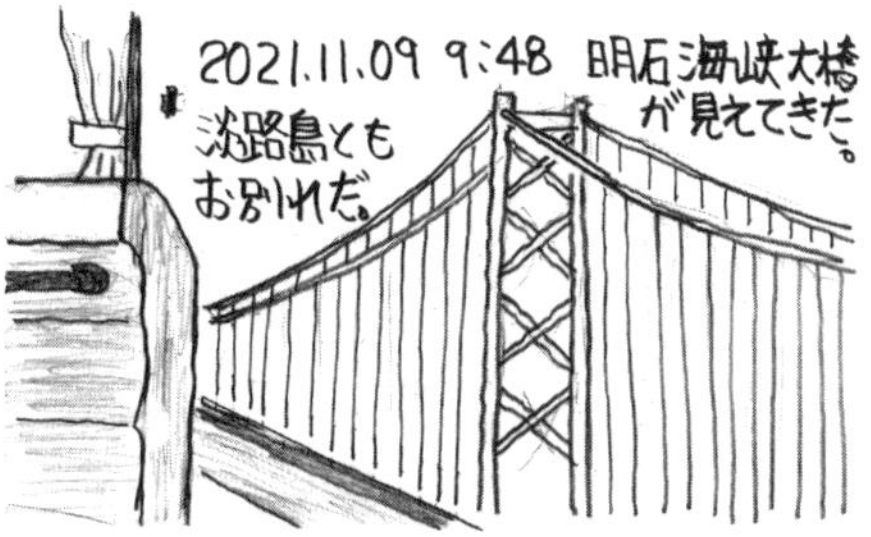


ＪＲ徳島駅近くのホテルに泊まり、翌日は5時20分に起床。外は風が強い。テレビのニュースで「鳴門海峡は強風注意報が出ていて、昨日は強風のため鳴門と神戸間のバスは運休した」と報じていた。私はこれから同じルートを通って京都に行くので不安が募る。バスターミナルへ行くと、予定通り運行するとのことで一安心。バスは定刻に出発。大鳴門橋を通過して淡路島を通り、明石海峡大橋を通過して本州に入った。

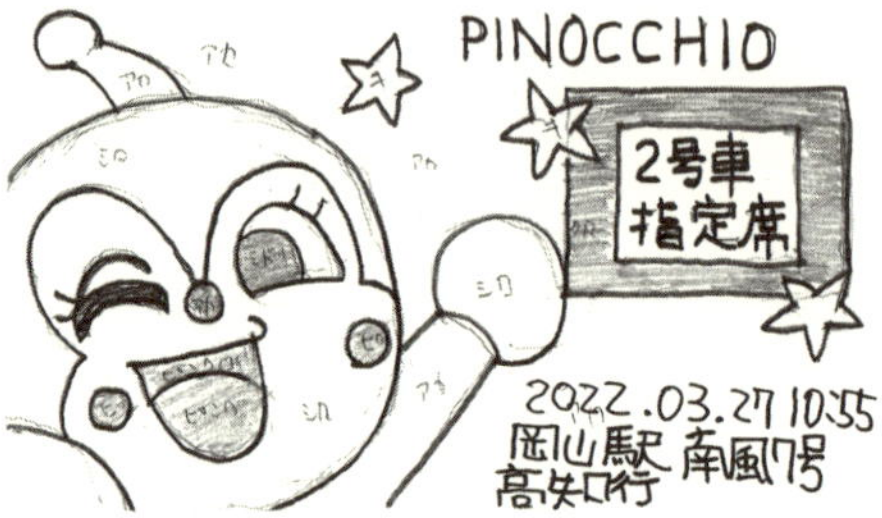


半年後に第3回目の旅を開始。岡山駅で途中下車して駅前広場の桃太郎像をスケッチ。ウクライナ支援の募金活動に寄付をしてから駅へ戻り、徳島行の特急うずしお13号に乗車。この列車は高知行の南風7号と香川県の宇多津駅まで連結している。南風7号はアンパンマン列車で、大勢の人が写真を撮っていた。

　徳島駅に着いたのは13時過ぎ。徳島と言えば阿波踊りである。少しでも雰囲気を味わいたいのと、前回の旅で踊りが見られなかったリベンジを兼ねて「阿波おどりカラクリ時計」に行く。しかし14時から人形が踊り出すはずだが全く動かない。よく見ると「故障中」との小さな紙が貼られていた。安易に阿波踊りを知ろうとした発想が浅はかだったようだ。それでは本格的に知ろうと阿波踊り会館へ行き、15時から始まるパフォーマンスを見学する。阿波踊りの演技を見た後、見学者はミニ体験をした。右足と右手、左足と左手を同時に前に出すことを繰り返す。私も踊った。「……同じ阿呆《あほ》なら踊らにゃ損々」

　桜が満開に咲き誇る中を新町川沿いに歩く。両国橋に置かれた阿波踊りの像をスケッチしてから宿へ急いだ。この日は大相撲春場所の千秋楽で、高安に悲願の初優勝をしてほしい。ホテルの部屋でテレビ観戦する

徳島市　両国橋の阿波踊り像

と、高安は本割で負けて若隆景との優勝決定戦となったが、再び負けて優勝を逃した。

翌日は6時20分に起床。NHKの朝ドラを見たので宿を出発したのは8時半と遅くなった。この日から実質的に歩く旅の始まりだが、旅よりテレビを優先したのは少し緊張感に欠けていたと認めざるを得ない。

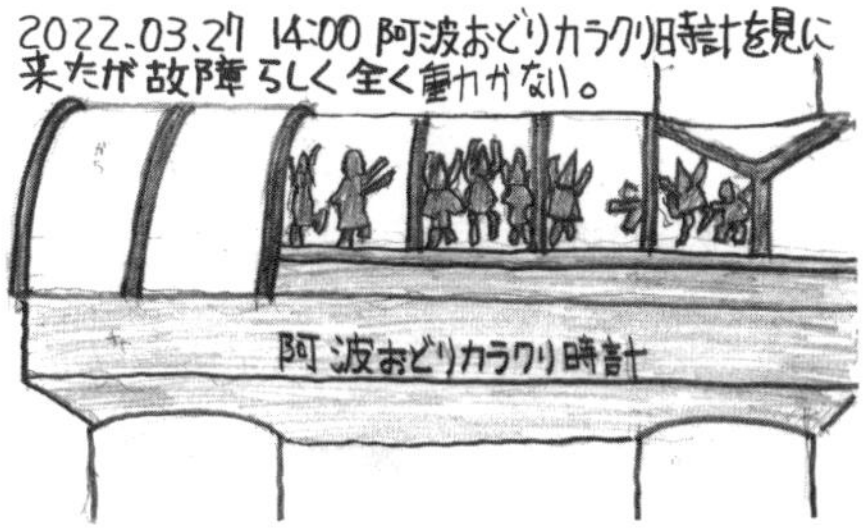


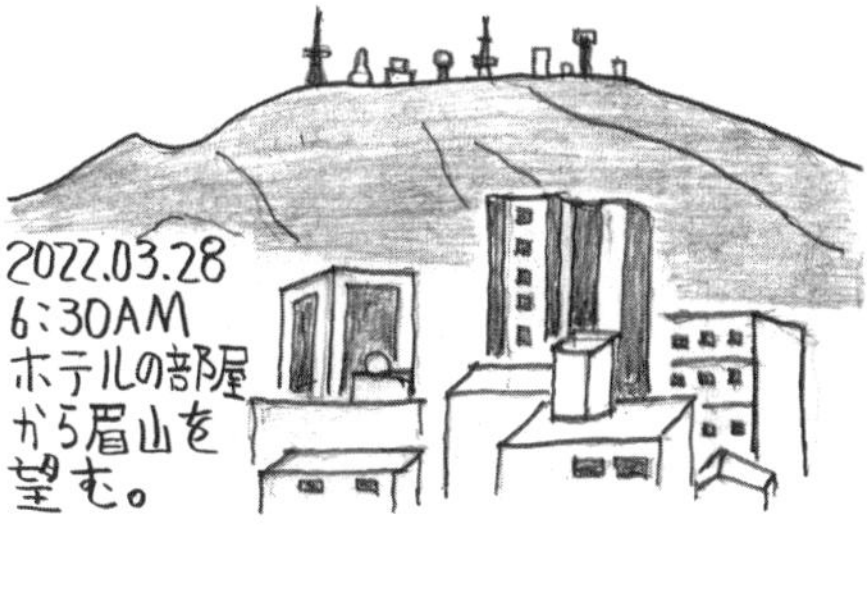

# 22　小松島市

JR
南小松島駅


小松島市　南小松島駅　駅前広場「ぽんぽこ一家希望の像」

## 小松島市

2022年3月28日

狸の像が印象に残る小松島市だった。
競輪場でひと稼ぎしようと考えたが、
止めておいたのは賢明だったと思う。

レース　Ⅰ Ⅱ Ⅲ
2022.03.28 12:15
小松島競輪場　車券の購入は止めておく。
玉野記念競輪の場外発売をやっていた。

小松島市　市役所前の門柱

勝浦川に架かる勝浦浜橋を渡ると、小松島市街地までは県道120号線の一本道である。天気は晴れで通り抜ける風が心地よい。JR南小松島駅に着いたのは11時。駅前広場に「ぽんぽこ一家希望の像」があり、その後ろに廻って駅舎を入れてスケッチ。周りの桜は満開に咲き誇っていた。

私の横に「のぞみの泉」があり、岩から水が流れ落ちていた。小松島市はおいしい地下水が湧き出る街として有名である。地元の方がタンクやペットボトルを持参して水を汲んでいる。私もスケッチを終えた後に飲もうと思っていたが、途絶えることなく人が並ぶので飲むのは諦めた。

駅前広場を出ると小松島市役所があり、正門の門柱に狸が阿波踊りをしている像が鎮座していた。先程、駅前広場でも狸一家の像を見た。民話「阿波狸合戦」は小松島で人に助けられた「金長たぬき」が主人公の話で、勝浦川を挟んで合戦をした

2022.03.28 13:50立江寺
修行大師
御尊像

と伝えられている。そう言えば、屋島では蓑山大明神に「太三郎狸」が祀られていた。寄ることは出来ないが、ここから約1㎞離れた小松島ステーションパークには世界一大きな狸の銅像がある。四国は狸との関係が深いようだ。作家の井上ひさし氏は狸を主人公に小松島と屋島を舞台にした小説『腹鼓記《ふっこき》』を書いている。勝浦川を越えてから狸の世界に入り込んだような気がしてきた。

小松島市役所を過ぎて小松島競輪場に着いた時は正午を過ぎていた。令和4年現在、全国に競輪場は43場ある。私はそのうち35場に行ったが、小松島競輪場には来た事がなかったので寄った次第だ。当日開催はしていなかったが、岡山県の玉野競輪場で開催中の記念競輪の場外発売をしていたので中に入ることが出来た。小松島競輪場のレース実況をする女性アナウンサーの声が聴けないのが残念だがやむを得ない。インターネットで競輪の結果を見ていると、このアナウンサーの実況は地元地区の選手への応援が感じられて、いつも楽しく聴いていた。1レースだけ車券を購入しようかと思ったが、止めたのは賢明だっただろう。今は旅の途中である。ここで時間とお金を使うことは出来ない。少し後ろ髪をひかれる思いで競輪場を後にした。

小松島湾の端を横切り、阿波赤石駅付近で県道28号線に入り19番札所の立江寺《たつえじ》に向かう。今回の旅では四国八十八ヶ所霊場に出来るだけ寄ろうと思っている。寺だけでなく、そこに至る遍路道も昔の街道を思わせてくれる通りが多いので楽しいのだ。立江寺では大きな修行大師御尊像をスケッチした。

# 23　阿南市

阿南市　JR牟岐線　見能林駅

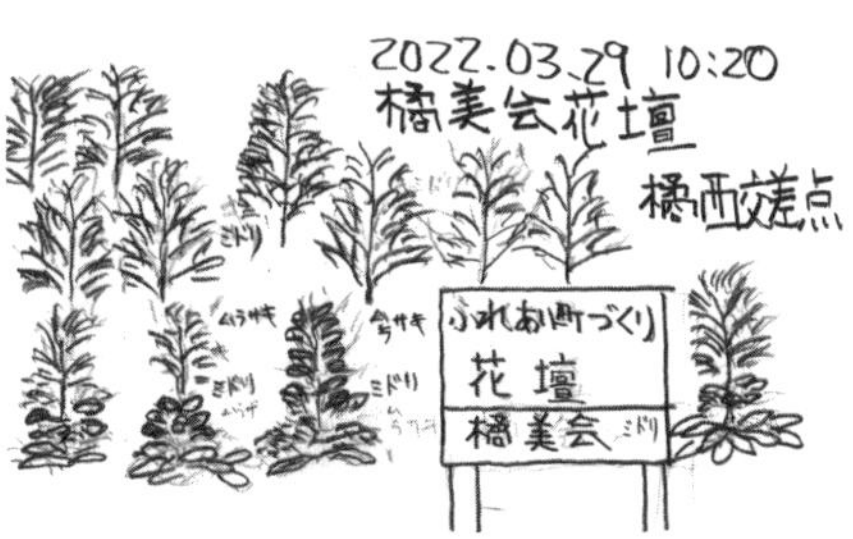


## 阿南市

2022年3月28～29日

満開の桜に囲まれて歩いた。地元の方々により手入れが行き届いた花壇を見ると、心が癒された。

立江寺を出て１km程歩くと阿南市に入る。県道１２８号線を進み、那賀川《なかがわ》に架かる大京原橋《だいきょうばらばし》を渡り終えたのが15時半。風が吹き抜けてかなり冷えてきた。桑野川に架かる富岡橋を渡り、宿泊するホテルに着いたのが16時半。この日は寒くて心に余裕がなかったせいか、スケッチは5枚しか描けなかった。すっかり冷え切った体と心を温めたくて大浴場へ向かう。「旅人の湯」と名付けられた風呂に入り元気を取り戻した。

翌日は5時40分に起床。夜中に2度起きたので、目覚めの爽快感は全くない。寝る前にエスプレッソコーヒーを飲んだのがいけなかった。8時にホテルを出発。この日は四国最東端の蒲生田岬《かもだみさき》へ行く日で、今回の旅の中でもハイライトのひとつである。先ずはホテルの隣にあるクロガネモチの大木を描き、旅の安全を祈願する。しかし腹の調子が悪くなり、近くのコンビニでトイレを拝借。何も買わないのは失礼なので、どら焼きを購入した。コンビニが多くある地域では、昼食等を一度に全て購入しないで小分けにして買うのも、歩く旅のテクニックである。JR牟岐《むぎ》線の見能林《みのばやし》駅に寄り、無人駅のホームを描きながら体を休めた。睡眠不足の影響か体調はよくない。厳しい一日になりそうな予感がした。

阿波《あわ》橘《たちばな》駅付近から国道55号線に入り、橘西の交差点に来ると、「ふれあい街づくり花壇」があった。立て札を見ると地元の会により維持されているようだ。3月下旬の今は桜が満開だが他の花々も咲き始める時期で、この花壇でも紫や緑色の花々が植えられていた。車道を歩くと単調な旅になることが多いが、美しい花々を見ると気持ちが安らぎ、足を止めて休む口実になる。花々に心が癒されたせいか体調が回復してきた。

大宮八幡神社で昼食休憩してから国道を進むと、道の両側に水が張られた田んぼが広がっていた。そして国道から離れて山間へと続く県道26号線へ入ると、田植を終えた直後の田んぼが現れた。やがて椿坂トンネルを越えて働々地区に到着。翌日は蒲生田岬からここまで戻って山間の道に入るので、その分岐点を事前に確認。そして今回の旅のメインイベントのひとつ蒲生田岬へと進んで行った。

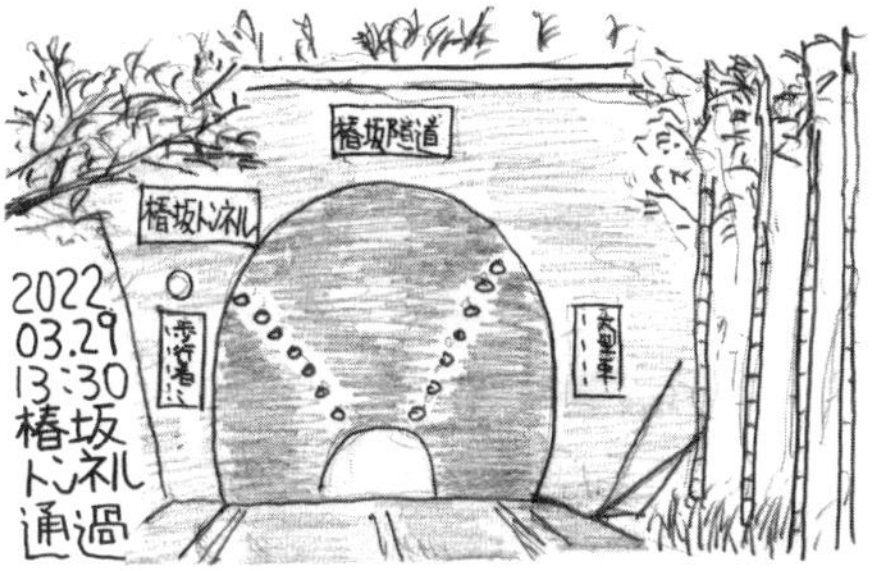

# 24　蒲生田岬《かもだみさき》

蒲生田岬　蒲生田岬灯台

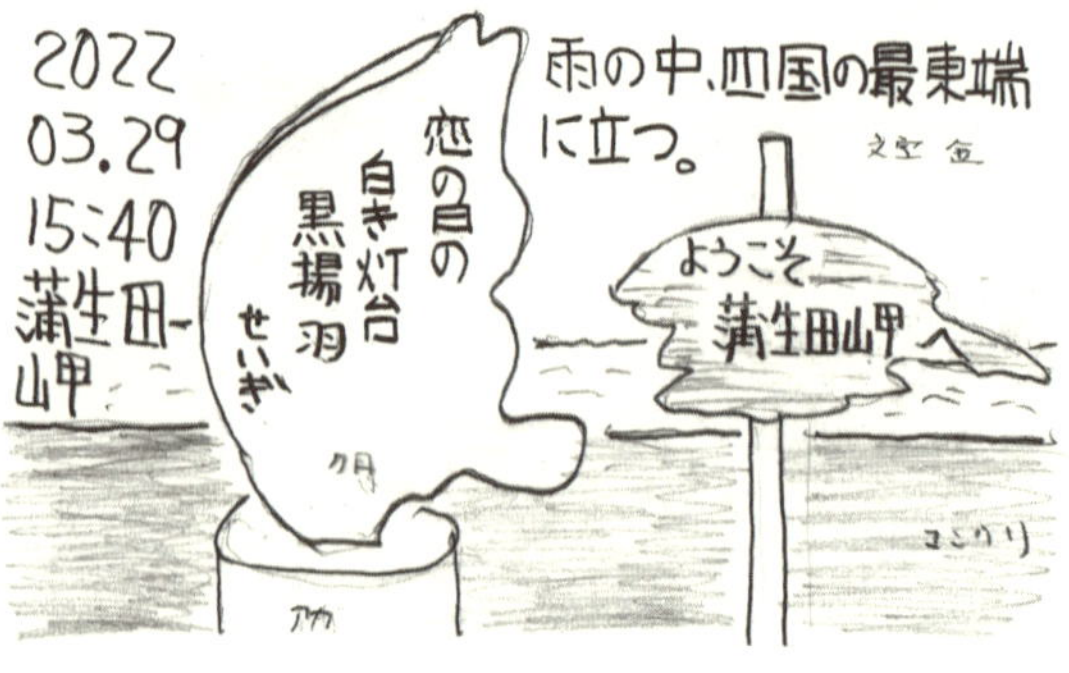


## 蒲生田岬

2022年
3月29〜30日

四国の最東端「蒲生田岬」から日の出を見た。打ち寄せる波はとても大きくて、岩に当たって砕け散る景色は豪快だ。そして「民宿あたらしや」はいい宿だった。女将さんの配慮で「かもだ岬温泉」に入ったのもいい思い出だ。

県道200号線を進み蒲生田岬を目差す。八幡神社を過ぎてから海沿いを歩いたが、岬まで10㎞程アップダウンが続くきつい道だった。途中、「かもだ岬温泉」への分岐に着いた頃から雨が降り出した。蒲生田トンネル（294m）を通過した時、節電のためと思われるがトンネルの中程の照明が点灯していないので、目が暗さに慣れていないため足元が全く見えなくて怖かった。蒲生田岬に到着したのは15時40分。句碑があり「恋の日の　白き灯台　黒揚羽」と刻まれていた。打ち寄せる波はとても大きくて、岩に当たって豪快に砕け散るシーンは圧巻だった。蒲生田岬灯台は高い場所にあり、雨の中で坂道を上るのは危険なので、先ずは宿に行くことにした。翌日に訪れたらいいのだ。

この日の宿泊は「民宿あたらしや」である。岬付近にはここしか宿泊する場所がないので、旅の計画をするに当たり最初に予約をしたのがこの宿だった。ここを確定してから前後に宿泊する宿を決めた。言わば「民宿あたらしや」は、今回12泊13日の旅の要所である。しかし宿に向けて歩き出したのはいいが、直ぐに見つかるのか不安だった。宿はここから1㎞くらい離れた場所にあるのだが、私は簡単な略地図しか持っていなかった。しばらく海沿いの堤防に沿って

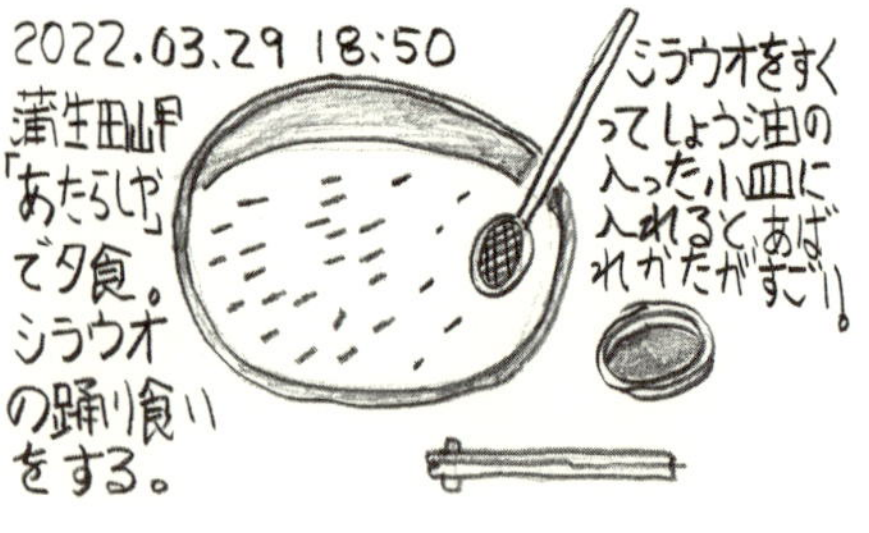

進み、おおよその見当で海から離れて路地に入って行くと、偶然のように「民宿あたらしや」の前に出た。付近の家で場所を尋ねようかと思っていた矢先だったので、運がよかったとしか言いようがない。

　女将さんに挨拶をすると、「かもだ岬温泉」まで車で送迎するので、是非とも温泉に入ることを勧める。大変ありがたい申し出に感謝し、雨が降っている中を温泉まで送って頂いた。温泉は高台にあり、横に薄く引かれた水平線を眺めながら湯に浸かる。そして温泉から上がり、外のベンチで潮風に当たっていると、四国の最東端まで来た喜びがこみあげてきた。

　この日の宿泊客は私一人だった。女将さんの話では、客が一人だけの場合は、煮魚等の料理が作りにくいそうだが、この日は昼間に宴会があったので準備しやすかったとのこと。夕食は素晴らしく豪勢だった。特に刺身は今まで食べた事のない魚を堪能した。極めつけはシラウオの踊り食いで、ボウルの中で泳いでいるシラウオを網ですくって醤油を入れた小皿に移すと、醤油が周りに飛び散る程シラウオは暴れる。滅多にシラウオは入手出来ないらしく、今日宿泊した私は運がよいとのことだ。

蒲生田岬　蒲生田岬灯台からの日の出とともに一斉に出漁していく漁船

翌日は5時に起床。まだ暗いが蒲生田岬灯台から日の出の瞬間を見たくて5時半に宿を出る。1㎞程歩いて長い階段を上がり、5時50分に灯台に到着。するとその時を待っていたかのように太陽が顔を出した。雲が太陽の真ん中を横切る珍しい姿の日の出だった。それが合図かのように、数隻の漁船が一斉に沖へ向かって出漁して行った。勢いのエネルギーが私の心に満ちてきた。真下を覗くと断崖で、岩と波が創り出す素晴らしい景色だ。私の立っている場所が四国の最東端で、目の前に広がる海は和歌山県との間に位置する紀伊水道。打ち寄せる大きな波が岩にぶつかって高々と舞い上がる様子は大迫力の一言に尽きる。

7時に宿へ戻り朝食。食事は美味しく、食事後のコーヒーは絶品。玄関前に置かれた「岬の珈琲」の看板に偽りはなかった。8時20分に宿を出発。両側に水田が広がる道を進む。女将さんの話では、この辺りで暮らす人達は半農半漁で生活しているとのこと。蒲生田トンネルに到着したが、前日怖い思いをしたので入る前に懐中電灯を用意してから中に入った。

アップダウンの激しい道を進むが、この日の天気は晴れで朝から暑い。八幡神社を過ぎて椿川沿いに歩き、前日通った働々地区に着いたのは11時15分。途中で飲み物を購入したかったが、お茶のある自動販売機が見つからないまま来てしまった。手持ちのペットボトルのお茶は残りわずかだ。ここから国道55号線に出るまで約6㎞に亘り山間の道が続く。住居が時折現れるが、車はほとんど通らないので自販機などあるはずがな

い。日陰に入って持参したパンを食べたが、貴重なお茶を飲み干す訳にはいかないのでひとつしか喉を通らなかった。しかし歩いた県道２００号蒲生田福井線は、昔の街道筋の面影を残す楽しい道だった。

福井南小学校に着いたのは13時15分。ここでようやく自販機を見つけ、ペットボトルのお茶を購入して一気飲みして一息つく。小学校は休校中のようで、お遍路さん用の休憩所があった。二人の旅人がいたので話をすると、由岐《ゆき》峠を越えてＪＲ牟岐《むぎ》線の由岐駅まで歩くとのこと。徒歩とタクシーを併用して移動しているとのことだ。親切な方々でミカンをひとついただいた。その場で食べたが、渇いた喉には大変旨かった。

# 25　美波町《みなみちょう》

美波町　大浜海岸

2022.03.30 16:40
大浜海岸
一枚岩に波が
ぶつかって砕ける。

2022.03.31 6:00AM 美波町
ホテル白い燈台の部屋からのながめ
今日は午後から雨。

## 美波町

2022年3月30〜31日

「千羽《せんば》海崖《かいがい》を望むみちコース」を歩いた。アップダウンのきつい山道だが、絶景が次々と現れた。これぞ歩く旅の醍醐味である。

福井南小学校を13時半に出発。国道55号線を20分程歩くと、星越《ほしごえ》トンネル（２３０ｍ）を通過して阿南市から美波町に入った。この山間の国道歩きは単調だが、時折現れる満開の桜に心が和む。途中で疲れた様子の年配のお遍路さんを追い抜いたが、お遍路は単なる旅ではなく修行であることを改めて認識した。

国道をひたすら休憩なしで歩いたので、予定より早く16時にＪＲ牟岐線の北河内駅に到着。日和佐《ひわさ》川に沿って進むと、美波町の市街地を通り大浜海岸に出た。この砂浜はアカウミガメの産卵で有名である。産卵時期は５月中旬～８月中旬なのでまだ早い。美波町のホームページによると、徳島県南部の海岸線は変化にとんだリアス式海岸で知られているが、穏やかな砂浜も多く、この大浜海岸は「日本の渚百選」に選ばれている。しかし最近では、アカウミガメの上陸回数は減少しているとのことだ。前日宿泊した「あたらしや」の女将さんも、蒲生田岬の海岸にもウミガメが産卵に訪れるが、その数は年々減っていると話していた。やはり地球温暖化など環境の変化がカメに影響しているのだろう。そして美波町は、ＮＨＫで２００９年に放映された朝ドラ「ウェルかめ」の舞台になった場所である。私は砂浜に座り、遊ぶ子供達を眺めていた。

2022.03.31
6:30 ホテル
白い燈台
この白ネコが人なつこい。
地域猫がいすにすわっていた。

この日の宿「白い燈台」は大浜海岸を見下ろす高台にある。その途中に一枚岩の岩礁があり、大きな波が当たって砕け散る様子は凄まじい。17時に宿に到着。ここはペットの同伴が可能で、私の前にチェックインした人は籠に小さな犬を入れていた。後ろで並んでいる私が見ていると、籠の蓋を開けて

2022.03.31 7:50 白い燈台を出発。
日和佐城を望む。城の周囲は桜。

2022.03.31
8:30
厄除橋を渡る。
アカウミガメの像
あり。

犬の顔を見せてくれたので挨拶をする。地域猫も建物内に出入りしているとのことである。

部屋に入ると先ずは洗濯だ。それが終わるのを待つ間にスケッチの仕上げをし、風呂を入り終えたのは19時15分。ようやく夕食となるが、ビールを飲みながらスケッチの仕上げの続きをしたので、食事時間が長くなりビールを二本飲んでしまった。

翌日は5時20分に起床。この日は午後から雨の予報である。朝食をとろうと6時半に部屋を出ると、地域猫が椅子に座っているではないか。撫でても逃げないのでスケッチをした。レストラン内にペットの同伴は不可で、地域猫はもちろん入れない。

7時50分に宿を出発。大浜海岸に寄った後、日和佐城を目指す。途中、日和佐川に架かる厄除橋の欄干にカメの像があったのでスケッチ。カメは美波町のシンボルなのだろう。そして長い坂道を上り日和佐城まで来ると、周囲は桜が満開だった。

この日の旅はここからが本番である。千羽《せんば》海崖《かいがい》の断崖の上を通る「千羽海崖を望むみちコース」を歩く。山の中の道なので、天気が悪そうなら無難に国道を歩こうと思っていたが、まだ雨は降っていない。予定通り行くこ

美波町　日和佐城と満開の桜

とにしたが、この道が素晴らしかった。千羽海崖は高さ２５０ｍに及ぶ断崖が２㎞に亘り絶景が続く景勝地である。指ノ鼻休憩所、大磯休憩所、嵐瀬休憩所を経由して進んで行くと、行く先々ですごい景色が待っていた。休憩所を結ぶ道は林の中を通っていて、整備されているがアップダウンが激しく、ハイキング道というよりは登山道に近い。雨が降ると滑りやすくて危なそうな道である。履いている靴はスニーカーなので、転ばないように気をつけながら歩いた。雨が降り出す前に通り抜けたくて、速足で歩いたので結構疲れた。この道はＪＲ牟岐線の山河内駅へ続いているが、私は途中で県道１４７号南阿波サンラインに出なければならない。詳細な地図を持っていないので、分岐点を見落とさないように慎重に進む。やがて分岐点の案内標示を見つけて道を下って行くと、千羽トンネルの横に出た。雨が降り出す前に「千羽海崖を望むみちコース」を歩き抜け

2022.03.31
10:30
千羽海崖
穴のあいている
のが通り岩
だろう。
嵐瀬休憩
所より。

2022.03.31 10:45
「四国の道」を進む。
かなり手強い。

たので一安心。トンネルを見ながら昼食休憩とした。

ここからは南阿波サンラインの旅が約16㎞続く。海岸沿いの道路なのでアップダウンはあるが舗装されているので安心して歩ける。12時半に第一展望台に到着。ここでも桜が満開できれいな海崖の景色が広がっていた。自販機でジュースを購入して出発すると、直ぐに小雨が降り出したので下だけ雨具を着け傘をさしながら歩く。この南阿波サンラインは美波町と牟岐町を結ぶ道路で起伏に富み、眼下に見える海岸線や海に浮かぶ島々の景色は素晴らしかった。歩くには少しきついがドライブやツーリングには最高だろう。山の斜面に狸を見つけた。屋島や小松島で狸の像があったが、ここでは本物が私を出迎えてくれた。やはり四国は狸の本場なのかも知れない。狸は私を気にすることなく、ゆっくりと山を上がって行った。

第2展望台、第3展望台を通り、14時に牟岐町に入る。第4展望台を通過して牟岐駅に着いたのは15時45分。この時に雨が一段と強くなった。

# 26　海陽町《かいようちょう》

海陽町　「民宿大砂」　朝食後に出されたデザート

## 海陽町

2022年
3月31日～4月2日

「大里松原《おおざとまつばら》」に寄る。上空の風音はすごいが、ここでは空気の流れは全く感じられない。松林の風を防ぐ力はすごい。

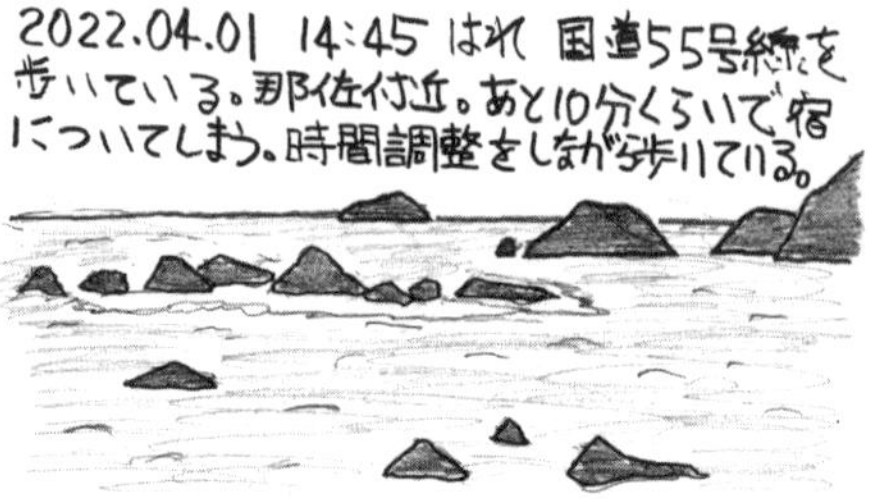


ＪＲ牟岐駅で雨宿りをしたが、雨は止みそうにないので少し休憩しただけで出発。国道55号線を進み16時半に海陽町に入った。結局、牟岐町では1枚もスケッチを残すことが出来なかった。通過した市町村で最低1枚は描くことを心掛けているが、この時は間もなく暗くなるので心身ともに余裕がなかった。その後何度かトンネルを通過したが、その間は濡れなくてすむので助かった。傘をさしていると、腕を曲げ続けているので上腕の筋肉が固くなる。腕を伸ばしてストレッチをしながらトンネル内を進んだ。

「民宿大砂」に着いた時は17時を過ぎていた。体が冷え切っていたので、先ずは風呂に入る。そして夕食を終えて19時半に部屋に戻った。まだスケッチの仕上げに全く着手していないが、翌日に持ち越す訳にはいかない。酒を飲んだ後にこの作業はしたくないのが本音だが、私の旅にはこの様な厳しい一面がある。

翌日は5時半に起床。朝食後に豪華なデザートとおいしいコーヒーが出て大満足。窓から外を見ると北風が強そうだ。8時半に宿を出て、先ずは目の前にある大砂海岸に行き「民宿大砂」の外観を描いた。この日は歩く距離が約14㎞と短いので、宿に早く着き過ぎないようにしたい。しかし寒くてじっとしていられないので、スケッチを終えると早々に歩き出した。

国道55号線から県道196号線へ入り、「大里松原《おおざとまつばら》」に着いたのは10時。松林の中に入ると風の音はするが、空気が流れている気配は全くしない。松林の風を防ぐ効果はすごいと感心する。そして海岸に出て展望台に上がると強烈な風が吹き抜けていた。この海岸もアカウミガメの産卵で知られている。

「大里松原」を出て国道55号線を進むと右手に鉄道の高架があり、海部《かいふ》駅が見えたのでトイレ休憩に寄った。

この路線は阿佐海岸鉄道というが、次の「27阿佐海岸鉄道」の項で詳しく記載するので、この道中記では15時にこの日の宿「はるる亭」に到着したところまで話を進める。

2022.04.02 8:55
『宍喰浦の化石漣痕』赤っぽい色をしている。

「はるる亭」には温泉があり、洗濯が終わるのを待つ間に入った。温泉は肌が溶けてスベスベになるような湯質である。そして夕食を終えた後、手持無沙汰になったので再び温泉に入り直した。私はこの温泉のスベスベ感がすっかり気に入った。

翌日は5時40分に起床。朝食を終えて部屋に戻ると、緑色の「阿佐海岸鉄道」の車両が通過していくのが見えた。8時15分に「はるる亭」を出発。国道55号線から県道309号線に入り、宍喰《ししくい》川を越えて左手に海を見ながら進むとやがて山間の道となる。そして山の斜面に現れたのが「宍喰浦《ししくいうら》の化石漣《かせきれん》痕《こん》」だ。案内板によると、四千万年前、海底に水流によって砂粒が運ばれて砂の層の表面がうね状になり、その後に固結したとのこと。魚のうろこを重ねたような模様が広がり、赤味を帯びた色をしていた。

# 27　阿佐海岸鉄道

阿佐海岸鉄道　海部駅

## 阿佐海岸鉄道

2022年4月1～2日

阿佐海岸鉄道の海部駅のホームをスケッチしていたら、ＤＭＶ列車が入ってきた。私はその姿に驚いた。

前項の「26海陽町」で記載した通り、道中記を4月1日の12時半に「阿佐海岸鉄道」の海部駅に到着した時点まで戻す。この鉄道が非常にユニークなので、独立した項目として取り上げる。

鉄骨の赤い柱と緑色の手摺に導かれるように、トイレを利用したくて駅舎に寄った。階段を上りホームに出ると列車が止まっていた。線路が錆びているので、使われなくなった車両らしい。休憩を兼ねてこの車両を描いていると警報音が鳴り出した。するとボンネットバスの形をした赤い列車がやってきたが、その姿に驚いた。運転士は私が乗車しないのを見極めてから阿波海南駅方面に進行して行った。私は唖然として列車を見送った。まるで映画『となりのトトロ』の世界に迷い込みネコバスを見た様な錯覚を覚えた。慌ててスケッチを試みたが、描き切れなかったのが惜しまれる。そしてこの路線について俄然興味が湧いてきた。

ホームから離れて階段を下りて行くと待合室があり、置かれているパンフレットを読む。この路線が「阿佐海岸鉄道」という名前で、列車はＤＭＶ（Dual Mode Vehicle）方式と言い、線路と道路の両方を走る車両であることを知る。パンフレットによると「マイクロバスをベースに線路走行用の鉄車輪を装備しているので、線路では列車に、道路ではバスへとモードチェンジします。2カ所ある「モードインターチェンジ」では、乗客を乗せたまま15秒ほどでモードチェンジします。鉄道では後ろのゴムタイヤが駆動し線路上を走行します。前後の鉄車輪は線路上を走行するためのガイド役であるとともに、駆動するゴムタイヤの圧力を調整する役割を担っています」とのこと。車両のデザインは青色、緑色、赤色の3種類があり、青は太平洋の豪快な波をモチーフにし、緑は阿波の名産「すだち」を表現して空高く舞い上がる白鷺が描かれ、赤の車両は四国が誇る英雄・坂本龍馬と南国土佐に降りそそぐ太陽と地域活性化への情熱が込められているとのこ

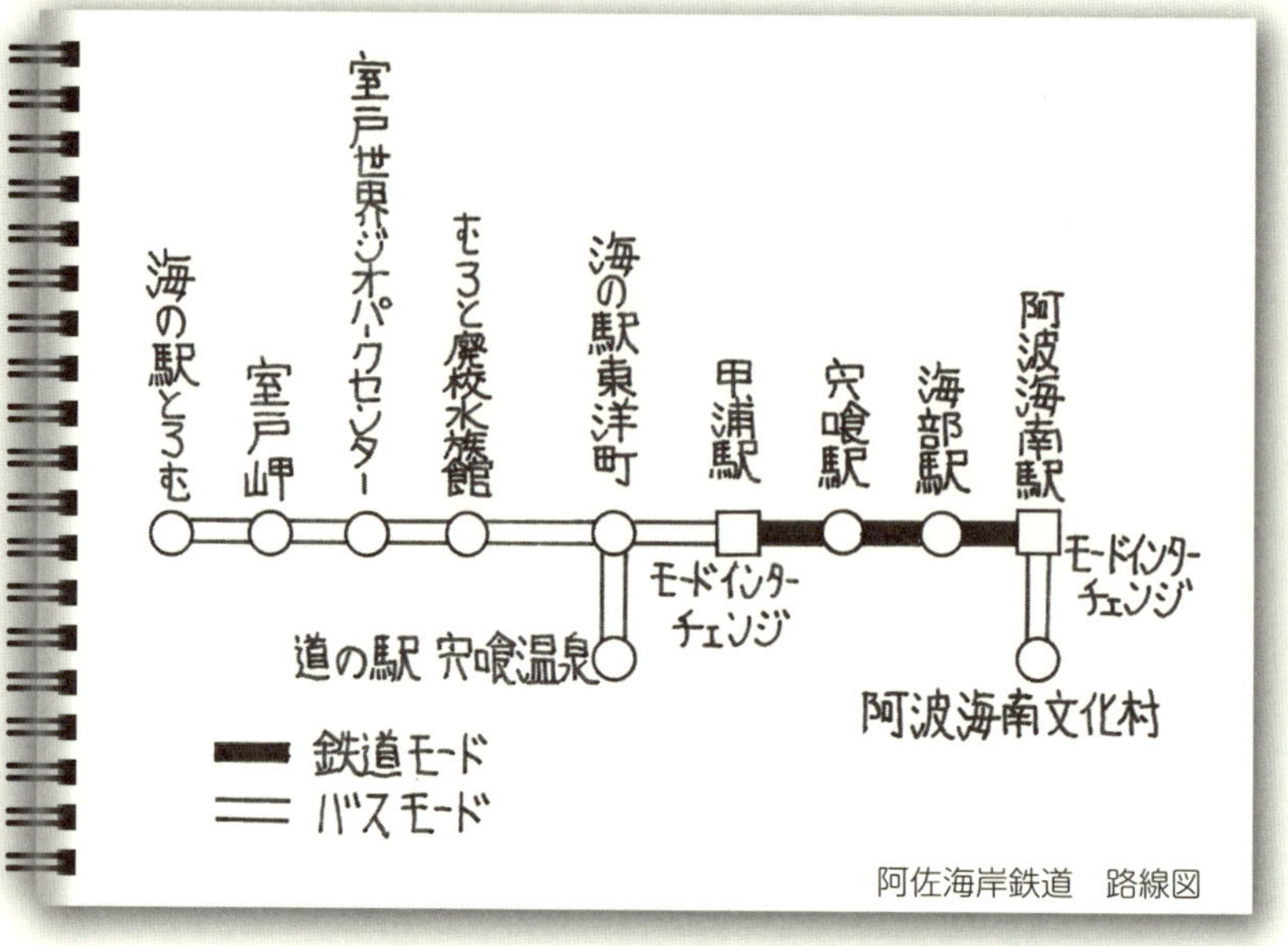

阿佐海岸鉄道　路線図

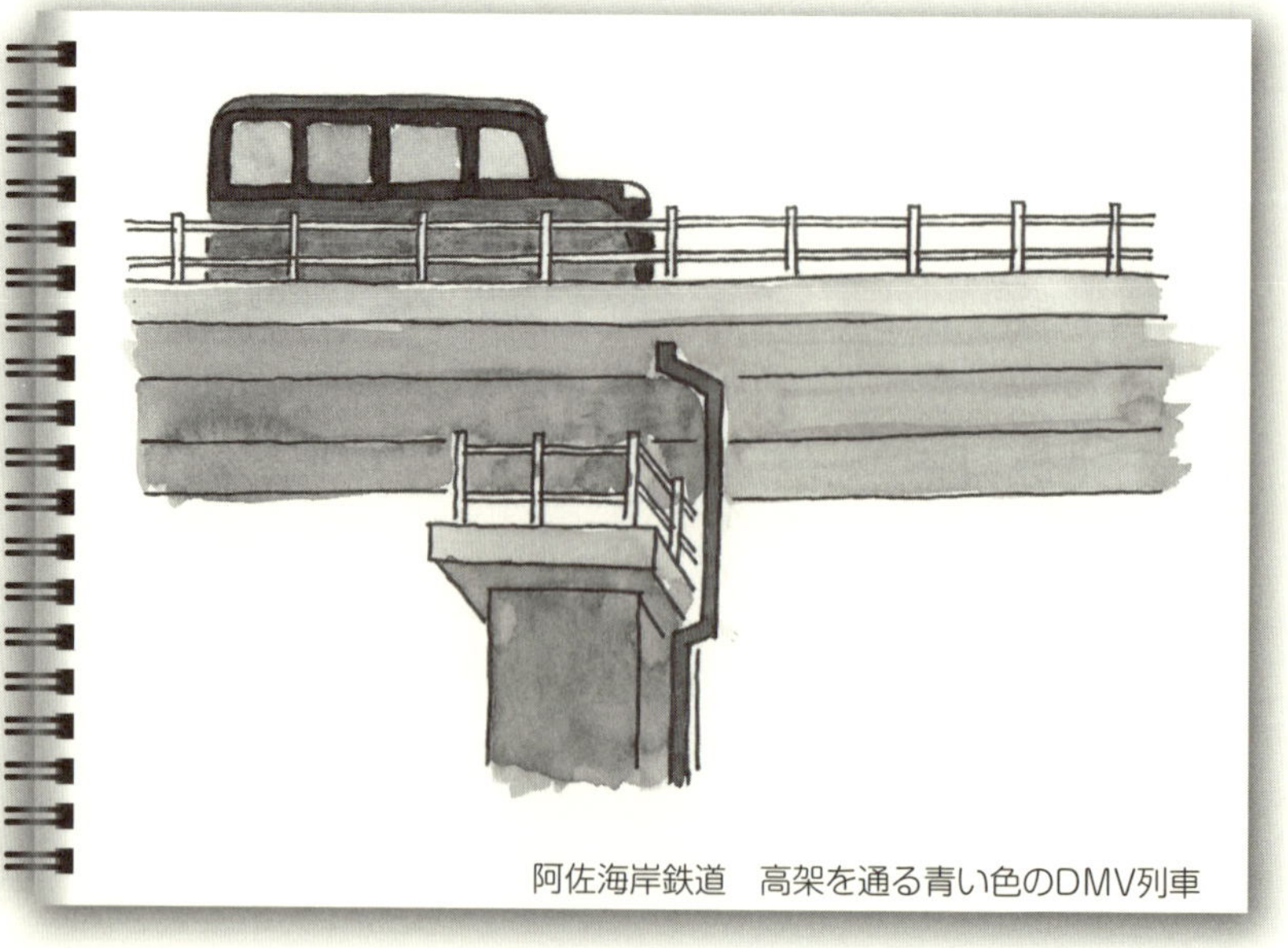
阿佐海岸鉄道　高架を通る青い色のDMV列車

とだ。乗客用の座席は18席で、立席を含めると最大22名が乗車可能。運転士は鉄道車両を運転出来る「動力車操縦者免許」と、乗客を乗せてバスなどを運転出来る「中型二種自動車運転免許」の両方を取得している。平日は「阿波海南文化村」から「道の駅宍喰温泉」間を運行しているが、鉄道運行は阿波海南駅から海部駅、宍喰駅を経由して甲浦《かんのうら》駅までの区間で、それ以外はバス走行である。土日祝日には室戸岬を通って「海の駅とろむ」まで、一日一往復のみ運行している。

海部駅を出発して国道55号線を歩き、途中で線路高架下の水田の横で休憩していると青い車両がゆっくり通っていった。それを見届けてから、この日宿泊する「はるる亭」へ向かう。

ミドリの車両
2022.04.02 7:50AM『はるる亭』の部屋より
阿佐海岸鉄道の車両が通った。

私は「歩く旅人」だが、列車に乗るのも大好きだ。海部駅で阿波海南駅方面行の列車が止まった時に乗車して阿波海南文化村まで行けば、電車モードとバスモードの両方が体験出来たのだ。絶好の機会を逸してしまったが、運行時間が分からない状況ではやむを得ない判断だった。歩く旅で捨て身の行動は禁物である。

「はるる亭」の女将さんと朝食の際に「阿佐海岸鉄道」の話をした。女将さんが言うには、この鉄道に乗車するため日本全国から鉄道ファンが来て、数日前には北海道から来た高校生が宿泊したとのこと。「はるる亭」を出たこの日は土曜日である。国道55号線を歩いて室戸市に向かうが、バスモードの車両を近くで見ることが出来るかも知れない。期待に胸がときめいた。

# 28　東洋町

東洋町　国道55号線土佐浜街道から太平洋を望む

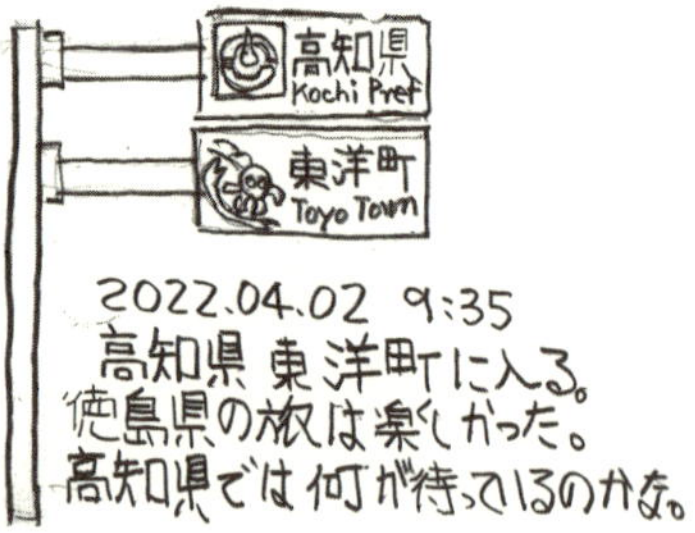
高知県
Kochi Pref
東洋町
Toyo Town
2022.04.02 9:35
高知県 東洋町に入る。
徳島県の旅は楽しかった。
高知県では何が待っているのかな。

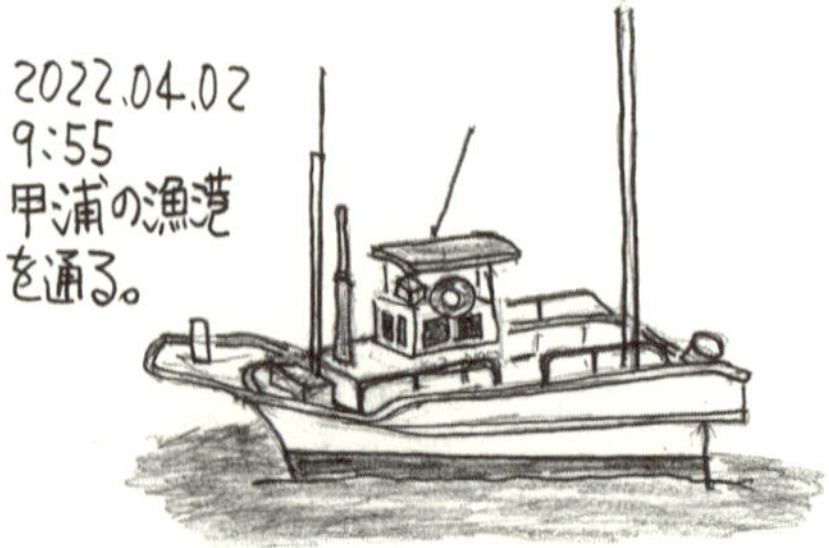
2022.04.02
9:55
甲浦の漁港
を通る。

## 東洋町

2022年4月2日

国道55号線を歩く。太平洋から打ち寄せる波はとても大きくて、それを狙うサーファー達が波間に浮かんでいた。

この道中記は「26海陽町」の項で「宍喰浦の化石漣痕」を見たところまで戻る。30分程歩くと国道55号線水床《みとこ》トンネルの横に出た。ここが海陽町と東洋町の境界であると共に徳島県と高知県の県境である。時刻は9時35分。しばらくの間立ち止まり徳島県で過ごした出来事を振り返ると、鳴門海峡や蒲生田岬など楽しい思い出ばかりだ。高知県では何が待っているのだろう。それに高知県は大きい。何日歩いたら通過出来るのだろう。

国道55号線を横切り甲浦《かんのうら》地区の漁港を通って行くことにする。やはり地元の臭いが感じられる道を歩きたい。国道は海沿いを通っているので景色はきれいかも知れないが、その地域を深く知るには旧道の方がいい。漁船を見ながらゆっくり進んで行くと、深く切れ込んだ入り江に沿って趣ある街並みが続いていた。阿佐海岸鉄道の甲浦駅への分岐道まで来た時、ＤＭＶのモードチェンジが見られる駅なので行ってみようかと思ったが、１km程離れているので寄るのは諦めた。

再び国道に合流した場所が白浜海岸で、多くのサーファーが波間に浮かんでいた。蒲生田岬を過ぎてからずうっと感じていたのだが、一般の海岸より波が大きくて海水浴には少々危ない。しかし大勢のサーファー達を見て納得した。サーファー達は海に浮かびながら大きな波が来るのを辛抱強く待っていた。一般にサーファーは派手なイメージがあるが、かなり忍耐力が必要なスポーツだと思った。

東洋町に入ってから国道沿いに、ポンカンがサーフィンをしている絵柄で「ぽんかんとサーフィンの里」と書かれた案内標示を頻繁に見かけるようになった。阿佐海岸鉄道のパンフレットでは沿線の街を紹介しているが、東洋町はポンカンが特産品で、毎年1月頃になると国道55号線の生見《いくみ》地区沿いにポンカンロードと呼ばれる直売所が並ぶとのことだ。生見サーフィンビーチは西日本有数のサーフポイントで、県外や海外から多くのサーファーが訪れ、夏から秋にかけて多くのプロやアマの大会が開催される。

明徳寺でこの日の安全を祈願してから国道と並行する旧道を進む。旧野根川《のねかわ》橋に着いたのは11時45分。野根川沿いには見事に咲く満開の桜並木の景色が広がり、土曜日のせいか地元の人達が大勢繰り出して花見をしていた。私もここで昼食休憩にする。パンは2個持参しているが、翌日歩く道はコンビニがないと思われるので、購入出来ない場合に備えてひとつだけ食べ、もうひとつは念のために残しておいた。常に最悪の事態に備えるのも歩く旅の鉄則である。腹が減って歩くのに支障がきたした事は、これまでに何度も経験してきた。

# 29　室戸市（1）

室戸市　むろと廃校水族館　案内板

2022.04.03 7:45 尾崎海岸
大勢のサーファーがいる。波が大きい。

## 室戸市（1）

2022年4月2～3日

「むろと廃校水族館」に入館出来なかったのは残念。学校の歴史は閉じても、この様な形で建物を残すことを嬉しく思う。

国道55号線を歩き、13時40分に室戸市に入った。案内標示はクジラの絵柄に変わり、「くじらの里」と記載されている。旧道に入り佐喜浜橋を通過。その後再び国道に合流して尾崎海岸まで来た時、二十人くらいのサーファーが波間に浮かんでいた。しばらくの間眺めていたが、なかなか波に乗る事が出来ない。タイミングよくいい波が来るのを見極める判断が難しいようだ。そして波に乗ってサーフボードに立っても、直ぐに落ちてしまう人が多い。波の上を自在に進んだり横切ったりするには、かなりの訓練が必要なようだ。

16時に尾崎海岸近くの「民宿徳増」に到着。コーヒーが無料なので、それを飲みながらスケッチを仕上げた。夕食の時に隣のテーブルの女性と話をしたが、岡山から車で来ていて四国八十八ヶ所の寺を順番に廻っているとのこと。既に一周は終えたとのことで、足摺岬でお勧めの宿を紹介していただいた。この「民宿徳増」と同様に料理が美味しいとのことだ。確かに食べている料理は全てが美味しくて、特にフキの煮物は絶品だった。

翌日は5時40分に起床。私の部屋は山側なので室内はまだ暗い。朝食では生卵が旨かった。7時40分に宿を出ると、サーファー達はもう海に浮かんでいた。5分程歩くと夫婦岩と呼ばれる岩が見えてきた。近くを通る時、夫婦岩に近づける道があるので行ってみたが、大きな波が打ち寄せていて道を越えそうである。今は通過出来ても戻れなくなる可能性があるので引き返した。

豪快に打ち寄せる波を見たくて堤防の上を歩く。時折イソヒヨドリを見かけるので、双眼鏡を取り出してバードウォッチングをしながら進み、「むろと廃校水族館」の横に到着。工場と思われる建物の前にブリとハガツオが描かれ、駅の行先標示板に見立てた水族館の名前が書かれていた。私が歩いてきた方向には「ひわさうみがめはくぶつかんかれった」、これから行く方向には「かつらはますいぞくかん」と記載されている。美波町の大浜海岸に面して「ひわさうみがめ博物館カレッタ」があったが、時間が取れなくて見学は出来なかった。この「むろと廃校水族館」にも残念だが寄る事は出来ない。屋外プールで泳いでいるウミガメを見たいが、見学する時間はとれなかった。全国を歩いていると、長い歴史に終止符を打ち廃校になった校舎を数多く見てきたが、この様な形で建物が残るのは卒業生にとって嬉しいに違いない。学校は地域の歴史や関係者の思い出を背負ってきたのだから。

10時半に「室戸世界ジオパークセンター」に到着。こちらは休憩を兼ねて入館してビデオを見た。これから訪ねる室戸岬周辺の地形が出来るまでの過程を学んだ。

# 30　室戸岬

室戸岬　最御崎寺　本堂

2022.04.03 12:45 奇妙な形の岩あり。
ビシャゴ岩への途中で、つい立ち止まる。まるで
怪獣のようだ。

2022.04.03 13:15 室戸岬
アコウ林を歩く。
アコウ
亜熱帯の植生である。

## 室戸岬

2022年4月3～4日

室戸岬では大きな波が岩に当たって砕け散る荒々しい景色を堪能。しかし私が描くと何故か優しい絵になってしまう。

国道55号線を進み室戸岬を目差す。旧道に入り民家が並ぶ通りを歩いていると年配の女性に話しかけられた。88歳とのことだがすこぶる元気で、遍路道を15回も歩いたとのこと。恐れ入りましたと言う他ない。

国道から離れて室戸岬へ続く遊歩道に入りビシャゴ岩に向けて進む。この岩にまつわる伝説を紹介する。この辺りに「おさご」という絶世の美人が住んでいた。男どもは朝夕に船を漕ぎ寄せて求愛に来た。あまりの煩わしさに耐えかねて、「私のようなつらい思いをする娘が出来ませんように、この室戸には美人が生まれませんように」と祈りながら岩頭から身を投げたそうな。現実に戻って先を行くと、奇妙な形の岩が現れた。まるで海から怪獣が上陸してきたかのようである。周りの岩を見ていると、色々な姿に変化して頭の中を駆け巡る。私の想像力は絶好調だがその中身はかなり幼稚である。

24番札所の最御崎寺《ほつみさきじ》に行こうとして国道に上がると、御厨人窟《みくろど》と呼ばれる青年時代の弘法大師・空海が修行をしたと伝わる洞窟があった。弘法大師は洞窟から見える空と海の景色を見て「空海」と名付けたと伝説が残るとのこと。

そして御厨人窟の近くから山道を上り、30分程歩くと最御崎寺に到着。この寺は大同2年（８０７年）に唐から帰国した空海が嵯峨天皇の勅命を受けて開いた。境内では急にたくさんのお遍路さんを見かけるようになったが、車やバスを利用して寺巡りをしている人が多いのだろう。

最御崎寺を後に、来た道を引き返す途中で、寄り道をして室

2022.04.03 15:15 室戸岬
中岡慎太郎 像

戸岬灯台に行った。明治32年（1899年）に設置され、レンズの大きさは直径2ｍ60㎝で日本最大級、光達距離は約49㎞とのこと。

灯台を後に国道に戻ってから再び遊歩道に入り、室戸岬に到着したのは15時。今回の旅を始めた3月下旬時点の週間天気予報ではこの日と翌日は雨の予報だったが、雨雲は和歌山県側にずれたらしく晴れている。打ち寄せる波はとても大きくて荒々しい。岩に当たると砕け散った波しぶきが高々と舞い上がる様子は豪快だ。

宿に行こうと国道55号線に出ると、中岡慎太郎像があった。坂本龍馬と共に活躍したが、慶応3年（1867年）に京都の近江屋で龍馬と共に襲撃され30歳で世を去った。坂本龍馬が海援隊を起こしたのは有名だが、中岡慎太郎は陸援隊を結成している。

「民宿室戸荘」に着いたのは15時半。もっと岬の周辺を見学していたかったが、風が強くて寒いので、耐えられなくなって逃げ込んだ。先ずは風呂だと思ったが、浴槽にお湯を入れている最中だった。もう8分目くらいまでお湯は張られているので、私が蛇口を止めることを宿の方に伝えて入ることにした。18時半から夕食をしながらテレビの天気予報を見ていると、「明日はくもりで雨が降るかも知れない」と報じていた。

翌日は5時半に起床。御来光を見るのは難しいと思ったが、5時40分に宿を出て海岸へ下りると、天気予報の通り空は雲に覆われていた。大きな波が打ち寄せる様子をしばらくの間眺めていたら、5時55分に雲の

室戸岬　5：55AM　日の出を見る

隙間から太陽が現れた。水平線から昇るという訳にはいかないが、日の出を見たことに満足して素早くスケッチをした。室戸岬の案内標示板がある月見ヶ浜まで移動して再びスケッチ。看板がある風景を描き、室戸岬にいた証としたかった。私のミーハーな一面が顔を出したようだ。

6時半に宿に戻り朝食をとる。隣席の女性（以降Ａさんと呼ぶ）と話をすると、四国八十八ヶ所霊場を順番に廻っていて、電車、バス、歩きを組み合わせて移動しているとのこと。海部駅から阿佐海岸鉄道のＤＭＶ列車に乗ってここまで来たと言う。彼女は鉄道モードとバスモードの両方を体験したので羨ましい限りだ。私も海部駅のホームでＤＭＶ列車を見た事を話すと話は盛り上がり、先程描いた御来光のスケッチを見せるとさらに話は盛り上がり、そこに女将さんも加わり「優しい感じの室戸岬ですね」と言われた。私の絵は優しいと言えば聞こえが

いいが、室戸岬の持つ荒々しさが全く伝わってこない。そして四国八十八ヶ所霊場とそれをつなぐ遍路道を意識するようになったのは、この時にAさんの話を聞いてからだと思う。遍路道を歩くのに加えて、DMV列車などを体験しながら移動するAさんの旅は自由で楽しそうだ。

Aさんは7時15分頃に宿を出て行ったが、私はNHKの朝ドラ「カムカムエヴリバディ」を見てから8時20分に出発。朝ドラは最終週に入っているので見逃す訳にいかない。出発の際、玄関に荷物が置いてあるので「これは何ですか」と女将さんに尋ねると、「歩き遍路の方の荷物で、次に宿泊する宿まで運ぶ」とのこと。確かに空身で歩けば楽だが、それでは弘法大師・空海の修行に近づく事は出来ない気がする。

徳島市を出てから南に向かって歩いてきたが、室戸岬を過ぎると西に進むことになる。この方向転換とは関係ないが腹の調子が悪くなってきた。地図でトイレがある場所を探すと海の駅が2㎞程先にある。景色を眺める余裕は吹き飛び、急いで歩いて海の駅に到着。この「海の駅とろむ」は阿佐海岸鉄道の終着停留所だが、DMV車両を探す余裕はなくトイレに直行した。最後は尾籠な話になってしまい申し訳ありません。

# 31　室戸市（2）

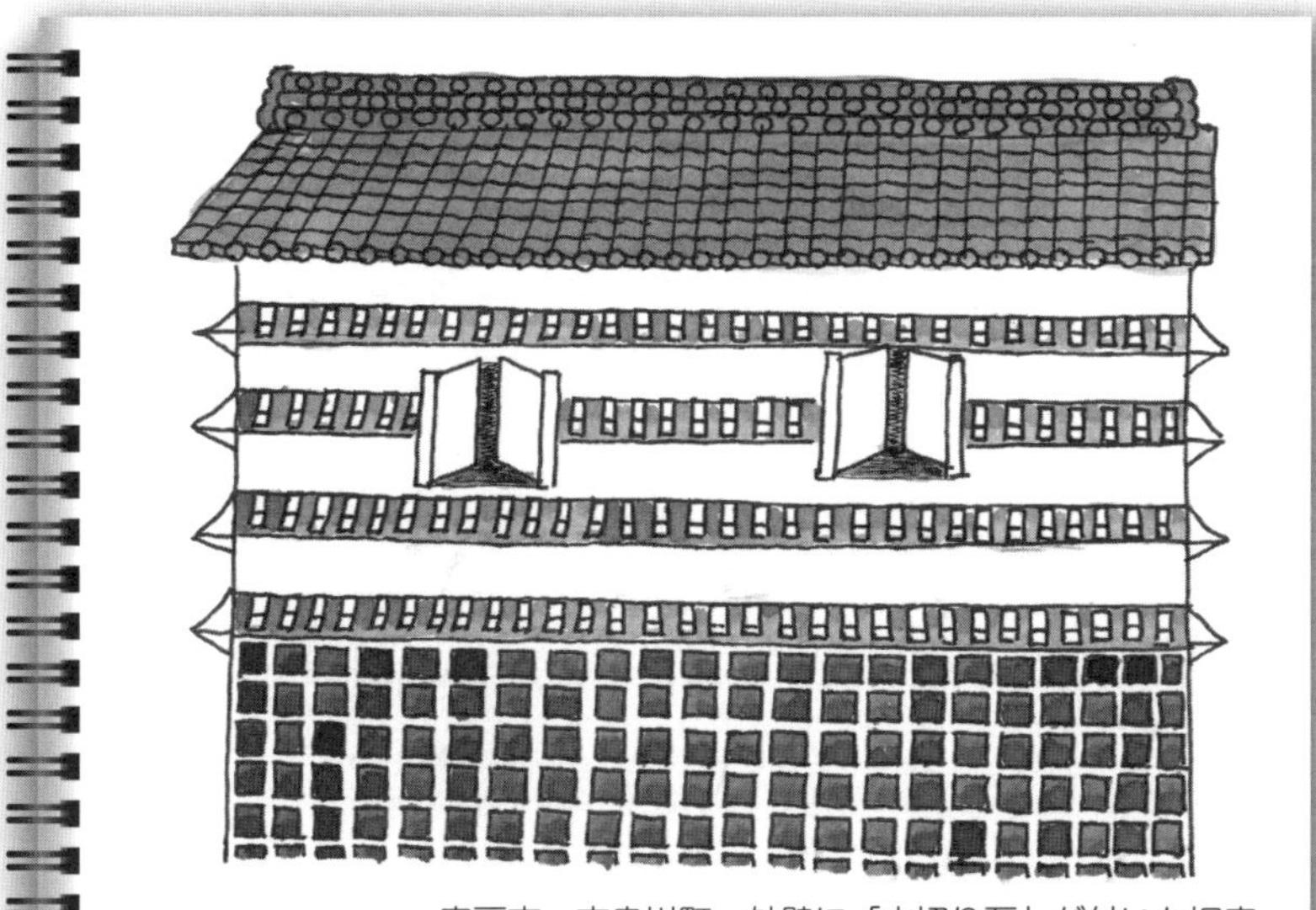

室戸市　吉良川町　外壁に「水切り瓦」が付いた旧家

2022.04.04
9:55
津照寺
すごい階段
の上にある。

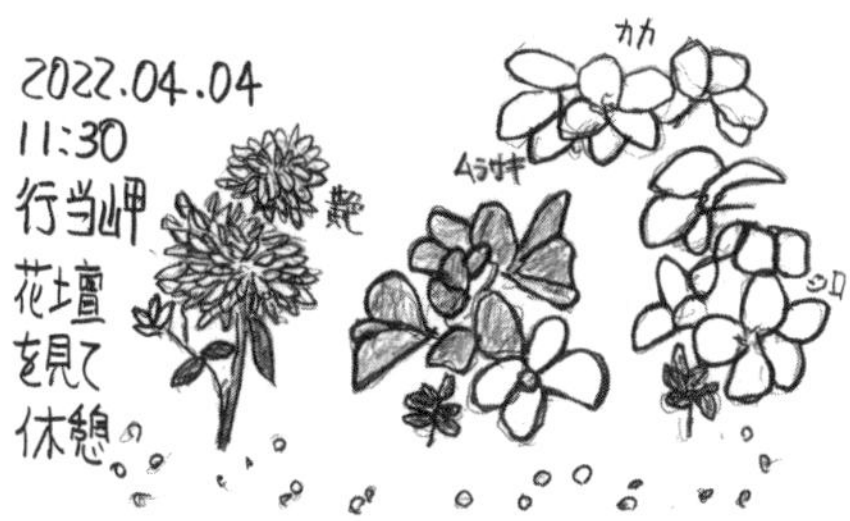
2022.04.04
11:30
行当岬
花壇
を見て
休憩。
ムラサキ
シロ

## 室戸市（2）

2022年4月4日

吉良川町の街並みは良かった。外壁に「水切り瓦」を付けた旧家が多く、地域の気候、文化、伝統を感じさせてくれた。

「海の駅とろむ」を出て四国八十八ヶ所霊場25番札所津照寺《しんしょうじ》に着いたのは10時10分。125段の石段があり、途中に仁王像を安置する鐘楼門を抜けて本堂へと上る。本尊は弘法大師の作といわれる延命地蔵菩薩像で「楫取地蔵《かじとり》」とも呼ばれている。難破しかかった藩主山内一豊の船を救ったとされ、海上安全の守護佛として漁師の信仰が厚い。鐘堂で鐘を撞きこの日の安全を祈った。それにしても長くて急勾配の階段だった。

新型コロナウイルスがまん延してから2年以上が経過した。それがひと段落して、私が居住する埼玉県の緊急事態宣言が解除されたのを受けて今回の旅を始めた。徳島県を経て高知県を歩いているが、出会う地元の人達は周りに人がいなくてもほとんどの方がマスクを着けている。私は歩いている時はマスクを外し、人に近づいた時にだけ着用していた。旧道を歩いていると私の横に車が止まり、「マスクがないのならあげるので着けてください」と指摘をされた。「マスクは何時でも取り出せるようにして持っています」と伝えたが、ここではマスク着用の指導が厳しいようだ。

11時20分に行当岬《ぎょうとうみさき》で花壇を見ながら休憩。地図を確認すると、室戸岬を出てから左側に見える海は土佐湾と記載されている。そのせいか波は明らかに小さくなり荒々しさは薄れた。行当岬を出発して少し歩くと、「民宿室戸荘」で同宿したAさんに出会った。彼女は26番札所金剛頂寺《こんごうちょうじ》に寄ってきたとのこと。地図をみると、この寺に行くにはかなり坂道を上らないと行けない。私はお遍路ではないので金剛頂寺には寄らなかったが、彼女は民宿を出てからバスを使わないで歩いたと言うのでかなりの健脚である。私と同じで、これから吉良川の街並みを見に行くとのことなので、「道の駅キラメッセ室戸」まで1㎞程一緒に歩いた。道の駅は月曜日のため営業していなかったが、私はベンチに座って昼食のおにぎりをほおばり、Aさんはコーヒーを飲みながら話をした。彼女は四国最西端の佐田岬まで自転車で行ったことがあるとのことだ。吉良川の街並みを見た後はバスを利用するとのことで、バスの時刻に合わせて行動しているのでここでお別れした。

国道55号線に並行する旧道を歩き吉良川地区に入ると、オレンジ色の袋で実を保護した木が見られるようになった。袋には「もぎ34」と記載されている。旅を終えてから知ったのだが、室戸市吉良川町はびわの産地で日本一の早出しびわとして知られている。4、5月が出荷時期で、私が歩いたのは4月上旬なので間もなく取り入れだったようだ。

2022.04.04 12:45 吉良川地区を通る。
オレンジ色の袋をかぶせているが、何の実だろう。

2022.
04.04
13:00
吉良川
の街並み
地区に
入る。
壁に独特
の装飾が
施されて
いる。
これはこの
地域の
文化である。

2020.04.04、13:35
吉良川の伝統のある
街並み。

吉良川の重要伝統的建造物群保存地区に到着。この街並みは見応えがあった。吉良川町は明治から昭和にかけて地元で作られる炭を京阪神に運ぶ廻船業で発展した。漆喰白壁の建物が多いが、外壁に瓦で出来た小さな庇のような装飾が施されている住居が多い。これは「水切り瓦」といい、台風などの激しい風雨から漆喰壁を守る役割をしている。私には家の格を上げるステータスのように思われた。興味を抱く建物が次々と現れるので、1時間近くここに滞在して3軒の民家をスケッチした。

吉良川町を後に国道を進む。吉良川町で長時間過ごしたのを取り戻すため少し急いで歩いた。するとお遍路さんと思われる人が走って私を追い抜いて行った。これは「歩き遍路」ならぬ「走り遍路」というのだろうか。小さなザックを背負っているだけなので身軽である。そう言えば室戸荘の女将さんが「荷物を次の宿泊する場所に送る」と言っていたのを思い出す。「歩く間は身軽な贅沢なお遍路さんです」と話していたが、この方法なら「走り遍路」が可能かもしれない。その人はたちまち私の視界から消えて行った。私の方は歩くペースを元に戻し、静かな海を見ながら羽根岬を目差して進んだ。

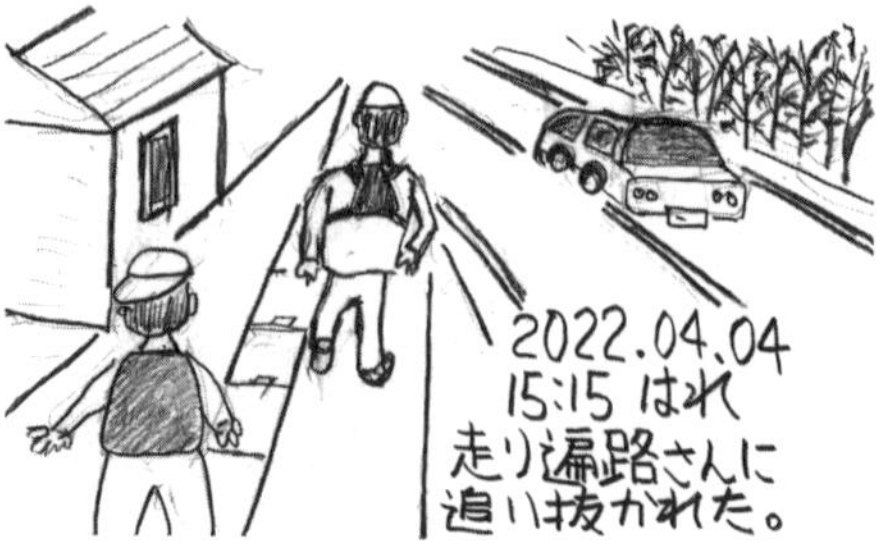
2022.04.04
15:15 はれ
走り遍路さんに
追い抜かれた。

2022.04.04 15:30 羽根岬
室戸岬を過ぎてから海は
おだやかになった。

# 32　奈半利町《なはりちょう》

奈半利町　菅笠をかぶったマグロのオブジェと満開の桜

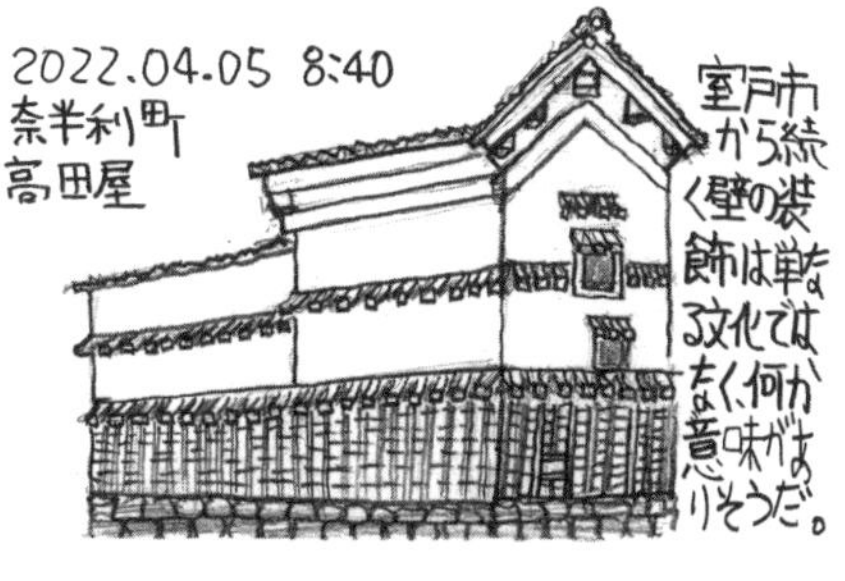
2022.04.05 8:40
奈半利町
高田屋
室戸市から続く壁の装飾は単なる文化ではなく、何か意味がありそうだ。

2022.04.05、9:00 奈半利川を渡る。
土佐くろしお鉄道の車両が通過
描かれた鳥はヤイロチョウだろう。
二級河川
奈半利川
高知県

## 奈半利町

2022年4月4〜5日

「ようこそサンゴの見える町　奈半利へ」と書かれた看板を発見。そこには沖縄で見たのと同じエメラルドグリーンの海が広がっていた。

羽根岬を過ぎると奈半利町となる。「ようこそサンゴの見える町 奈半利へ」との看板があった。沖縄の様なエメラルドグリーンの海が続いているのを不思議に思いながら歩いてきたが、この看板を見て納得。沖のマリンブルーと近くのエメラルドグリーンで、海がグラデーションを創っているかのようである。

17時に「ホテルなはり」に到着。先ずは洗濯をする。洗濯と乾燥にかかる時間は1時間35分なので、その間に大浴場に行き露天風呂に浸かった。洗濯物を取り込んだ後レストランに行き「まぐろ定食」を注文。この「ホテルなはり」はホームページによると、「まぐろを知り尽くしたプロの料理人たちが、妥協のない味を追及」とのこと。まぐろの「ワタ天」など、普段目にすることがない部位を食べた。「ワタ天」とはまぐろの胃袋の天ぷらである。

翌日は5時半に起床。部屋の窓からホテルの敷地に咲く満開の桜を見ていると、その横に菅笠をかぶったまぐろのオブジェがあるのでスケッチ。朝食はおにぎりのモーニングセットを美味しくいただいた。柚子ジュースが旨いが、飲み過ぎて前日のように腹を壊してはまずいので、コップ半分にとどめておいた。

8時20分にホテルを出発。歩き出すと直ぐに「水切り瓦」が付いた建物があった。「水切り瓦」は、室戸岬を過ぎてから四国の南岸地域の街並みを形成する一翼を担っている。奈半利駅の横を通り、奈半利川に架かる奈半利川橋まで来ると、「土佐くろしお鉄道」の列車が鉄橋を通り過ぎて行った。この川を渡ると奈半利町とはお別れで、川の表示板にヤイロチョウが描かれていた。高知県に南方から渡ってくる鳥で、私は図鑑でしか見たことがないが、カラフルな美しい鳥で高知県の県鳥である。私が日本で最も見たい鳥のひとつで、今は丁度夏鳥の渡りの時期なので、偶然の出会いを期待したいと願った。

# 33　田野町・安田町

安田町　唐浜休憩所から見た松並木と土佐湾

2022.04.05
9:20 はれ
田野町
すごい
カヤブキ
屋根の
民家あり。

2022.04.05
10:30
安田町の街並
もいい。
雨戸の戸袋の
装飾がすごい。

## 田野町・安田町

2022年4月5日

田野町と安田町では外壁に「水切り瓦」の付いた住居を何度か見かけた。独特の住宅の文化と伝統がここでも引き継がれていた。

奈半利川橋を渡ると田野町に入った。田野町は四国で最も面積が小さい町で、総面積は約6・5㎢である。「道の駅田野屋」で休憩してから国道55号線を歩き出したが、道沿いには「水切り瓦」の住居が頻繁に現れる。そんな中で茅葺屋根の住居があった。壁にブルーシートが所々かけられているのは防水対策だろう。この地域に「水切り瓦」の家が出現する前はこの茅葺屋根の住居が主流だったのだろうと想像する。雨と風に加えて年月とも必死に戦っている姿を見た気がした。「水切り瓦」の住居は漆喰の白壁に仕上げられていることもあり、経済的に余裕のある人が取り入れて地域に浸透した感じがするが、この茅葺屋根の住居からは、はるか昔からこの地に土着してきた重厚感と力強さが伝わってきた。

国道を進むと田野町は2㎞程で終わり安田町に入った。国道に並行する旧道を歩くと、ここでも「水切り瓦」が付いている住居が並んでいた。先に室戸市吉良川町の街並みで「水切り瓦」について機能や目的を記載したが、それは旅を終えてから調べたものである。安田町を歩いている時は、裳階《もこし》のようなものかなと考えていた（裳階とは軒下の外壁に付けた庇状の構築物で、奈良の薬師寺三重塔が有名。この塔は三層だが裳階があるので六層に見える）。通りに面している住居は意匠性の高い建物が多い。雨戸の戸袋に鶴と松を漆喰仕上げで装飾した家があり、思わず立ち止まりスケッチ。この旧道の直ぐ横には土佐湾に沿って国道55号線が通っているが、時折国道へ続く細い道から海沿いに松並木が見える。その日陰に入って日射を避けたくなり、国道に出ようとして路地に入ると、いきなり犬に吠えかけられた。犬に追い立てられるように路地を抜けて国道を進み、土佐くろしお鉄道ごめん・なはり線唐浜《とうのはま》駅の近くにある唐浜休憩所で休憩。ベンチに座って松の木陰から眺める土佐湾は穏やかで、涼しい風が通り抜けて心地よかった。

# 34　安芸市《あきし》・芸西村《げいせいむら》

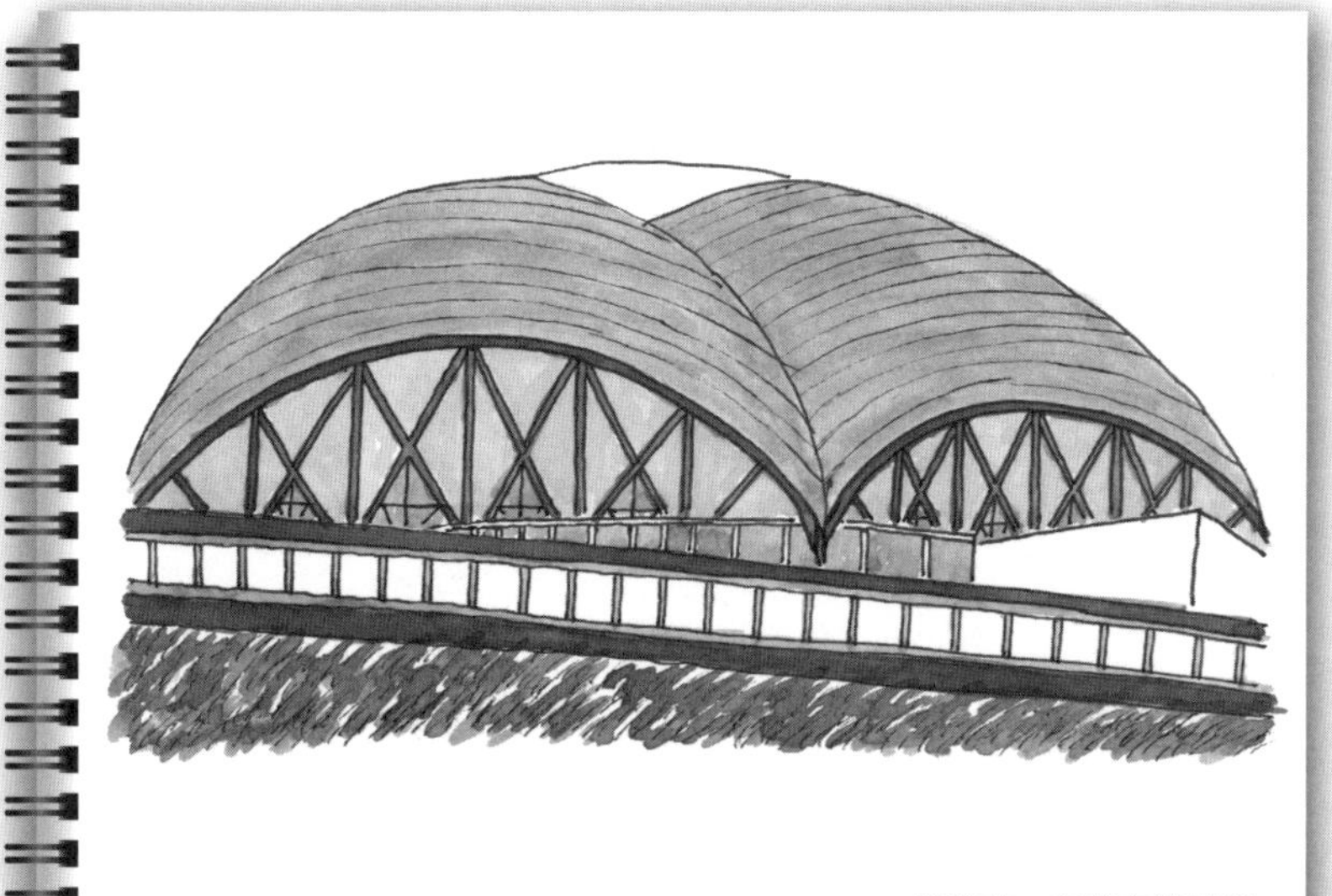

安芸市　安芸市営球場

安芸市の市街地を歩くがここにも壁に装飾のある住居がある。
野良時計
2022.04.05 13:20 安芸市汚水マンホール蓋。『野良時計』の記載。

2022.04.05 15:10 太平洋沿いにサイクリングロードを歩く。急がないと！
桜も葉が出てきた。もうすぐ花吹雪かな。

## 安芸市・芸西村

2022年4月5日

土佐くろしお鉄道を虎の模様が描かれたタイガース列車が通過した。阪神タイガースは開幕から9連敗。大丈夫かな。

土佐くろしお鉄道と並行するように歩いて行くと、虎の模様をした黄色い列車が通過して行った。あれがタイガース列車だろう。この日２０２２年4月5日現在、阪神タイガースは開幕から9連敗である。矢野監督は開幕前に今シーズン限りで退任を表明していたが、これでは事前に表明するまでもなくシーズン終了まで持ちそうにない（その後阪神タイガースは盛り返して、２０２２年の最終成績はセリーグ3位。そしてこの道中記をまとめている２０２３年は、オリックス・バファローズに勝って日本一になった）。

安芸駅前を通って市街地を進み、足元のマンホール蓋に目を向けると「野良時計」が描かれた絵が刻まれていた。

2022.04.05
16:35芸西村
琴ケ浜を
見る。

これが安芸市のシンボルなのだろう。「野良時計」は駅から約２㎞離れた所にあり、明治20年（１８８７年）に地主の方により製作され、野良作業をする村人に時刻を知らせていた。民家の屋根に設置され、今でも稼働することが出来るという。

安芸市営球場が右手に見えてきた。阪神タイガースがキャンプに利用している球場で、近年は春季キャンプを沖縄で行っているが、秋季キャンプはこの球場で行われている。球場の愛称は「安芸タイガース球場」である。

国道55号線と並行して海側にサイクリングロードがあるので土佐湾を眺めながら進む。日陰がないので日射の直撃を受けて暑いが、車両が通らないのでこちらの方が安全だ。今回の旅では毎日のように満開の桜を見ていたが、この辺りでは葉桜に変わりつつある。そしていつの間にか芸西村に入った。左手に琴ヶ浜の海岸を見ながら進む。道の横に大きなサボテンがあり、いかにも南国的な景色の中を歩いていた。

# 35　香南市・南国市

香南市　手結埼灯台と小さな祠

## 香南市・南国市

2022年4月5〜6日

あかおか駅では、「やなせたかし」さんが土佐くろしお鉄道ごめん・なはり線の駅ごとに創作したキャラクター人形が展示されていた。私は「やなせたかし」さんが作詞した「手のひらを太陽に」を口ずさみながらスケッチした。

2022.04.06 8:30 太平洋
いい景色を見ている。

琴ヶ浜を16時半頃に通過して、速足でサイクリングロードを進み国道55号線に合流。海側に続く細い道に入り、「サイクリングターミナルうみのやどしおや」の案内標示を見つけた時は、間もなく暗くなる時刻だったのでほっとした。木々に覆われた道を歩き、宿に着いたのは17時15分。道に迷わなくてよかった。

到着が遅かったので先ずは風呂に入る。宿泊客は私の他にファミリー客が一組四人だけとのこと。風呂を終えてから食堂へと向かった。公共の宿なので料理は刺身とフライを中心にしたシンプルなものだが、私にはちょうどよい量だった。私は出されたものは全て食べることを礼儀としているので、このくらいの方が正直ありがたい。食事を終えて部屋に戻り、スケッチの仕上げを終えたのは20時半。これでやっと自由な時間となる。何が楽しくてこの様な旅をしているのかと思う人もいるだろうが、遊びは真剣に取り組まないと面白くない。「遊びは仕事以上に全力で」は私のモットーだが、他人にはあまり勧められないフレーズだ。

翌日は5時10分に起床。散歩に出かけたが日の出を見ることは出来なかった。チェックアウトの際、この施設は競輪事業からの補助を受けて建てられたことを聞く。私のギャンブルの趣味は競輪なので「私も建物の建設に貢献したかもしれません」と言うと、係の方は笑っておられた。

宿を出てから坂道を上って行くと休憩所があった。近くに鳥居があったのでこの日の安全を祈願するために進むと、小さな祠があり横に手結埼《ていさき》灯台が立っていた。天気がいいので青い海と黒い岩が創り出す絶景が素晴らしい。手結《てい》港への道を下りて行くと、選挙カーがゆっくりと私の横を通り過ぎ、候補者の方が身を乗り出して私に手を振っていた。香南市は市会議員選挙の最中である。私の身なりを見れば地元の住人でないことくらい分かりそうなものだが、必死なので見分ける余裕がないのだろう。

　手結港を経由して夜須《やす》駅前の「道の駅やす」に着いたのは9時20分。「ホットはちみつゆずジュース」を飲んで休憩した。そして昼食用のおにぎりを購入してから出発。路面を見ると、岩と松が描かれたマンホール蓋があった。この岩が手結埼灯台の下にある夫婦岩で、二つの岩の姿がほぼ同じ大きさなので男女同権の岩と呼ばれている。

香南市は市会議員の選挙期間中で少々あわただしい。
2022.04.06
9:45
『道の駅やす』の近く。今日は暑い。

　奈半利駅を通過してから土佐くろしお鉄道ごめん・なはり線と並行するように歩いてきたが、あかおか駅に着いた時は日差しが強くて暑い中を歩いたのでかなりへばっていた。線路は高架なので、階段を上がってまでして駅のホームを見に行くつもりはなかった。ベンチに座ってふと見上げると、展示ケースにたくさんのキャラクター人形が並んでいた。その上に横断幕が掲げられ「やなせたかしさんありがとう」と書かれていて、幕の左側にアンパンマンが、右側にはバイキンマンが描かれていた。

　土佐くろしお鉄道は高知県で鉄道事業を営んでいて、営業路線は「四万十くろしおライン（中村線・宿毛線）」と「ごめん・なはり線」である。あかおか駅に展示されているキャラクターは「ごめん・なはり線」の駅名と共に、各々に名前が付いていた。「やなせたかし」さんが土佐くろしお鉄道に協力してこれらのキャ

香南市　「ごめん・なはり線」あかおか駅　各駅のキャラクター人形

ラクターを創作したのだろう。たくさんあるので全部は描けないが、その中から和食《わじき》駅の「わじきかっぱ君」、球場前駅の「球場ボール君」、唐浜駅の「とうのはまへんろ君」の三つを描いた。私はアンパンマンが流行っていた頃は既に大人になっており、この漫画のことは名前を知っている程度だった。私にとっての「やなせたかし」さんは、「ぼくらはみんな生きている……」で始まる童謡「手のひらを太陽に」の作詞者であることだ。私が小学生の時に学校で唄ったのを今でも覚えている。この歌がやなせさんの作詞であることを知ったのはアンパンマンが流行っている頃だったと思う。やなせさんは高知県の自慢であり、誇りであり、坂本龍馬に匹敵する現代の英雄なのだと思いながらキャラクター人形の展示を眺めていた。

あかおか駅を過ぎて県道14号線を歩く。大きくて立派な住居が並んでいるが、「水切り瓦」を付けた建物は見当たらなくなった。ほとんどの家の

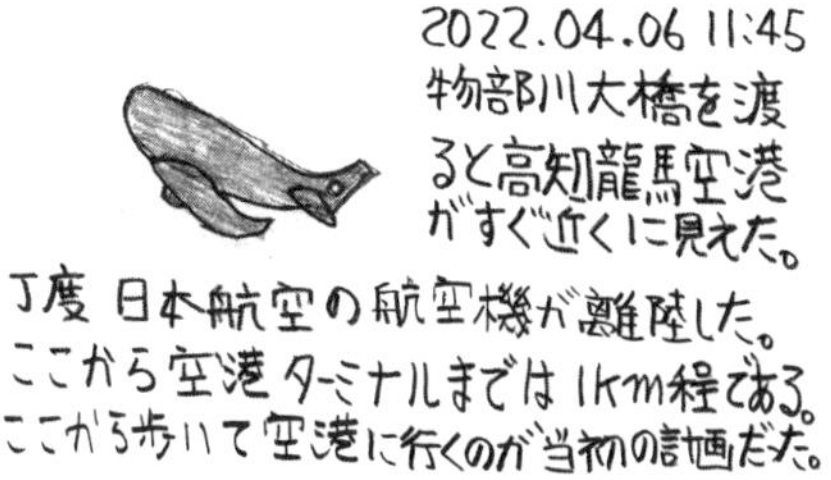
2022.04.06 11:45
物部川大橋を渡ると高知龍馬空港がすぐ近くに見えた。
丁度 日本航空の航空機が離陸した。
ここから空港ターミナルまでは1km程である。
ここから歩いて空港に行くのが当初の計画だった。

2022.04.06
13:40
南国市
このようなすごい家が多い。

屋根は入母屋で棟飾りに鯱《しゃちほこ》を載せていた。住宅の場合、地域ごとに引き継がれる伝統は異なるのだろう。やがて物部川に架かる物部川大橋を渡り南国市に入ると、直ぐ近くに高知龍馬空港があった。ここから空港ターミナルまでは１㎞くらいの道程だろう。橋を渡っている時に双眼鏡で空港を見ていたら、飛行機が滑走路に向かって動いているのが見えたので、離陸する瞬間を見ようと立ち止まった。飛行機が離陸して視界から消えていくのを見届けてから橋を渡り終え、空港横の公園で「道の駅やす」で買ったおにぎりを食べた。

南国市に入ってから県道14号線黒潮ラインに並行する旧道を歩いたが、ここでも大きな家々が並んでいた。地図を見ると県道沿いに32番札所禅師峰寺《ぜんじぶじ》があるので県道に戻ると、寺は山の中の高い所に見えた。行くべきか迷っていると地元の方から「どちらに行くのですか」と声をかけられた。私はとっさに「桂浜まで行きます」と答えた。禅師峰寺には時間がないことを言い訳にして行くのを止め、峰寺《ぶじ》トンネルへと向かった。禅師峰寺への行き方だが、地図を見るとこのトンネルの上を通る道がある。先程の地元の方は、寺への行き方が分かりづらいので親切心から声をかけてくれたのだろう。

# 36　桂浜

桂浜　「民宿まさご」に泊まる

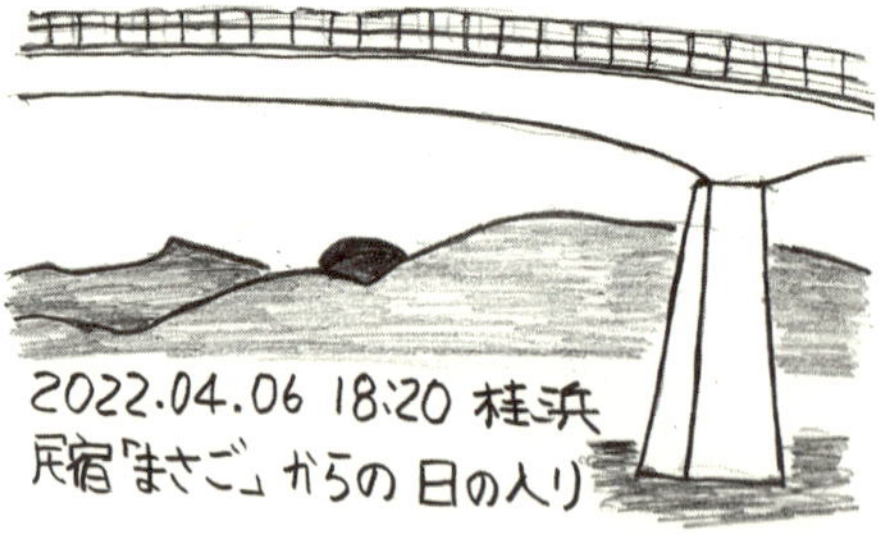

## 桂浜

2022年4月6〜7日

「カツオのタタキのてんこ盛り」はすごかった。出された料理は全て食べる主義の私だが、半分以上残してしまい申し訳なかった。

県道14号線を歩き高知市に入ったのは14時半。そして浦戸湾に架かる浦戸大橋に到着。橋の長さは約１５００ｍで、大型車両の通行が多いのに加えて歩道幅がとても狭い。アーチ状の橋なので歩道を上がって行くが、歩道から手がはみ出ているので車にぶつかりそうで怖い。胸の前で腕組みをして進んだ。

20分程で何とか渡り終えたが、桂浜へ行く道がわからない。ドライバー向けの行先案内標示があるが、小さな山を越えて行く感じで大変そうだ。眼下に見える集落へ下りる道を探していると、細い山道があり下りて行くと、海沿いの道に出たので一安心。この日宿泊する「民宿まさご」はこの浦戸湾に面してあるはずなので見逃さないようにしながら進んだ。宿には16時に到着。部屋の窓は浦戸湾に面していて、浦戸大橋の下に見える山に夕日が沈んでいく日の入りを見ることが出来た。

「民宿まさご」の夕食はすごかった。魚料理を中心におかずの量と品数が多いと思っていたら、さらに「カツオのタタキてんこ盛り」が出てきた。分厚い切り身が20切れ以上あるので、普通の五人前以上は優にある。こんなに食べきれないので、半分に減らしてほしいと女将さんに伝えようとしたが、料理を置くと直ぐに行ってしまった。ニンニクとショウガを乗せて一切れ口に入れると大変美味しい。しかし8切れ食べたところで満腹になった。私は出された料理は全て食べることを礼儀としているが、三分の二くらい残してしまい申し訳なかった。私の名誉のために付け加えておくと、カツオのタタキ以外の料理は全て平らげた。

翌日は5時半に起床。付近を散歩してから民宿に戻ると、門の前に木で造られたアート作品が置かれているのでスケッチ。チェックアウトの際、女将さんに「夕食に出たカツオのタタキはすごい量だったが、何故あんなにたくさん出すのですか」と尋ねた。女将さんが言うには「あなたがそのコース付の宿泊で予約した

2022.04.07
8:25 桂浜
坂本龍馬像

から」とのこと。私がインターネットの旅行サイトで予約した際、「カツオのタタキてんこ盛りコース付」をクリックしたのが原因とわかり納得。それにしてもあれが一人前とはあまりにも凄すぎる。旅を終えて家に戻ってから約1カ月間、刺身は全く食べる気がしなかった。

　8時10分に「民宿まさご」を出発。この日は高知市街地まで行くだけなので、歩く道程は約10㎞と短い。その様なスケジュールを組んだのは、翌日に帰宅するので、旅の最後に桂浜と高知市内をゆっくり見学するためだ。先ずは坂本龍馬像へ向かう。15分程歩くと到着したが、まだ早い時間帯なので観光客は誰もいない。私は正面から像に向き合った。龍馬は懐に入れた右手で台座に寄りかかり、左手は着物の袖に入れて太平洋の方向を見つめていた。スケッチを終えた頃から観光客が大勢集まりだしたので桂浜に出て龍王岬を見ると、打ち寄せる波は大きくて海岸は美しい砂浜が広がっていた。

　桂浜水族館の横を通ると、係の方が開館前の準備をしていた。水族館と言えば、今回の旅で徳島県美波町の「ひわさうみがめ博物館カレッタ」、室戸市の「むろと廃校水族館」の横を通ったが、どちらも時間が取れなくて入館しなかった。ここでも開館するまで待つことが出来なかったのは残念だ。

　龍王岬を経由して遊歩道を上がり坂本龍馬記念館に到着。ブルーとオレンジ色をした二つの箱が海に向かって突き出たような外観で、まるで海援隊を組織した坂本龍馬が、船で太平洋に漕ぎ出すかのようだ。建

桂浜　龍王岬を望む

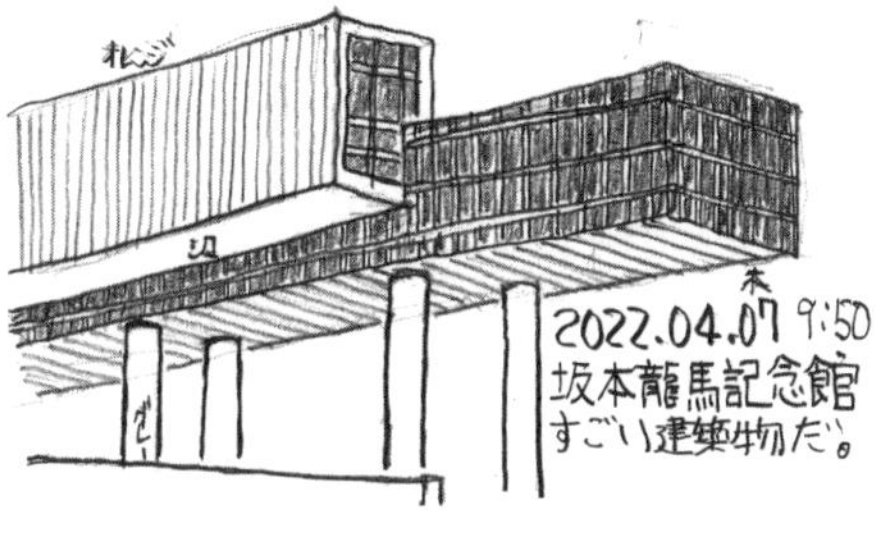
2022.04.07 9:50
坂本龍馬記念館
すごい建築物だ。

2022.04.07 10:10
浦戸大橋を渡る。歩道が狭くてかなり危い。

物が完成したのは１９９１年で、30年経過した今でも十分に人を引き付ける斬新なデザインである。
　記念館を後に高知市街地へと向かう。前日通った浦戸大橋を再び歩くのは嫌だがやむを得ない。この橋を渡り終えると素晴らしい景色とお別れだと思い、途中にあるデッキにしばらくの間たたずんでいた。

# 37　高知市

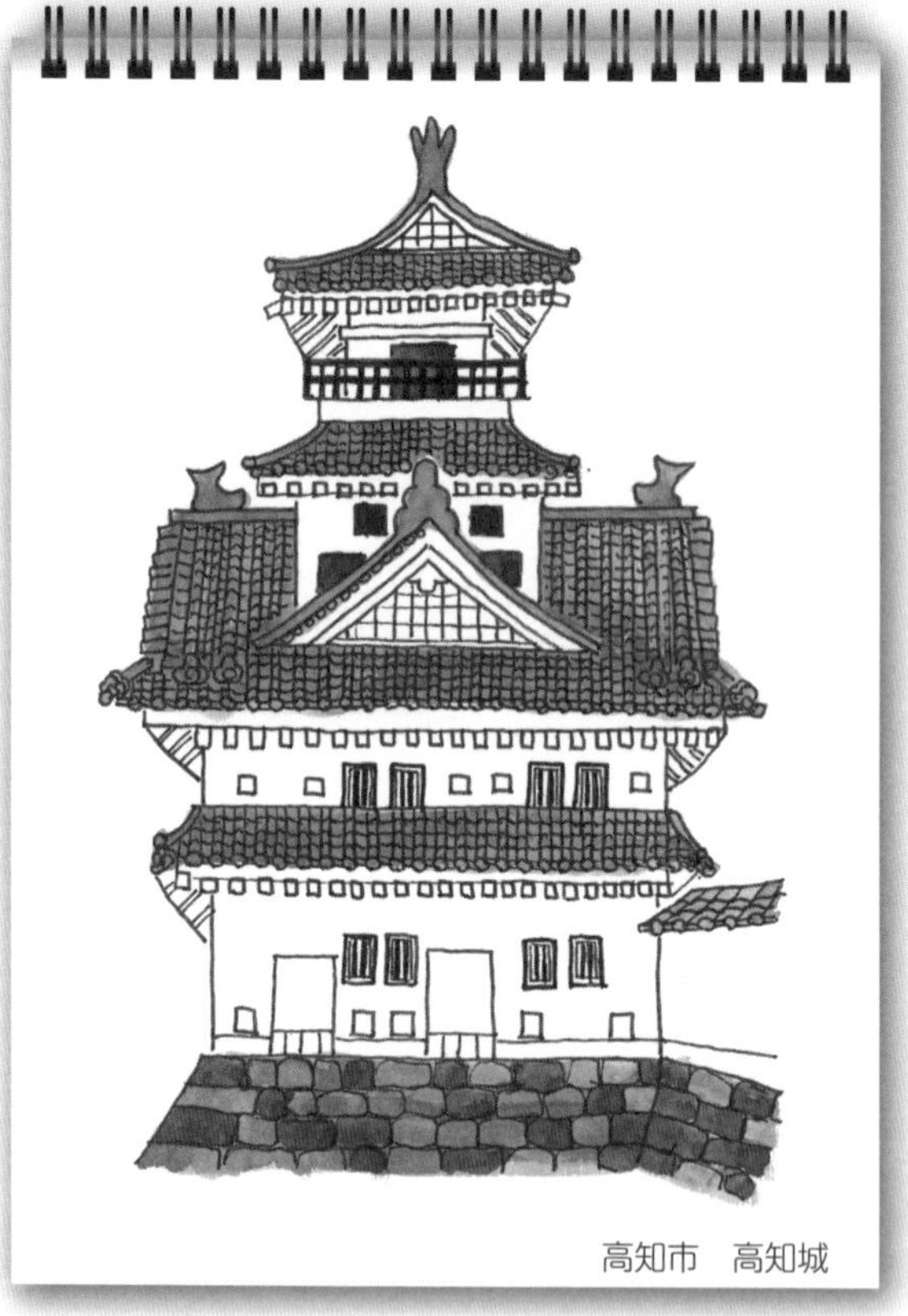

高知市　高知城

## 高知市

2022年
4月7〜8日、
10月30〜31日

強い日差しを受け暑いのを我慢して、現存十二天守のひとつ高知城を一所懸命に描いた。頑張った自分への御褒美として、近くの屋台で「柚子ソフトクリーム」を買ったが、これがとても旨かった。

浦戸湾と高知港に沿うように県道35号線を歩くが、桜は完全に葉桜へと変わっていて、高知市街地に入る手前の公園では、落ちた花びらが風で舞い上がっていた。そして13時にはりまや橋に到着。ここは高知市街地の中心である。よさこい節「土佐の高知の　はりまや橋で　坊さん……」と唄われているので名前は全国的に知られているが、小さな朱塗りの橋であまり過大な期待をしてはいけないスポットである。

ここでの一番の目的地は現存十二天守のひとつ高知城。慶長6年（1601年）土佐藩主となった山内一豊が築城し、土佐24万石の本拠となった城だ。追手門を通ってベンチに座り天守閣を描いたが、日射の直撃

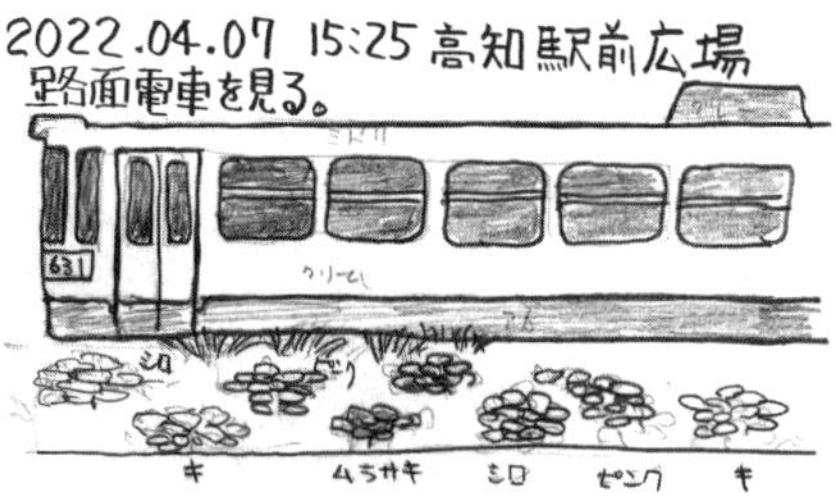


を受けてとても暑い。スケッチを終えると近くの屋台で柚子ソフトクリームを購入。暑い中を頑張って描いた自分への御褒美だ。高知城は天守閣、石垣共に素晴らしく、柚子ソフトは大変旨い。はりまや橋で少し気落ちした気分が一掃され、気力が復活した。

16時に宿に到着。翌日は帰宅するのでビールを3缶持ち込んだ。一人だけのささやかな宴会だが、枝豆とスルメ、野菜のスティックサラダで飲むビールは格別に旨かった。徳島市から始めた今回の旅はこの日で12日目だが、連日贅沢な料理を食べ続けた。この様な簡素な食事もたまにはいい。

翌日は5時45分に起床。帰るだけなので洗顔を兼ねて朝風呂に入る。高知駅8時発の列車に乗るので、この日が最終回のＮＨＫの朝ドラ「カムカムエヴリバディ」を見ることが出来ないのが心残りだ。高知駅には7時40分に到着。

2022.04.08
8:01 アンパン
マン列車の天井
を見ている。

2022.04.08 8:50
車窓は大歩危峡

駅前広場に土佐三志士像、すなわち武市半平太、坂本龍馬、中岡慎太郎の像がある。前日、桂浜でスケッチした坂本龍馬像の左手が描かれていなかったので、間違いがないか、この像で念のために確認した。駅前広場から駅のホームを見ると、私が乗車するアンパンマンの絵が描かれた南風６号がホームに入線してきた。２号車の指定席に座ると、天井はアンパンマンに登場するキャラクターで埋まっていて、それらを描きながら出発を待つ。列車が動き出すと車掌が来て、特急南風運行50周年記念乗車証が配られた。

２０２０年７月18日には２７００系８両が「土讃線あかいアンパンマン列車」、「土讃線きいろいアンパンマン列車」としてデビューしたとのこと。私が乗っているのは「あかいアンパンマン列車」である。

瀬戸大橋を通り10時33分岡山駅に到着。12日前、徳島行の特急うずしお13号に乗車したが、その時に連結していたのが高知行の赤い色をしたアンパンマン列車だった。その際に岡山駅のホームで描いた車両が、私が乗車してきたのと同じ２号車だった事に気付いたのは、新幹線の車内で今回描き留めたスケッチを見直していた時だった（１１６ページ参照）。私は今回の旅を懐かしむようにスケッチ手帳をめくっていた。

10月下旬に第4回目の「四国一周 徒歩の旅」を半年ぶりに再開。コロナ禍が3年間も続いているが、感染者が少し減ってきたのと、国がキャンペーン割引をして積極的に旅行を奨励しているので実施することにした。四国の各県はコロナ感染者数が少ないが、私はコロナワクチンを4回打っているので旅先で迷惑をかけることはないだろう。今回は高知市から愛媛県宇和島市までを13泊14日で歩く予定だ。

東京駅から新幹線に乗り岡山駅で途中下車。駅前広場を50分程散策し、郵便ポストの上に寝転ぶ桃太郎の人形をスケッチして時を過ごす。再び駅に戻り南風7号高知行に乗車して、瀬戸大橋線と土讃線を通って高知駅に着いたのは13時45分。桂浜行きのバスは5分後に発車するので、急いでバス停を探すが見つからない。観光案内所で尋ねると駅の反対側とのこと。走ってバス停まで行き辛うじて間に合った。

終点の桂浜には14時40分に到着。前回の旅で桂浜周辺は十分に観たので、この日の宿「民宿坂本」を目差して歩き出す。それでも途中、坂本龍馬記念館や土佐湾沿いの県道14号線（花街道）の道端に咲く花々をスケッチしながら歩いたので、宿に到着したのは16時。蔵造りの建物を描いてからチェックインした。

今回はコロナ禍支援対策として全国旅キャンペーン割引が適用され、宿泊費は4割引に加えて3千円のクーポン券がもらえるので、非常に恵まれた旅となった。この日の宿泊客は私一人なので、女将さんから「のんびりしてください」と言われた。この「民宿坂本」は清潔感があり天井が高くて心地よ

民宿
坂本
2022.10.30 16:00 桂浜
民宿坂本に泊まる

い宿である。

夕食をとりながらテレビのニュースを見ていると、韓国で転倒事故が起き、二〇〇人近い死者が出たと報じていた。女将さんと、人が転倒したくらいでこんなに多くの死者がでるのだろうかと話をしていたが、どうやら事実らしいことが判明。その後部屋に戻り野球の日本シリーズをテレビ観戦し、オリックスがヤクルトに勝って日本一になったのを見届けた。

翌日は5時に起床。美味しい朝食に満足し、NHKの朝ドラ「舞いあがれ！」を見終えてから8時半に宿を出発。33番札所雪蹊寺《せっけいじ》へ向けて歩き出したが、いきなり遍路道とは違う道を進んだので、地元の人に呼び止められて正しい道順を教えて頂いた。浦戸湾沿いに漁港を見ながら進むとやがて雪蹊寺に到着。何かゆったりとした雰囲気が漂う寺である。本堂でこの日の安全を祈願してから賽銭箱の横を見ると、遍路姿のカッパの像が安置されていた。愛嬌のある姿が微笑ましくて、思わずスケッチをした。

雪蹊寺から2km程離れた所に高知競馬場があるので、開催はしていないがどのような競馬場なのか見たくて寄ることにする。ところが歩いている途中で腹の調子が悪くなってきた。競馬場まで行けばトイレがあるだろうと思って歩いたが、競馬場に着いても開催していないのに中に入れるはずがなかった。地図で一番近いトイレの場所を探す。当初は県道278号線を歩く計画だったが、緊急事態なので予定を変更。土佐湾沿いの県道14号線に公衆トイレがあるが、

高知市　雪蹊寺　カッパのお遍路と地蔵様

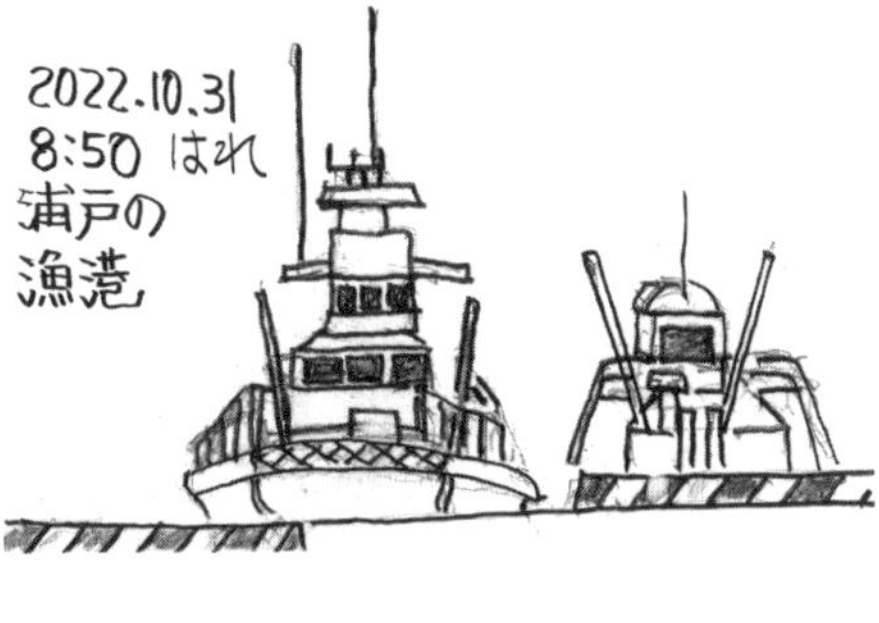
2022.10.31
8:50 はれ
浦戸の
漁港

2022.10.31 11:20
県道14号 花海道沿い。
トイレに寄り、事なきを得る。

2㎞程離れている。必死に約25分間歩き通し事なきを得た。想定外の事態に陥った時にこそ本当の旅の実力が試される。私事の尾籠な話から、さもえらそうに大袈裟な教訓を言ってしまった。「30室戸岬」の項に続き、再びこの様な品のない締めで申し訳ないが、ノンフィクションの道中記なのでお許し願いたい。

# 38　土佐市

土佐市　ジョン万次郎ら土佐出航の浦　大きなクジラのオブジェあり

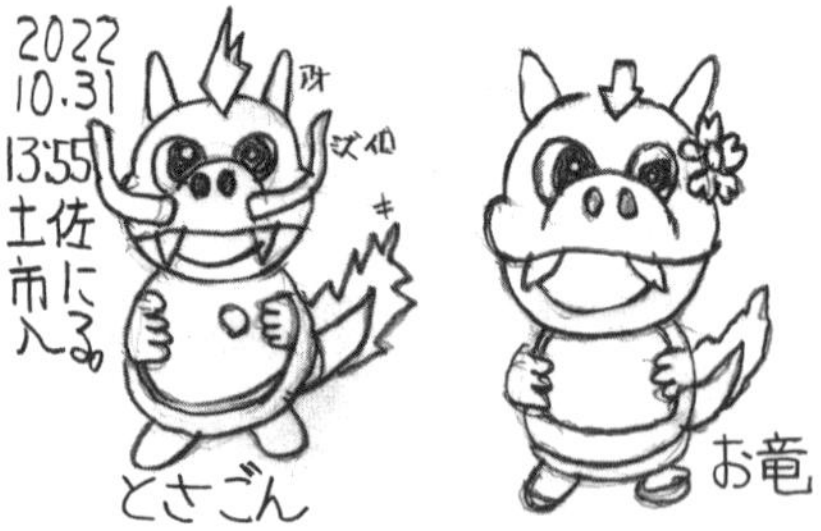
2022
10.31
13:55
土佐市に入る
とさごん
お竜

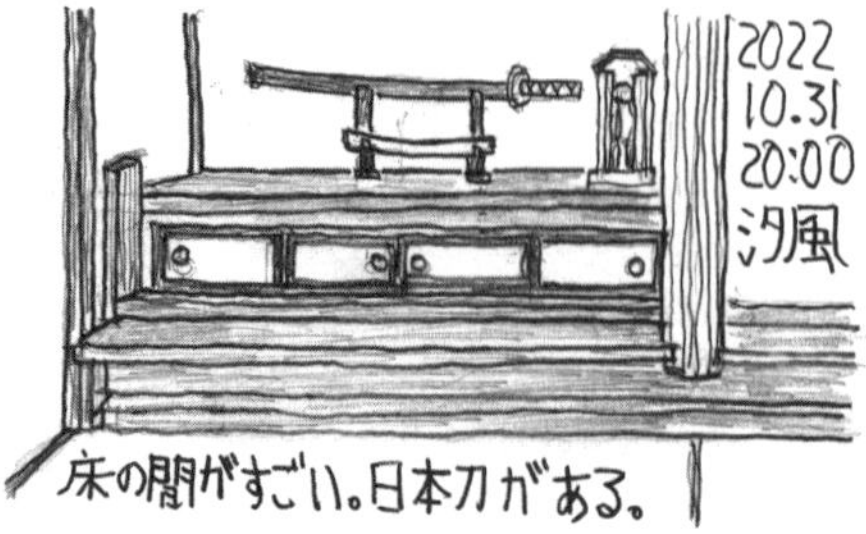
2022
10.31
20:00
汐風
床の間がすごい。日本刀がある。

## 土佐市

2022年
10月31日～11月1日

「汐風」を出る時は雨が強かった。女将さんのアドバイスに従い、横浪黒潮ラインを歩くのは諦めて宇佐大橋を渡った。

土佐湾を左手に見て県道14号線を進む。この日の天気は快晴で、風がないので土佐湾は穏やかだが、砂浜に打ち寄せる波はとても大きい。春野漁港を過ぎた辺りで旧道に入ると湿地帯があり、ここから３㎞程離れると34番札所種間寺《たねまじ》があるが、私はお遍路ではなく四国一周歩きの旅人なので寄ることはしない。

仁淀川《によどがわ》に架かる仁淀川河口大橋を渡ると土佐市に入った。この川の河口付近は絶好の波が立つのでサーフィンスポットとして有名だ。また仁淀川は水質が良好な河川で、「仁淀ブルー」と呼ばれる淵や滝壺があることで知られている。近くに新居《にい》緑地公園がありベンチで休憩。そのベンチに竜のキャラクターが描かれていた。青い竜を「とさごん」、ピンク色の方が「お竜」と名付けられ、土佐市のマスコットキャラクターである。土佐市のホームページによると、土佐市の形が竜の横顔に似ていることから生まれたとのことだ。

公園を後に30分程歩くと、クジラの親子らしき大きなオブジェがあった。案内板によると、ここは「ジョン万次郎ら漂流出航の浦」とある。ジョン万次郎ら五人は天保12年（１８４１年）１月５日にこの浦の西浜から延縄漁《はえなわりょう》に出たが、嵐に遭遇して数日後に無人島（鳥島）に漂着した。同年５月にアメリカの捕鯨船に助けられ、ハワイのオアフ島で手厚い保護を受けた。万次郎はホイットフィールド船長に可愛がられ、捕鯨船に乗り込み各国を回り、アメリカ本土で新知識を習得した。その後オアフ島に戻り、仲間二人と共に日本に戻った。万次郎の知識はその後の日本の開国に大きく貢献した。ジョン万次郎に関連する足跡は、今回の旅でもこの後に何度か出会うことになる。

この日の宿泊は素泊まりなので、朝夕の食材を購入しなくてはいけない。ここで役に立ったのが、「民宿坂本」で頂いた３０００円のクーポン券である。コンビニで食べ物と普段飲むよりワンランク上のビールを購入。そして浦ノ内湾の湾口に架かる宇佐大橋を渡って横浪《よこなみ》半島へと進む。浦ノ内湾は湾口から湾奥まで三里（約12㎞）あることから「横浪三里」とも呼ばれ、横浪半島によって土佐湾と隔てられている。

この日の宿「汐風」に着いたのは16時。途中で道に迷い、地元の方に宿の場所を尋ねたりしていると、心配した女将さんが車で私を探しにきて声をかけてくれたので助かった。夕食の時に食堂で女将さんと話をしたが、この付近は弘法大師・空海が旅をした時に船で移動したことから、浦ノ内湾を巡航船で行く遍路の方法があるとのことだ。この宿は食事が出ないので、同宿者は各自が食堂で持参した物を食べ、食事を終えると自分の部屋に戻って行く。この日の宿泊客は私を含めて四人だった。テレビの天気予報で「明日は雨」と報じていた。女将さんから「横浪半島を通る横浪黒潮ラインはアップダウンが激しく雨では危険なので、浦ノ内湾の北側を通る県道23号線を行った方がよい。それとJR安和駅を過ぎてから海側を通る県道３２０号線から見る海岸の景色は素晴らしいので是非通ってほしい」との貴重なアドバイスを頂いた。

翌日は5時半に起床。外は雨が強く降っていた。6時に食堂に行き持参した朝食を食べていると、女将さんが来たので話をする。宿泊客二人が巡航船に乗るので、これから乗り場まで車で送って行くとのこと。私も一緒に行くことを勧められたが、歩く旅をしている旨を申し上げて丁重にお断りした。

雨なので気合い乗りが悪く出発をためらっていたが、ＮＨＫの朝ドラを見て8時に宿を出る。ここから1㎞程離れた所に36番札所青龍寺があるが、寄るのは諦めて女将さんのアドバイスに従い浦ノ内湾の北側を歩くことにした。前日通った宇佐大橋を渡り返し、コンビニで昼食のおにぎりを購入。風光明媚で知られる横浪黒潮ラインを歩けないのは残念だが、この雨ではやむを得ない。女将さんの親切には感謝している。

# 39　須《す》崎《さき》市《し》

須崎市　県道２３号線の歩道をカニが歩いていた

2022.11.01
9:45 雨強い。
浦ノ内湾沿い
に歩いている。
小さな神社で
雨宿り。近くに犬
のフンがあり不愉快。

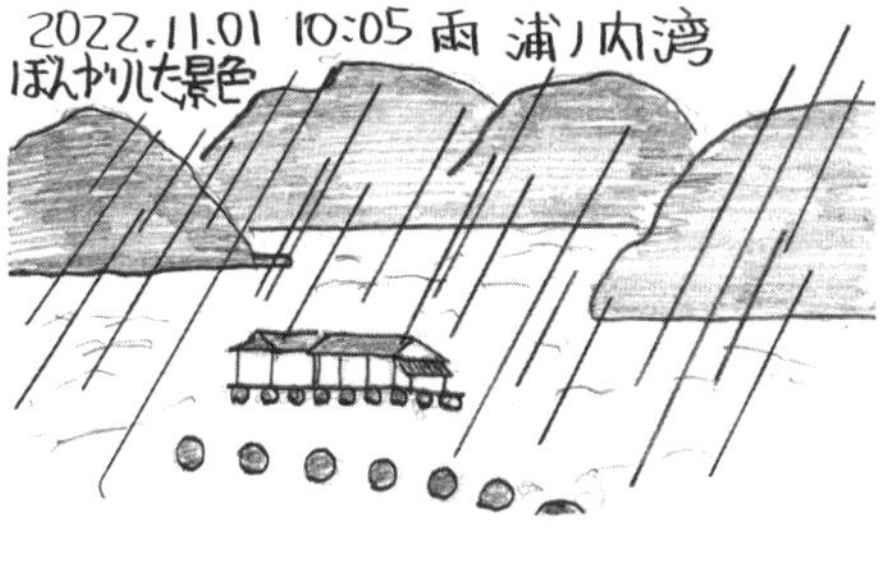
2022.11.01 10:05 雨 浦ノ内湾
ぼんやりした景色

## 須崎市

2022年11月1～2日

「柳屋旅館」の居心地の良さは格別だった。一棟を私が独占。雨で濡れた靴を乾燥して頂いた親切にも感謝している。

　県道23号線を進み高知海洋高校の横を過ぎて須崎市に入ると巡航船乗り場があったので寄る。その後小さな神社の庇に隠れて雨宿りをしたが、直ぐ近くに犬のフンが放置されているので興がそがれた。実に罰当たりな飼い主がいるものだと腹立たしい。順調に歩けていないせいか、少し気持ちがイラついていた。

　浦ノ内湾に屋根付きの釣り筏《いかだ》が浮かんでいるのを横目に県道を進む。浦ノ内トンネルを通り、ポンカン畑を描きながら歩くが、雨にかからないで座っておにぎりを食べられる場所が見つからないので少し焦っていた。中ノ浦地区に来ると、歩いてきた県道23号線に、当初歩く予定だった湾の南側（横浪半島）を通る横浪黒潮ラインが合流した。ここで浦ノ内湾は行き止まりとなる。飲み物の自動販売機があり、その上に小さな庇があるので自販機の横で立ったままおにぎりをほおばる。雨がかからなくて傘とザックを置けるだけでも十分にありがたい。

　ここから県道23号線は浦ノ内湾から離れて山間へと進む。鳥坂トンネルを通過して押岡川に沿って歩いて行くと、私の前をカニが横切って行く。雨なのでカニは喜び浮かれて川筋から出てきたのだろうか。沢ガニ

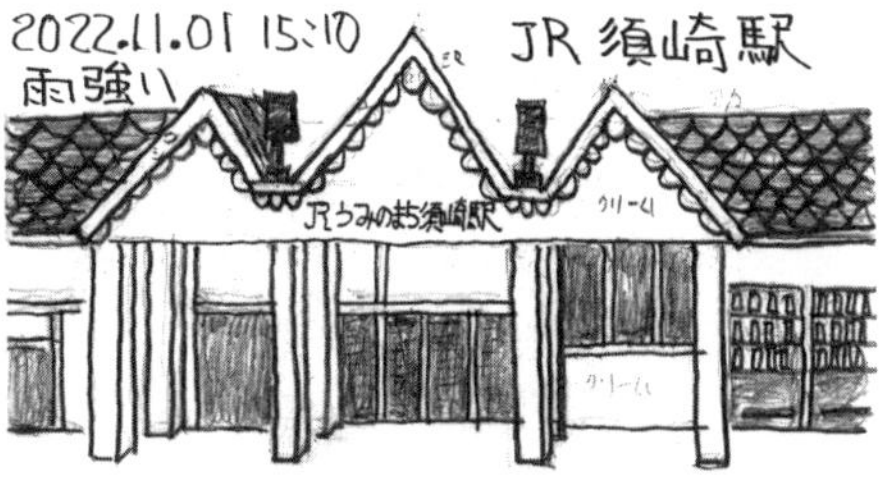

よりも大きくて、色は赤色や黒色など様々だ。やがてセメントプラント施設の横を通り、桜川に架かる塩木橋を渡ってＪＲ土讃線の須崎駅を目差す。須崎港に架かる橋を渡ると土讃線と並行するように進み、須崎駅に到着したのは14時半。駅のベンチに座って体力を回復し、雨は降っているが外に出て駅舎を描いた。

市街地を通って「柳屋旅館」に着いたのは15時半。女将さんに部屋を案内された時、「風呂は何時に入れますか」と尋ねると「自分で好きな時間にお湯を入れてください」との答え。詳しく話を聞くと、この旅館は1棟貸しとのことで、つまり私は部屋を案内されたのではなく、家を案内されたのだ。本来なら私の様な一人客は泊めたくないはずだが、予約を受けた順番に宿泊を受け入れるとのこと。実に潔い経営方針に感服する。建物の造りは６ＤＫ。しかも洗濯機及び乾燥機の使用は無料で、一日中雨の中を歩いて衣服は雨と汗で濡れていたので大変ありがたかった。さらに雨で濡れた靴を乾かしてくれるとの申し出があったことも付け加えておく。

近くのスーパーで、クーポン券を利用して夕食の時に飲むビールと食後のデザート類を購入。宿に戻って洗濯物を取り込んでから風呂に入り、ダイニングで美味しい夕食を頂いた。ふと玄関

2022.11.02 7:00
須崎市の商店

2022.11.02　7:25AM
コスモス畑あり。赤とピンクの花 きれいだ。

に目をやると、すっかり乾いた靴が置いてあるではないか。女将さんの親切に感謝した。

私が寝るのは2階の8畳間と10畳間が通しになった豪華な和室である。この棟にはこの様な部屋が他にもあるのだが、あまりにも広すぎる空間に一人でいるのは何となく落ち着かない。念のために全部の部屋を見回って戸締まりを確認し、再び風呂に入ってから就寝した。

翌日は5時に起床。テレビの天気予報で須崎市付近は晴れと報じている。6時半に朝食を終えて食後のコーヒーを飲みながら、前々日に「汐風」の女将さんが勧めてくれた海沿いのルートを地図で確認した。

この日は歩く道程が長いので7時に旅館を出発。須崎市の商店街を通り、趣のある商家を眺めながら進む。市街地を抜けるとコスモス畑の横を歩き、国道56号線に出ると「道の駅かわうその里すさき」で休憩。その後トンネルのある国道を避けて山間を通る脇道を歩いたが、再び国道に合流。土讃線を横切る時、安和《あわ》トンネルへ入って行く2両編成の列車を素早くスケッチ。いかにもローカル線らしい素朴な光景だった。

安和駅に寄ったが、トイレを示す表示はあるが場所が見つからない。無人駅だが店舗が併設されていて、

須崎市　JR土讃線　安和トンネルに列車が入って行った

須崎市　JR土讃線　安和駅のホームからの景色

開店の準備を始めた店員さんに尋ねると、壁の模様に溶け込むようにトイレの扉があった。そして安和駅のホームに入ると絶景が広がっていた。目の前はマリンブルーの土佐湾で、小島や岩礁が浮かんでいる。この駅は国道56号線から少し高い場所にあるので、トイレに寄らなかったら通り過ぎたと思われる。この景色を見られた事は、「旅の神様」と「トイレの神様」が一緒になって私を導いてくれたからに違いない。

　安和駅を過ぎると、国道56号線と県道３２０号線の分岐に到着。「汐風」の女将さんから「是非とも歩いてください」と勧められたのが、海沿いを通る県道３２０号線である。素直に地元の方の意見に従い県道へと向かった。天気がよいので海は青く輝き、近くの切り立った断崖に打ち寄せる波はとても大きくて、岩に当たって砕け散る様子は大迫力の連続だ。すごい景色が次々と現れるので、いくらスケッチしてもきりがない。波の浸食で穴が開いた岩を見ていると、このような大きな波が連続して当たるのでは、いくら硬い岩礁でも勝てるはずがないと思う。そして波の「ゴー」という音が常に海側の崖の下から聞こえてくる。それくらい波の音が大きいのだ。この景色は大自然の破壊力の凄まじさを私に教えてくれた。

# 40　中《なか》土《と》佐《さ》町《ちょう》

中土佐町　七子峠への登り道

2022.11.02 10:10 大野
サーファーが大勢、波の間に浮かんでいる。


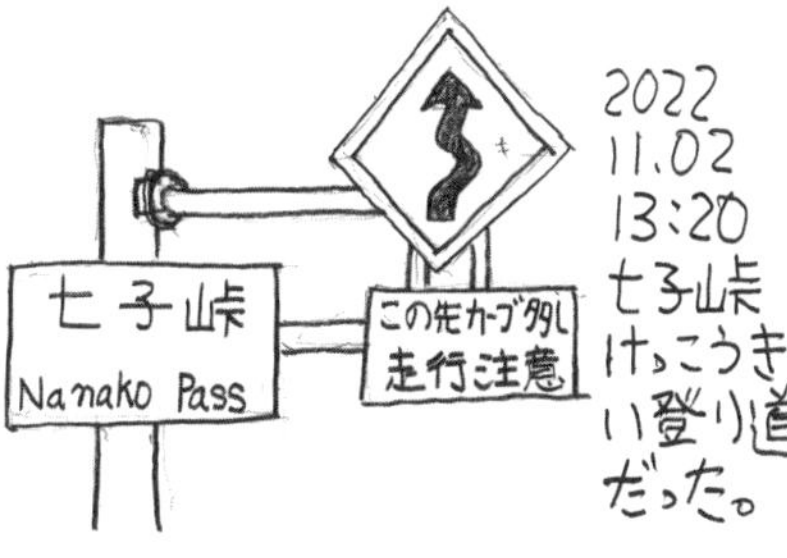

七子峠
Nanako Pass
この先カーブ多し
走行注意
2022
11.02
13:20
七子峠
けっこうきつい登り道だった。


## 中土佐町

2022年11月2日

大坂遍路道を歩く。七《なな》子《こ》峠《とうげ》への登りは厳しくて、まるで登山をしているようだった。前日の様な雨だったら、この道は歩けなかったと思う。

素晴らしい海岸美の景色が続く県道３２０号線を歩き、青木崎を越えると須崎市から中土佐町になった。そして大野岬を過ぎると、黒いウェアーを着たサーファーが集まっている駐車場があった。堤防越しに海を見ると大勢のサーファー達が波の間に浮かんでいた。岩の断崖が続いていた海岸線はこの辺りでは砂浜に変わり、波は今までと同様に大きいので、サーフィンをするのには絶好のポイントのようだ。

サーフィン場を後に、大野トンネルを通過してＪＲ土讃線の土佐久礼《とさくれ》駅に着いたのは10時45分。コンビニで昼食のおにぎりを購入してから七子《ななこ》峠《とうげ》を目差して大坂谷川《おおさかだにがわ》沿いに進む。途中にお遍路さんのための大坂休憩所があるので昼食休憩をしようと寄ると、東屋の中にテントが張ってあるので驚く。ベンチに座っておにぎりを食べていると、テントの中から人が顔を出したので再び驚いた。どうやら野宿をしながら遍路旅をしているようだ。なんともたくましい旅人であるが、昼間の時間帯にお遍路さん用の東屋でテントを張るのは明らかにマナー違反である。お遍路さんが来なくなる夕方以降ならやむを得ないと思うが。

今回の旅から「へんろみち保存協力会」編の『四国遍路ひとり歩き同行二人』を参考にしている。歩いている道は「大坂遍路道」と言い、「降雨の際は滝の流水で通行不可能の場合がある」との記載があった。前日の様な雨だったらこの道は歩けなかっただろう。この辺りが「旅の運命」の分かれ目で、どちらがよかったのかは誰にも分からない。大坂遍路道は車両の通行がほとんどないので、ハイキングをしているように快適だったが、高知自動車道の下を潜り山道に入ると勾配が急になり、完全に登山道の様相を呈してきた。息を切らしながら登り、七子峠に着いたのは13時15分。峠とはいいもので、ここまで来れば後は下りになると思うと、体だけでなく気持ちも楽になる。そしてこの峠が中土佐町と四万十町との境界だった。

# 41　四万十町

四万十町　七子峠から下りてくると、根生姜の収穫をしていた

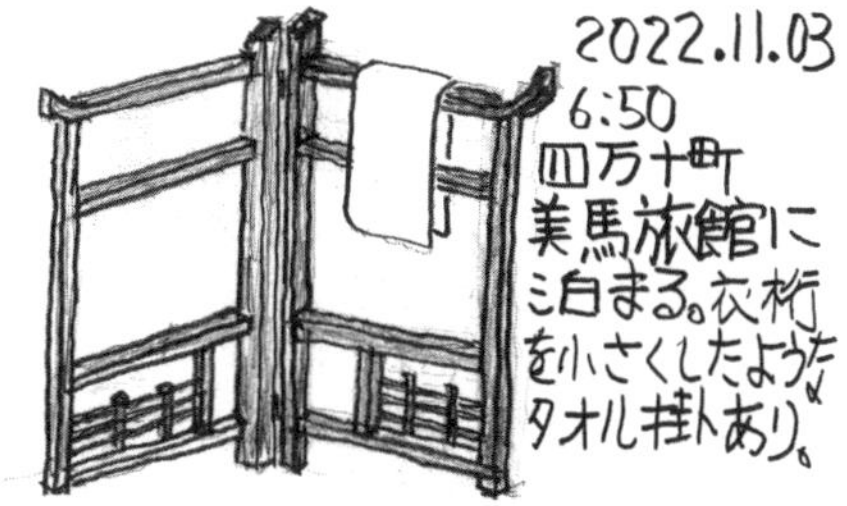
2022.11.03
6:50
四万十町
美馬旅館に
泊まる。衣桁
を小さくしたような
タオル掛あり。

2022.11.03 9:30 四万十町の田んぼは
刈り入れが終わっている。霧が濃い。

## 四万十町

2022年11月2〜3日

岩本寺の境内は濃い霧が立ち込めて、幻想的な世界を創り出していた。そんな中で鐘を撞き、この日の安全を祈願した。

七子峠を越えて四万十町に入り、国道56号線と並行する遍路道を歩く。草地のような道を下って行くと、十人程で根生姜を収穫していた。私の大好物で味噌をつけて食べるとビールとの相性は抜群だ。この遍路道もやがて国道に合流し、ＪＲ土讃線と並行するように進む。影野駅、仁井田《にいだ》駅の横を通り「道の駅あぐり窪川」に着いたのは15時45分。暑い中を急いで歩いたのでかなり疲れた。

「美馬旅館」に到着したのは17時。部屋に衣桁《いこう》のミニチュアのようなタオル掛けが置いてあり、これを見ただけでこの旅館が老舗であることが分かる。22時頃に寝たが、昼間に日射が強い中を腕まくりして歩いた影響で、火照った腕を布団の中に入れると暑くて眠れない。かといって布団の外に腕を出すと直ぐに冷たくなり、やはり眠れない。もう11月に入っているので、部屋の中でも夜の空気は冷たかった。

翌日は5時に起床。この日は11月3日で文化の日。天気予報では「高知県内は今日も秋晴れで、11月9日まで晴れの天気が続く」とのこと。7時に旅館の食堂で朝食を食べ終えて部屋に戻り、窓を開けると雨が降っているではないか。天気予報がいきなりはずれてしまった。のんびりＮＨＫの朝ドラ「舞いあがれ！」を見てから出発しようと思ったが、北朝鮮がミサイルを発射したとのことで、テレビはそれにかかりきりになり朝ドラは放映されそうにない。やむを得ず8時に旅館を出発。幸い雨はあがっていたが、周囲は霧が立ち込めていた。

先ずは直ぐ近くにある37番札所岩本寺《いわもとじ》に向かう。到着すると、境内は濃い霧に覆われて幻想的な世界である。ベンチに座り円形の歓喜天堂をスケッチした。まだ朝の早い時間帯なので境内には私の他に誰もいない。鐘を撞いてこの日の安全を祈願した。鐘の音の余韻が響く中、国道56号線へと向かった。

クーポン券を利用して昼食を購入しようと思いコンビニに寄る。普段買うより値段の高いおにぎりとデザートを手にしてレジに行くと、この店ではクーポン券の利用は不可とのこと。今更品物を戻すのは無様なので現金で支払いをした。店に入る前にクーポン券の利用が可能か、確認が必要との教訓を得た。私には「このクーポン券は今日が期限なので使い切ってしまいたい。それに自分でお金を出す訳ではないので、値の張る物を買った方が得だ」との意地汚い気持ちがあった。岩本寺の御本尊様から「普段通りの淡々とした態度で過ごしなさい」と喝を入れられた気がした。

四万十町　岩本寺　歓喜天堂

国道56号線を両側が田んぼに囲まれた中を歩いたが、霧が濃くて少し離れた場所は全く見えない。やがて四万十町に別れを告げて黒潮町へと踏み入れた。

# 42　黒潮町

有井川駅
土佐くろしお鉄道

黒潮町　土佐くろしお鉄道　有井川駅

2022
11.03
12:00
八坂
神社

2022
11.03
13:10
伊与木
川沿い
を歩く。
ふばはらばし
ニホンカワウソ

**黒潮町**

2022年11月3〜4日

地元の方に道順を教えてもらい、熊井トンネルを通過。レンガ造りの実に趣のあるトンネルだった。

国道56号線を進み、片坂第1トンネルを通ると直ぐに片坂第2トンネルが現れるが、そのわずかな間に国道をショートカットするように遍路道がある。当然その山道へと足を向ける。遍路道は山間の区間では登山道のようで楽しいし、要所には道標が設置されているので安心して歩いて行ける。やがて国道に合流して30分程歩くと、地元の方から「休んでいきませんか」と声をかけられたが、まだ休憩するタイミングでなかったので丁重にお断りした。これまで何度もこの様に声をかけられたし、ミカンをいただいこともあった。そして20年程前に四国を旅した時の事を思い出す。バスの車内で地元の方が白衣を着たお遍路さんの乗客に千円札を渡そうとしていた。お遍路さんは戸惑ったように辞退していたが、「私の代わりにお参りをしていただいているのでお役立てください」とのこと。その言葉を聞いてお遍路さんはお礼を言ってお布施を頂戴していた。四国ではお遍路さんを大切におもてなしする文化が根付いていることを知った出来事だった。

11時半に土佐くろしお鉄道の荷稲《かいな》駅近くの八坂神社で昼食休憩をした。ここからは国道と並行する伊与木《いよき》川沿いの道を歩くが、「ふばはらばし」と書かれた橋に来るとニホンカワウソが描かれたプレートがあった。ニホンカワウソは乱獲と開発が原因で絶滅したとされ、高知県での確認を最後に生息情報が途絶えている。かつてはこの辺りにも生息していたのだろう。伊与喜《いよき》駅を過ぎると国道を横断して遍路道に入る。途中、地元の方に正しい道順を教えていただきながら進んで行くと熊井トンネルが現れた。レンガ造りの実に

趣のあるトンネルである。これを通過すると工事現場に出て、女性の交通誘導員の方に道案内をしていただいた。やがて国道に合流して14時20分に「道の駅なぶら土佐佐賀」に到着。ここまで来れば、この日の宿「民宿ニュー白浜」までは約６㎞なので安心して休憩したが、これですんなり終わるほど旅は甘くはなかった。

土佐佐賀駅を過ぎた頃に遍路姿をした女性に追い越された。歩く速さや持ち物から、一目でかなり歩きなれた人であることが分かる。海沿いの景色を眺めながら進み、土佐白浜駅を過ぎると道路の山側に「民宿白浜」と書かれた建物があった。私が宿泊する宿は「民宿ニュー白浜」なので、この民宿の新館かなと思いながら通り過ぎた。参考にした本の地図によると、私が泊まる宿はもう少し先で道路の海側にあるはずだ。しかし２㎞以上歩いたが一向に宿が見当たらない。「灘バス停」まで来た時に「民宿ニュー白浜」を通り過ぎたことを確信。バス停の近くに公衆電話があったので宿に電話すると、相手の声は聞こえるが、先方は私の声が聞こえないらしく切られてしまった。もう一度電話をしたが同様なので、明らかに電話機が故障している。公衆電話の利用者が減ったのでＮＴＴは維持管理に手が回らないのだろう。私は先程見た「民宿白浜」と書かれていた建物が予約した宿ではないかと思い引き返すことにした。途中でお遍路さんとすれ違い、もうすぐ日が暮れるのにまだ歩いているのかと思ったが、私も全く同じ状況なので声をかける余裕がなく、先程見た宿に着いたのは16時45分。女将さんが言うには、私からの電話は2度受けたが、何も喋らないので切ってしまったとのこと。そして私が参考にした本の地図に記載されている場所は間違っているとのことだった。私もスマホを持った方がいいのかも知れないと思わせてくれた出来事だった。

この日「民宿ニュー白浜」に宿泊したのは私の他に二人いた。一人は土佐佐賀駅近くで私を追い越した女性（Bさん）で、もう一人はMさんという70代の男性である。Mさんは私がこの宿に戻る途中ですれ違ったお遍路さんで、夕食の時に話をすると私と同じ場所まで行って引き返したとのこと。Bさんは3回目の四国遍路旅で道理で旅慣れているはずである。Mさんは福島県から来て遍路旅をしており、40日以上かけて一気に四国八十八ヶ所霊場を廻るとのことだ。Mさんとは2日先まで同じ宿に宿泊することが分かった。

翌日は5時に起床して洗濯物を取り込む。6時半から朝食だったが、Bさんは朝食をおにぎりの弁当にしてもらい既に出発したとのこと。Mさんは土佐白浜駅まで行き、列車で伊与喜駅まで戻ってから歩き、再びこの前を通るので荷物を置かせてほしいと頼んでいた。私に「今日宿泊する宿に到着が遅れる事を伝えてください」と頼むので快く引き受けた。NHKの朝ドラを見てから出発しようとしたが、私の部屋は東向きの海側なので日射が入りとても暑い。朝ドラを見るのは止めて7時40分に宿を出た。宿の前で民宿の外観を描いていると女将さんから声をかけられた。私が前日行った「灘バス停」付近まで娘さんが車で行くので一緒に乗っていかないかと言う。私は歩く旅をしている旨を伝えて丁重にお断りしたが、

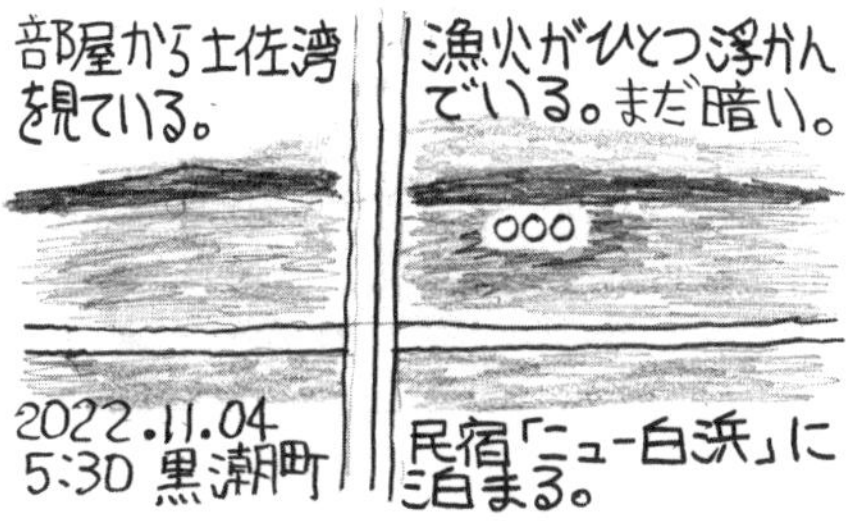

黒潮町　入野松原

この様な心遣いは大変嬉しかった。

国道56号線を進む。左手に見えるのは白浜海岸のきれいな景色だ。「灘バス停」を過ぎ、井の岬トンネルを通過して有井川《ありいがわ》駅に着いたのは9時10分。素朴な駅舎に引かれてスケッチをしながら休憩した。

この日のメインスポットは「入野松原《いりのまつばら》」である。

その手前にある「道の駅ビオスおおがた」に到着したのは10時半。ここで昼食の弁当とデザートの柚子ゼリーを購入してから「入野松原」へと入って行く。松林の間から見える景色は素晴らしい。快晴なので海は青く輝き、多くのサーファー達が波間に浮かんでいた。松林の中に遊歩道があり、ベンチに座って先程購入した弁当を食べながら海を眺めて時を過ごした。そして砂浜まで行ってみたが、あまりにも波が大きいので泳ぎの上手な人でないと海水浴には危ないなと思った。

遊歩道を進み入野漁港に出ると、クジラが描かれた大きな壁画があった。単なるコンクリートの壁にしておかない遊び心がいい。ここにホエールウォッチングセンターがあったので、ホエールウォッチングに参加出来ないかと思い、船の運行時間表を探すが見当たらない。どうやら事前に予約が必要なようだ。

入野漁港を過ぎて蛎瀬《かきせ》橋を渡ると「入野松原」は終わり県道42号線に入る。そして県道とも分かれて山間へ続く道となるが、お遍路さん用の休憩所があるので立ち寄った。ここから8km程歩けばこの日の宿に着くので心配することは何もない。通り抜ける風が心地よかった。

Namiyo 91~2013~2016
2022.11.04　12:25 入野漁港壁画
このような遊び心がいいね。

宿まであと8km。もう急ぐ必要はない。
2022.11.04
13:00 休憩所
風が通り抜けて心地よい。

# 43　四万十市

四万十川

四万十市　四万十大橋　四万十川とトンボが描かれたプレート

2022.11.05
6:00AM
民宿「月白」の
部屋。ドアは
女将さんの自慢

2022.11.05
7:20AM
四万十川の流れ

## 四万十市

2022年11月4〜5日

四万十川の流れは雄大で、四万十大橋から見た景色は大変素晴らしい。私は川に沿って土手道をゆっくり歩いて行った。

休憩所を後に2㎞程歩くと黒潮町から四万十市へと入った。やがて大きな池を過ぎると山間の道は畑が広がる平坦な道となり四万十大橋に到着。ここにコンビニがあったので、本日のデザートとコーヒー、さらに明朝に飲む牛乳を購入してから宿へと向かう。県道20号線を四万十川に沿って上流側に進んだが、この道は歩道がなく、幅員が狭いうえに車両の通行が多いので注意をしながら歩いた。

15時40分に「民宿月白」に到着。この宿は歩き遍路の人しか泊めないが、電話で予約の際「私は純粋な歩き遍路ではないが、歩いて四国を一周しています」と伝えると、女将さんは快く宿泊を了承してくれた。玄関ドアを開けるとその女将さんが出迎えてくれた。結構年齢を召していると思われるが大変勢いのある人で、玄関ホールでこの建物の歴史、昭和の大横綱大鵬の話、若い頃に北海道の黒岩へ友達を訪ねて行ったことなど、とりとめなく話が続く。私も大鵬は子供の頃にテレビで見ており、黒岩は八雲町にあり「北海道縦断徒歩の旅」で訪れたので話がはずみ、15分間くらい立ち話をした。前日「民宿ニュー白浜」で一緒だったMさんの到着は少し遅れて18時頃になる旨を伝えて、やっと2階の部屋に入ることが出来た。2階の宿泊者は私一人なので部屋のドアを開け放ち、視覚的に広くして使うことにした。

17時に風呂を終えてスケッチの仕上げをしていると、1階の玄関ホールからMさんの声が聞こえてきた。予定より早く到着したようで、女将さんと話をしている。私も下りて行こうかと思ったが、私が加わると話はさらに長くなり、Mさんも休憩が出来ないだろうと思い行くのは止めておいた。

夕食は女将さん、Mさんと会話をしながら美味しくいただいた。話す割合は女将さんが60％、Mさんと私が各々20％で女将さんの独壇場だったが、楽しいひと時だった。Mさんは「民宿ニュー白浜」に荷物を置いて身軽だったので早く歩

四万十市　四万十川の土手道に立ち下流側を見る

けたとのこと。70代だがすこぶる元気で健脚な方だ。
　翌朝は5時半に起床。明け方に夢を見たので寝坊してしまった。朝食は6時開始なので急いで支度をする。朝食を食べながらMさんと話をすると、四国八十八ヶ所霊場の1番札所から歩いて全ての寺を廻り、旅の終わりは12月上旬になるとのこと。宿泊の予約は1週間に1度くらい、早く宿に着いた時にまとめて携帯電話ですると言っていた。この日の宿泊も私と同じ宿だが、単独行動のお遍路さんなので朝食を終えると早々に出発して行った。
　私は7時10分に宿を出発。四万十川を描いたりしながら歩き、コンビニで昼食のおにぎりを購入して四万十大橋に着いたのは8時。ここからの眺めは上流側、下流側共に素晴らしい。四万十川は全長約196㎞で、四国で一番長い川である。本流に大規模なダムがないことから「日本最後の清流」と呼ばれている。橋の欄干にトンボの絵のプレートや魚のオブジェが置かれていたのでスケッチ。ここから少し上流にトンボ保護区があり、色々な種類のトンボが見られることで知られている。11月上旬のこの時期はトンボが乱舞しているはずだが、時間が取れなくて寄る事は出来ない。歩く旅では寄り道をし出したら切りがないので、自制が必要な時が度々ある。

橋を渡り終えると川に並行する国道321号線を下流側に向けて進む。四万十川は間もなく土佐湾に注ぐので、河口付近のこの辺りの川幅は大きい。国道はやがて川から離れて山側へと入り、3㎞程行くと「伊豆田北坂バス停」があった。持参した地図では、この辺りから遍路道の伊豆田《いずた》道に入るはずなので分岐を見逃さないように注意して進む。途中、トラックが空き地に停車しているのを横目に歩き続けると、伊豆田トンネルまで来てしまった。どうやら分岐点を見落としたらしい。このトンネルは1620mと長い。制限速度は50㎞なので恐ろしそうだ。入りたくないので引き返して伊豆田道への分岐を探そうかと考えたが、これも旅の運命だと思い覚悟を決めてトンネルの中へと踏み入れた。私はトンネル内を通る時は万一の事故を考慮して速足で歩く。そのためトンネル内を歩いた時間は15分程度だっただろう。出口は遠くに明るく光って見えているのだが、なかなか近づかないのがもどかしかった。

2022.11.05
8:15AM
四万十大橋
を渡る。魚の
オブジェあり。
しまんとおおはし

2022.11.05
10:00AM
伊豆田トンネル
長さ1620mの
中に入るところ。
いやだな。
伊豆田トンネル
50

# 44　土佐清水市（1）

土佐清水市　大岐海岸

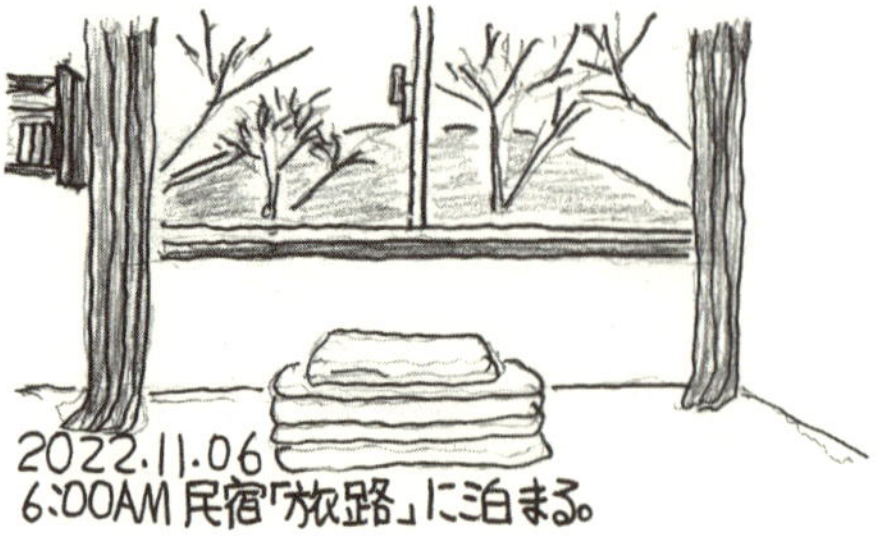


## 土佐清水市（1）

2022年11月5〜6日

「あしずり遍路道」の標示に従い、遍路道に踏み入れたが、20分後に再び同じ場所に戻ってきた。狸に化かされたのだろうか。

伊豆田トンネルを通過すると土佐清水市である。少し行くと伊豆田道が右側から合流しているのが見え、一人のお遍路さんが歩いてきた。Mさんだ。話を聞くと、先程トラックが停まっていた場所が分岐点で、遍路道を示す表示はあったと言う。よく探さなかった私のミスである。やはり私はお遍路さんではないので、遍路道に対する執着心が薄い。この後Mさんと一緒に３㎞程歩き五味天満宮に着いた時、私はここで昼食をするのでお別れした。私の旅は目に留めたものを描きながら進むので、単独で歩くのが基本である。

県道21号線を進み、「下ノ加江川《しものかえ》」に架かる「下の加江大橋」に出ると国道３２１号線に合流。左手に土佐湾を眺めながら進む。山側に時折民宿を見掛けたが、一軒の民宿からMさんが出てきた。翌日に泊まる宿なので、荷物を一部置いてきたとのこと。お遍路さんは四万十町の37番札所岩本寺から足摺岬にある38番札所金剛福寺《こんごうふくじ》を目差すが、その区間は約80㎞あり四国八十八ヶ所の中で最も長い。そして次の39番札所の延光寺に行くには足摺岬を越えて海沿いを歩くより、同じ道を戻ってから山間の道を行く方が20㎞程短いので、こちらのルートを選ぶ人が多い。再びMさんと話をしながら歩く。Mさんは遍路道の地図を持っていてそれに忠実に歩くので、時折国道を外れたりしながらMさんに付いて行った。

大岐《おおき》海岸に到着したのは14時。美しい砂浜で大勢のサーファー達がいた。この日の宿までは１時間程歩けば着くので、Mさんと別れて時間調整も兼ねてここで休憩することにした。砂浜に座ってサーファーを眺めていたが、日射の直撃に耐えかねて松林に逃げ込み遊歩道を歩き出す。すると別の道からMさんが出てきて、この日３度目の再会。ここから先は宿まで一緒に歩き、15時を過ぎた頃に「民宿旅路」に到着した。

風呂に入り、洗濯をして、スケッチの仕上げを終えた17時半頃に夕食の準備が出来たと声がかかる。この

日の宿泊は私とMさんの二人だけである。部屋にテレビがないこともあり、19時頃まで女将さんやその息子さんも交えて話をした。息子さんは漁師で、定置網漁をしており漁の話を聞かせていただいた。

翌日は5時半に起床。前夜は20時に床についたので9時間半も寝たことになる。朝食に出された生卵は有精卵とのことで美味しかった。女将さんの話によると、ここから観る夜空は大変美しいとのことだ。それは前日の夕食の時に言ってほしかった。それなら20時などというとんでもなく早い時間に寝ないで、きれいな星空や天の川が観られたのにと思った。

この日の私は足摺岬の近くに泊まるが、Mさんは足摺岬にある金剛福寺を打った後に前日荷物を預けた民宿まで戻るので、6時50分に宿を出て行った。私は7時10分に出発。県道27号線を左に土佐湾を見ながら歩き窪津分岐に到着。ここから約2㎞行けば土佐清水市の市街地へ出るが、足摺岬へ向かう海沿いの県道を進んで行くと、3日前に黒潮町の「民宿ニュー白浜」で同宿したBさんが、向こう側から私の行く道を遮るように歩いてきて、両手を広げて私を呼び止めた。金剛福寺まで行って打ち戻りとのことで、「こちらが遍路道です」と海側へ下る道を教えて頂いた。私が遍路道を外れるのを危惧して声をかけてくれたようだ。彼女は私が楽をして県道を直進しようとしていたのを見逃してくれなかった。

県道27号線を基本に歩き、途中で何度か遍路道の表示札に従い舗装されていない道に入りながら進む。8

時20分に「あしずり遍路道・38番金剛福寺」との標示板があり、近くに太い竹が横たわっている様子をスケッチしてからこの道に踏み入れた。そして8時40分に再び県道27号線に合流して歩いて行くと、ここにも「あしずり遍路道・38番金剛福寺」の標示板があった。そしてここにも竹が横たわっているのを不思議に思い、念のために先程描いたスケッチを見ると、目の前の景色と全く同じである。私は20分もの間この辺りをさ迷っていたことになる。もしこの分岐点をスケッチしていなかったら、そしてその絵を確認しなかったら、もう一度この道に入って無限ループのように同じ事を繰り返したかも知れない。リベンジで正しい道を確かめようかと思ったが、無難に県道を進むことにした。何か狸に化かされたような不可解な体験だった。香川県の屋島、徳島県の小松島では狸と御縁があったが、高知県でも続いているのだろうか。

その後県道27号線を進み、ウミウがたくさん留まっている岩を眺め、窪津漁港ではトビが「ピーヒョロロロ……」と鳴きながら上空を旋回しているタカ柱を観察しながら足摺岬を目差して行った。

2022.11.06 8:55AM はれ
「あしずり遍路道」を歩いている。
岩にウミウがたくさん留まっている。

2022.11.06 9:25 窪津漁港にて
「ピー・ヒョーロロロ…」 トビのタカバシラ。

# 45　足摺岬

足摺岬　金剛福寺　本堂と大きな亀の像

## 足摺岬

2022年11月6〜7日

四国の最南端足摺岬に到着。私を迎えてくれたのは、中浜万次郎像と金剛福寺の大きな亀の像だった。

2022.11.06 14:20
足摺岬灯台

2022
11.06
12:00
足摺岬
中浜
万次郎
像。
左手に三角
定規のよう
なものを
手にして
いる。
中浜

県道27号線の道端に咲く花をスケッチしたりしてゆっくりと歩く。そして足摺岬に近づいた頃、38番札所金剛福寺から打ち戻るMさんと会った。3日間に亘りお世話になったお礼を述べてお別れした。先程のBさんもそうだが、旅は出会いと別れの繰り返しであり、特に四国の旅ではそれを強く思う。「Mさん。安全に遍路旅を続けて下さい。そして無事に88番札所まで行って下さい」と心の底から願った。

やがて足摺岬に到着。土佐湾を形づくる一方の岬が室戸岬なら、もう一方は足摺岬だ（「四国一周歩程地図」参照）。室戸岬には中岡慎太郎像があったが、足摺岬には中浜万次郎像が立っていた。そして中間の桂浜には坂本龍馬像があった。幕末に活躍した土佐出身の三人の英雄は、今では銅像となって太平洋を見つめていた。中浜万次郎とは、「38土佐市」の項で記載したジョン万次郎である。

正午を過ぎたので、金剛福寺の前にあるレストランできつねうどんを食べた。窓からは足摺岬灯台が見えて、ついに四国の最南端まで来たのだと感慨深い。昼食を終えて金剛福寺へ行く

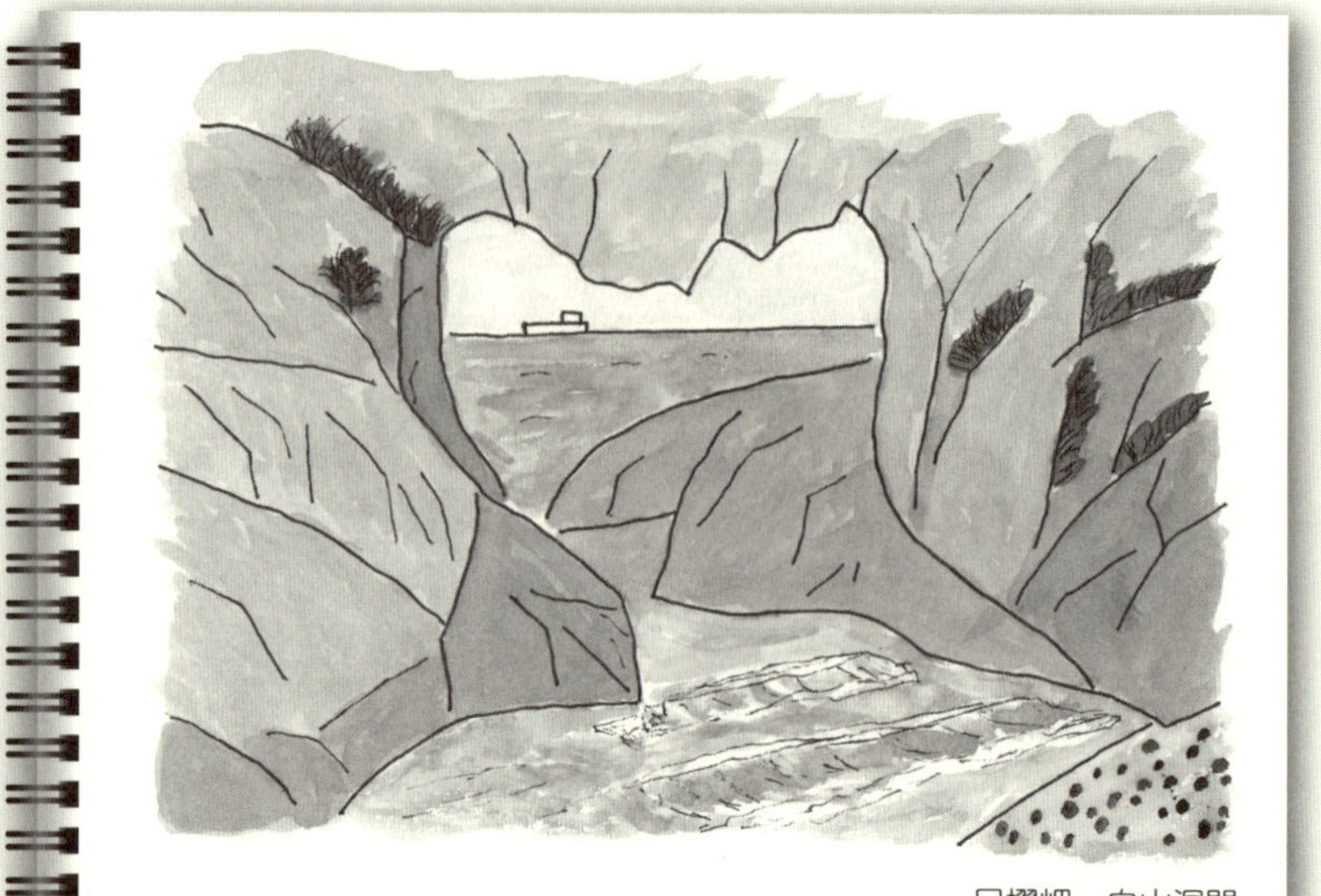

足摺岬　白山洞門

と、出迎えてくれたのは大きな亀の像だった。境内を一周すると十三重石塔の台座にクジラとカツオが刻まれていた。やはり高知県と言えば先ずはこの二つの海の幸なのだろう。大きな池があり明るくきれいな寺である。本堂を描いた後に、遊歩道を歩いて展望台や足摺岬灯台に寄りながら付近を散策。これで四国本土の最北端「竹居観音岬」、最東端の「蒲生田岬」、最南端の「足摺岬」に到達したので、残りは最西端の「佐田岬」だけになった。私は遍路旅ではなく「四国一周 徒歩の旅」をしているので、東西南北の先端を通ることに強いこだわりを持っていた。

　足摺岬灯台を後に県道27号線を進む。BさんやMさんは38番札所金剛福寺を打ってから、来た道を戻って39番札所延光寺へ向かったが、土佐湾を過ぎて太平洋沿いに歩き、竜串《たつくし》や月山《つきやま》神社を経由して延光寺に行くルートもある。私は竜串海岸を見たいので太平洋沿いのルートを選んだ。

白山洞門《はくさんどうもん》への案内標示があり、海に続く長い階段があった。上り返して戻ることを思うと下りるのを躊躇したが、出会った事に興味を抱かない様では充実した旅にならない。弱気になった心を励まして海まで下りると、波の浸食で大きく穴が開けられた崖があった。その穴を通って波が打ち寄せてくる。穴の向こうには水平線が見えて、いかにも自然の力が感じられる光景だ。すごいなと思いながら水平線付近を航行する船を眺めていた。

15時を過ぎて白山洞門を後に県道27号線を進む。街路樹はいかにも南国的な大きな葉が繁る木だ。もう夕方が近いので急がなくてはいけない。

この日の宿「民宿青岬」へ着くのに少々手間取った。建物は高台にあり16時過ぎに到着。先ずは洗濯をして、乾燥を待つ間にスケッチの仕上げを終えてから風呂に入った。宿に到着してからのこの一連の流れが私の基本の行動パターンである。その中でも、風呂に入る時から始まる時間が一日の中で一番幸せな気がする。歩い

ている時が一番だと言いたいが、私はそれ程強い人間ではない。風呂から上がってビールを飲みながら一日を振り返り、美味しい夕食に舌鼓を打っている時が特にいい。歩いている最中は疲れるし、暑さ寒さや風雨で厳しい状況が多々ある。宿に着いてからも、洗濯やスケッチの仕上げをするのは結構大変な作業だ。それらから解放された以降の時間は、心の底から嬉しさが爆発する。たまに宿への到着が遅れてスケッチの仕上げが終わらないまま風呂に入ったり夕食に臨むことがあるが、その後にまだひと働きしなくてはいけないと思うと、憂うつな気持ちがどうしても残り心の底から食事を楽しむことは出来ない。

夕食を食べている時に女将さんから嬉しい申し出があった。割引キャンペーンの適用が受けられるとのこと。いただいたクーポン券は直ぐに適用されるので、今飲んでいるビールにも使うことが出来る。それを聞いたら急に気分が大きくなり、ビールをもう一本追加してしまった。それというのも料理が大変美味しいからだが、私の品の悪さがちょっと顔を出した気がする。

翌日は5時に起床。テレビの天気予報によると、足摺岬の天気は不安定で最高気温は19℃とのこと。そのせいだと思われるが、部屋から見える太平洋は水平線付近の空が赤く染まり、その上は雲で覆われていた。美しい景色だが少し不安を覚える朝焼けだった。

足摺岬　「民宿青岬」から見た朝焼けの景色

朝食の際に女将さんからお弁当をいただいた。遍路旅をする人へのおもてなしとのこと。私はお遍路さんではないのにこの様な親切を受けて、大変嬉しかった。8時半に「民宿青岬」を出る。しかし朝焼けを見た時に感じた嫌な予感は的中して雨が降り出したので、玄関の庇の下で雨具を着てから出発した。

# 46　土佐清水市（2）

中浜万次郎翁の生家

土佐清水市　中浜万次郎の生家

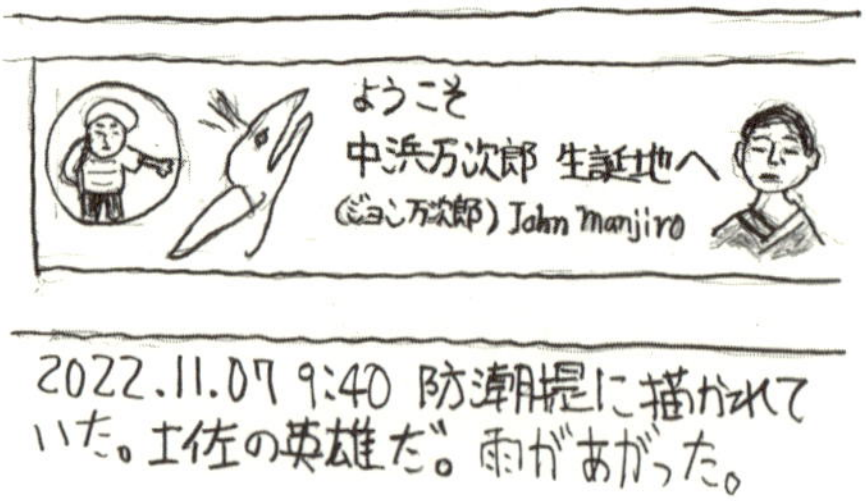
ようこそ
中浜万次郎 生誕地へ
(ジョン万次郎) John manjiro
2022.11.07 9:40 防潮堤に描かれていた。土佐の英雄だ。雨があがった。

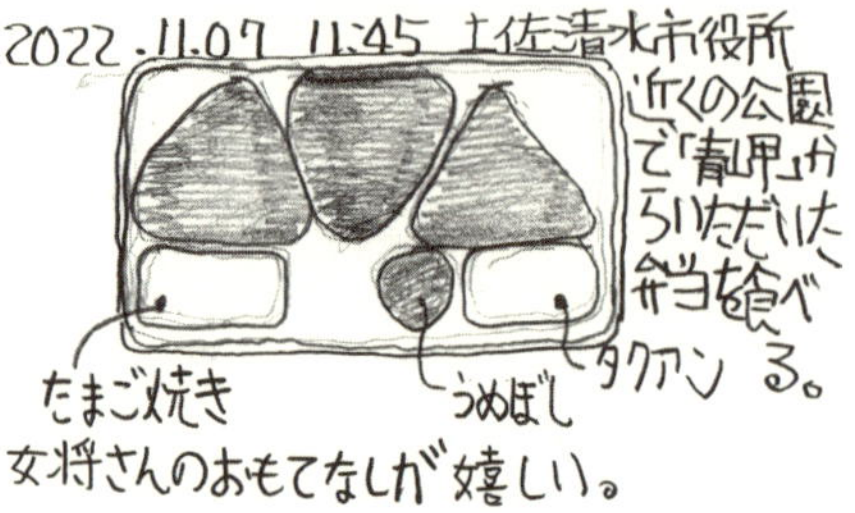
2022.11.07 11:45 土佐清水市役所近くの公園で「青岬」からいただいた弁当を食べる。
たまご焼き
うめぼし
タクアン
女将さんのおもてなしが嬉しい。

## 土佐清水市（2）

2022年11月7日

「民宿青岬」の女将さんからいただいたお弁当は大変美味くて、親切がありがたかった。土佐清水市では、幕末の英雄は中浜万次郎だった。

「民宿青岬」を出発してから間もなく大浜地区へ続く遍路道に入ったが、あまり人が歩かない道らしくクモの巣が頻繁に現れるので、拾った木の枝を振りながら進む。やがて県道27号線に合流して30分程歩き、集落がある海側の道に入って行くと、防潮堤に中浜万次郎とその生涯を紹介した絵が描かれていた。「ようこそ中浜万次郎 生誕地へ」と書かれている。特に幕末のアメリカとの交渉や咸臨丸に乗り込み、習得した航海術を駆使して勝海舟らをアメリカに導いたことなどはすごい活躍の一言に尽きる。その咸臨丸は明治時代になってから北海道のサラキ岬沖で沈むのだが、「北海道縦断 徒歩の旅」では痛めた足を引きずるようにして歩き、サラキ岬を通ったことを懐かしく思い出した。そして雨があがったので雨具を脱ぐ。この防潮堤の近くに中浜万次郎の生家があるので寄ることにした。住宅地の細い路地を歩いて行くと、黄色っぽい板の外壁に茅葺屋根を載せた家と碑があり、その前にあるベンチに腰掛けてスケッチをしながら休憩した。

両側に住宅が並ぶ海沿いの道を進むと県道27号線に合流した。ここから山道に入る遍路道があるはずだが見当たらない。やむを得ず県道を歩くと国道321号線に合流。そして土佐清水市役所前の公園に到着したのは11時45分。公衆トイレとベンチがあるので昼食休憩とし、「青岬」の女将さんからいただいたお弁当を食べた。お弁当には丁寧な手紙が添えられていて、書かれていた句を紹介する。「空と海 ひとつとなれり 青岬」。空と海の境である地上で民宿を営み、弘法大師・空海が修行をした道を歩くお遍路さんをお助けしていると解釈した。お弁当はおむすびが3個と卵焼き、タクアンと梅干しが入っており、大変美味しくいただいた。女将さんの親切がありがたかった。そして弁当を食べ終えた直後に雨が降り出した。近くの公衆トイレに逃げ込み雨が止むのを待つが、さらに強くなるばかりで止みそうにない。雨具を上下着て竜串《たつくし》に向けて歩き出す。清水高校前のバス停に着いた頃、雨は益々強く

なり雨宿りをした。時折日が差すので明らかに天気雨だが、雨具を着ているので暑くてたまらない。雨が弱くなった頃を見計らって出発した。
バス停を出て30分程歩くと「海の駅あしずり」に着き、そこにジョン万次郎資料館があるので入館した。中浜万次郎はアメリカでジョン万次郎と呼ばれていた。入場券を見ると「幕末の日本に世界を伝えた国際人」と書かれている。万次郎は漂流して無人島で数カ月過ごした後、アメリカの捕鯨船に助けられてハワイに行き、さらにアメリカ本土に渡り、色々な知識を身に付けて日本に戻った。私は万次郎が勤勉な人物だったから幕末期の日本が救われたのだと思う。もし万次郎が怠け者だったら、明治以降の日本の歴史は違っていたかも知れない。
資料館にいる間に雨は止み、雨具を脱いで不快な暑さから解放されたので、爽快な気分になって国道321号線を進む。地図を見るとこの国道には「足摺サニーロード」の別名が記載されている。左手に見える松崎海岸は美しく、水平線は太陽の光の反射で輝いていた。雨上がり後の道路面も光っていて、正に「サニーロード」の名前に相応しい光景となった。

# 47　竜串《たつくし》

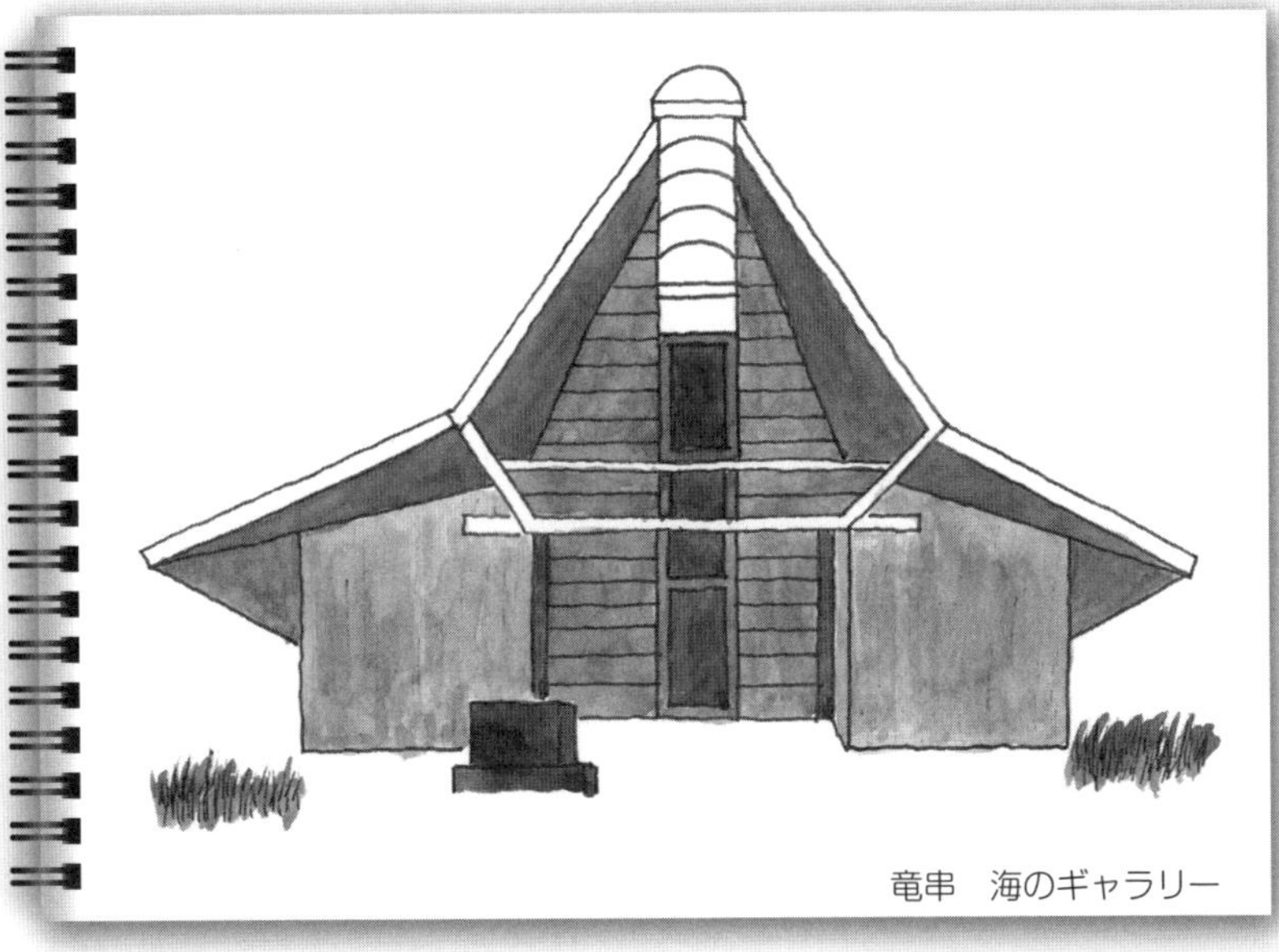

竜串　海のギャラリー

2022
11.08
5:30AM
竜串
ホテルの
部屋
鏡台とはめずらしい。今日は皆既月食とのこと。

## 竜串

2022年11月7～8日

建築家林雅子氏の代表作「海のギャラリー」と20年振りに再会。建物は鮮やかな青色で塗られ、凛とした姿をしていた。

国道321号線は海から離れて山間へと向かい、山伏峠を越えると益野川に並行するように進み「道の駅めじかの里土佐清水」に到着。あいにく工事中だったが、仮設店舗で営業していたので入ることが出来た。「小夏ゼリー」を購入して休憩する。そして竜串の市街地に着いたのは15時50分。「民宿青岬」で頂いたクーポン券を利用してスーパーで夕食後に食べるデザートやヨーグルト、コーヒーを購入した。このクーポン券は3千円分あるのだが有効期間が短いので、どうしても普段より多く買ってしまう。

竜串は土佐清水市にあるが見所が多いので、この道中記では土佐清水市の項目とは切り離してまとめている。竜串には20年程前に訪れた事があり、その時に入館したのが「海のギャラリー」と呼ばれる貝の展示をしている建物だった。設計者は林雅子氏で我国の女性建築家の草分け的な存在である。私が大学で建築を学んでいた頃に設計事務所を設立して活躍されていた。女性として初めて日本建築学会賞を受賞した方であり、「海のギャラリー」は彼女の代表作である。その建物は複雑な屋根の形状をしているが、疲れていたのともうすぐ日が暮れるので、その複雑さを最もよく表現している桁面を描く気力はなく、描きやすい正面から外観をスケッチした。20年前と異なる印象を持ったのは、鮮やかなブルーを用いて外壁が塗り替えられていたからだろう。この日の宿泊はこの建物の近くにあるホテルなので、疲れを癒すようにゆったりとした気持ちで建物を眺めていた。

竜串での一番の見所は竜串海岸である。「海のギャラリー」の横の道から海岸に入り、桜浜海水浴場へ続く奇勝・奇岩の景色は見応え十分だ。激しい潮風や波の浸食により、岩肌はハチの巣の様な模様をしていた。足元に目を向けると巨大な竹を横にして海の中に置いたような岩が並んでいて節の様な模様もあり、大竹、

竜串　竜串海岸　恐竜のような形をした岩

小竹などと名前が付いている。周りの岩を見ていると、頭の中で色々な物が想像されてくる。私には恐竜が海からはい出てきたような姿に見えた。「タックシノドン」などと勝手に命名したが、室戸岬で岩を見た時も怪獣に見えたことを思い出す。私の想像力はテレビでウルトラマンを見ていた小学生の頃からほとんど進歩していない。足摺岬を越えてから海沿いの道を選んだのはこの光景を見たかったからである。最初に感動した景色を後になって再び見た時、感動の度合いは下がる事が多いが、この竜串海岸ではその様な事はなく大いに楽しめた。私は波の届かない岩に座り夕闇が迫る中、打ち寄せる波と散歩している外国人の観光客を眺めながらぼんやりとしていた。

18時からホテルの食堂で食事をしたが、ビジネスコースの予約なので生姜焼き定食を注文。今回の旅では民宿で刺身を中心とした豪華な料理を食

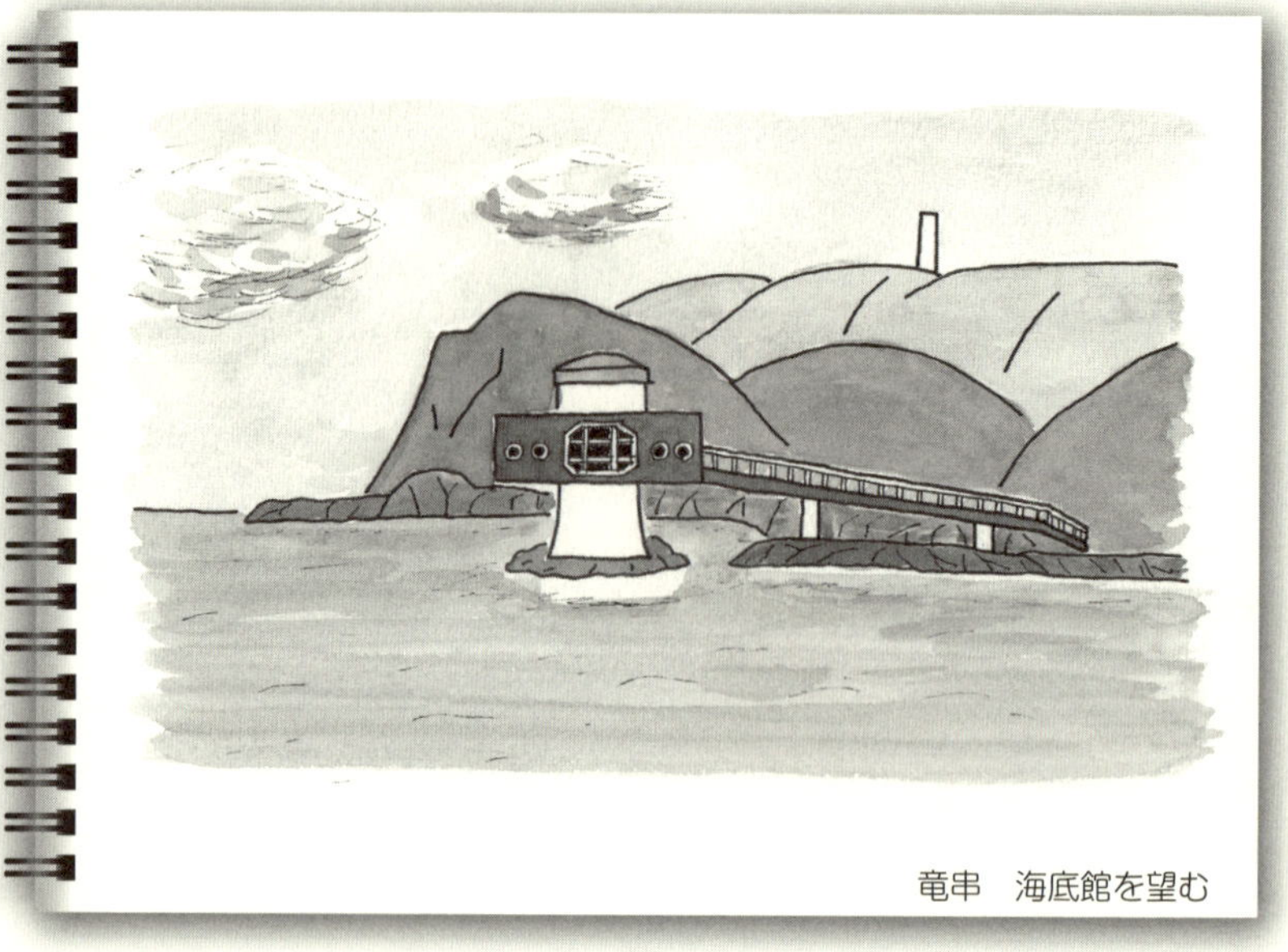


べ続けていたので、普段口にしている料理が食べたかった。隣の席で食事をしているドイツ人と思われる御夫婦は、先程竜串海岸で見かけた人達だった。サザエのつぼ焼きの食べ方が分からなくて戸惑い、係の方に尋ねている様子が微笑ましい。夕食後、部屋に戻って持ち込んだデザートを食べながらこの日の出来事を振り返ったが、やがて何もすることがなくなり21時に就寝した。

翌朝は4時50分に起床。まだ暗いので付近の散歩は出来ない。それに夜中の2時頃に目覚めてからよく眠れなかった。テレビのニュースで「今日は皆既月食があり、19時16分から20時42分にかけて観られます」と報じていた。

朝食は6時からお願いしていたので、階下の食堂に下りて行ったが誰も居ない。自分でスイッチを入れて照明を点灯して待っていると、ホテルの方がやって来た。目覚まし時計が鳴らなかったとのことで、急いで準備をしますと恐縮していた。朝食を食べながら従業員の方に尋ねると、前日夕食の時に隣の席で食事をしていた外国人の御夫婦はお遍路さんとのことで、外国人で遍路旅をする人は結構多いらしい。

7時に宿を出発。この日は30㎞以上歩き山道も通るので、NHKの朝ドラは見ないで早い時間から歩くことにした。海沿いに国道３２１号線足摺サニーロードを進むと、赤い外壁をした海底館が見えたので立ち止まる。この施設には20年前に来た時に入館したことがある。その時は大雨の翌日で、「海中の視界が悪いがよろしいですか」と係の方に念押しされたが、せっかく訪れたのだからと入場したことを思い出す。海中へと下りて行くと窓の近くを通る魚が時折見えるだけだったのでリベンジで入館したいが、まだ朝の7時を過ぎたばかりである。開館しているはずがないので外観をスケッチするだけにとどめて先へと進んだ。

さらに30分程歩くと、太平洋に太陽の光が当たり、海に光の道が出来たかのように輝き出した。非常に眩しくて目を開けていられない。国道３２１号線が足摺サニーロードと呼ばれる理

2022
11.08
9:30
はれ
叶崎
灯台
高さ
8.3m

由はこれだと思えた瞬間だった。

海を左手に見ながら歩いて行くと、白い岩が塔のように突き出ていた。名前を「ローソク岩」という。ここから見える景色は海に浮かぶ岩礁も含めてとても美しい。そしてここから国道はトンネルが続く区間となる。先ずは片粕《かたかす》トンネル（982m）を通過。海岸沿いを通る迂回路もあるのだが、この日は歩く距離が長いこともあり、最短距離を進みたいので躊躇することなくトンネルに入って行った。

しかし通過した後に、やはりトンネル内は排気ガスが充満しているので健康に悪いと思い直し、次からは迂回路を歩こうと考え直す。直ぐに次の歯朶《しだ》ノ浦トンネル（649m）が現れたので海沿いの迂回路を歩こうとしたら、崩落で通行禁止とのこと。最短コースを歩けと言う「旅の神様」からのお告げだと受け取った。次に現れたのは貝ノ川トンネルで約956mと長いが、迷うことなくトンネルに飛び込んで行った。

9時半に叶崎に到着。灯台があり展望台やトイレがあるので休憩。天気がよいこともあり、青い海と岩礁が創り出す芸術作品のような景色が眼下に広がっていた。竜串海岸を出発してからずうっとすごい景色が続いている。

## 47　竜串

竜串　叶崎展望台より太平洋を望む

# 48　大月町

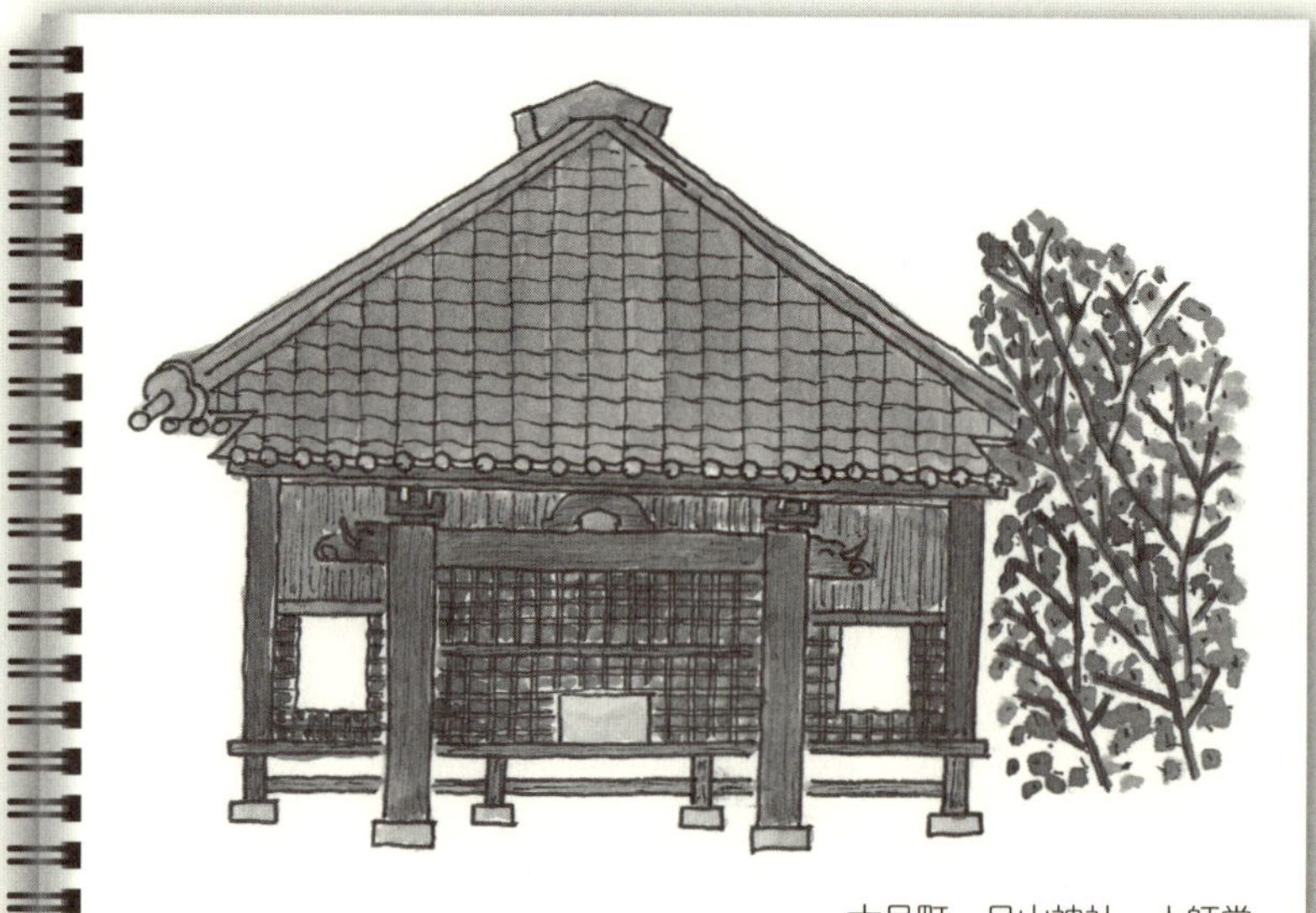

大月町　月山神社　大師堂

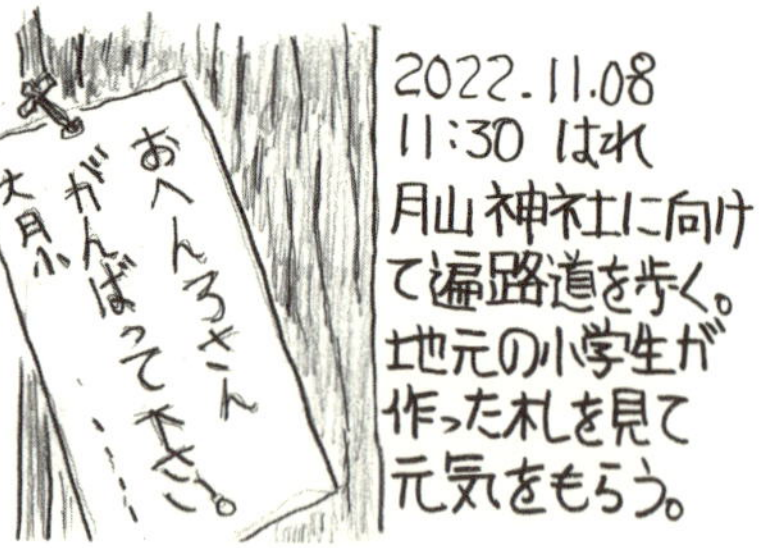
おへんろさん
がんばって下さい。
大月小
2022.11.08
11:30 はれ
月山神社に向けて遍路道を歩く。地元の小学生が作った札を見て元気をもらう。

アカ ピンク シロ
2022.11.08
15:15
大月町市街地へ向かっている。道の両側にはコスモスが咲いている
「大月町」の名前で思い出した。今日は皆既月食である。楽しみだ。

## 大月町

2022年11月8～9日

「民宿幡多郷《はたご》」で皆既月食を観た。私には灰色をした大きな無機質の天体が、夜空に浮かんでいる様に見えた。

叶崎灯台を過ぎ、脇ノ川トンネルを通過して大月町に入ったのは10時半。大浦漁港を過ぎると、きつい上りの山道になった。ここからがこの日の本番である。かなり急な坂道だが月山《つきやま》神社を目差して進む。地元の大月小学校の児童達が作ったお遍路さんを励ます札が、木にたくさんぶら下がっていて心がなごむ。絵が添えられた札も多く、それらを読むのを言い訳にして立ち止まりながら上った。この日は日差しが強くて暑かった。普段の私ならかなり疲れたはずだが、精神的な後押しを受けて気持ちよく歩くことが出来た。

正午に番外霊場である月山神社に到着。昼食休憩とする。足摺岬の38番札所金剛福寺を過ぎてから、歩き遍路には一人も出会っていない。私が歩いているルートは39番札所延光寺まで約70㎞あるので、お遍路さんの多くは金剛福寺を打つと来た道を戻るルートを選択する。その方が歩く長さが20㎞程短いので、旅の日程を一日短縮出来るからだ。しかし観光的な視点から見ると、竜串海岸は必見だと思う。

月山神社の案内板によると、伝承では修験道の開祖と言われる役小角《えんのおづぬ》が山中で三日月の霊石を発見し、月夜見尊《つくよみのみこと》、倉稲魂尊《うかのみたまのみこと》を奉斎したのが開基とされている。その後、空海が霊石の前で二十三夜月待の密供を行ったと伝えられている。二十三夜は旧暦の23日に簡単な酒肴をして、出の遅い月を待つ行事である。そこで思い出したのが今夜の皆既月食だ。私も酒を飲みながら月の出を待ち、やがて月が欠けていく様子を眺めているに違いない。今宵は月と酒に関してだけ空海と共通点があると思ったが、少し発想が戯れ過ぎていた。

大師堂をスケッチしたが、柱をつなぐ梁の先端にユニークな表情をした象が刻まれていた。このお堂は天井画で名高いのだが、それを知ったのは旅を終えてからのことで、この時は見逃していた。象の彫刻を詳しく見るためお堂に近づいた時に扉の隙間から内部をのぞくべきだった。

月山神社を後に赤泊《あかどまり》の浜へ続く山道を下りて行くと海岸に出たが、それから先は舗装された上り道を歩いた。14時に姫ノ井で国道321号線に合流。ここでこの日の旅のハイライトは終わった。

この日の宿は「夕食付・朝食なし」のプランなので、コンビニでデザートと翌日分の朝食を購入。市街地を通り「民宿幡多郷《はたご》」に着いたのは16時。御主人に購入したデザート類を冷蔵庫に保管してほしいとお願いすると、保冷剤を入れたクーラーボックスを貸しくれた。この日の宿泊客は私を入れて二人とのこと。

夕食を食べていると、もう一人の宿泊客（以降Cさんと呼ぶ）がやってきた。大阪から来てバイクで四国一周をしているとのこと。私は歩いて四国を一周している旨を話すと、年齢が近いこともあり話し込んでしまった。Cさんが言うには、この宿はライダー達の間で結構知られているらしい。

この日は皆既月食で、同時に天王星が月に隠れる天王星食が観られる日だ。国立天文台によると、皆既月食と惑星食が重なるのは日本では1580年7月の土星食以来とのこと。天王星食は記録をたどれる4000年間では一度もなかったとのことだ。Cさんとの話に夢中になって忘れかけていたら、御主人から月食が始まっていると声がかかった。三人そろって玄関を出て、月が欠けていく様子を眺めた。テレビの報道では、月が完全に隠れた時は赤銅色《しゃくどういろ》と呼ばれる赤黒い色になるとされていたが、私には灰色をした無機質で大きな天体が夜空に浮かんでいる様に見えた。天王星食の方はあまりにも小さいので分からなかった。ここは「大月町」なので、その地名に相応しい場所で月の感動的な天体ショーを見せていただいた。

翌日は6時半に起床。完全に朝寝坊してしまった。急いで前日購入したパンと牛乳で朝食をとる。隣室のCさんはまだ寝ているようなので、挨拶をすることもなく7時に宿を出たが、寒いので首にマフラーを巻く。

大月町　「民宿幡多郷」より皆既月食を見る

「民宿幡多郷」の外観をスケッチしたので、宿の出発は7時20分と出遅れた。30分程歩くと「豊かな未来へ」と書かれた力強いモニュメントがあるので足を止める。ここで大月町から宿毛市へと踏み入れた。

2022.11.09　7:20
民宿 幡多郷を
出発する。お世話に
なりました。
2階に見えるのが、私の泊まった部屋。
はたご
はたご

2022.11.09
7:50AM
大月町
「豊かな未来へ」
力強いモニュメントあり。

# 49　宿毛市《すくもし》

宿毛市　与市明トンネル

2022.11.09 8:45 宿毛市に入る。
のんびりとした風景だ。

2022.11.09
9:10 はれ
歩道に仕切弁
蓋があるので
立ち止まる。俺は
設備屋だ。

### 宿毛市

2022年11月9日

与市明《よいちみょう》トンネルの入り口には桜が描かれ、上水道仕切弁の蓋に桜の花びらが刻まれていた。桜が自慢の宿毛市である。

宿毛市に入り国道３２１号線を進む。道路の両側は稲刈りを終えた田んぼが広がり、その奥に山が重なるのどかな景色が続いていた。道路に埋め込まれた上水用バルブボックスの蓋に桜の花びらが刻まれているのを見ると、宿毛市は桜が自慢なのだろう。やがて国道は海沿いに出たので、もうすぐ「道の駅すくも」で休憩が出来ると思っていたら、工事中で入ることが出来なかったのは誤算だった。

松田川に架かる松田川大橋を渡り宿毛市街地に入る。土佐くろしお鉄道宿毛線の宿毛駅前のコンビニで、旅行クーポン券を使って昼食のおにぎりとおやつを購入。ここから６km程離れた所に39番札所延光寺があるが、遠いので寄り道することは出来ない。黒潮町の「民宿ニュー白浜」で同宿したBさんやMさんは、前日のうちに延光寺を打ったと思われる。彼らは私より歩くペースが速いので、今頃は恐らく宇和島辺りを歩いているだろう。

2022.11.09 9:40 宿毛の海
きれいな風景。もうすぐ道の駅に着く。

国道56号線を進むと与市明《よいちみょう》トンネルが見えてきた。入り口の壁に桜が描かれ、プレートには「桜の街すくも」と書かれていた。宿毛市は「桜の里」をキャッチフレーズにしており、気候が温暖なので全国的にも早く桜の開花を迎える。

宿毛トンネルを過ぎて1時間程歩くと正木トンネルに到着。ここが高知県と愛媛県の県境である。高知県は大きくて、室戸岬から足摺岬までの土佐湾沿いの道は長かった。そして「四国一周 徒歩の旅」は今治市から始めたので、愛媛県は起終点の県である。私の旅は着実に終わりに近づいていた。

# 50　愛南町

愛南町　観自在寺　宝聚殿を眺めながらベンチで休憩

2022.11.09 12:05 愛媛県に入る。
ここから
正木トンネル
226m
点灯
愛媛県
愛南町

正面は御荘港
2022.11.10 8:10
愛南町 僧都川の朝


## 愛南町

2022年11月9〜10日

観《かん》自《じ》在《ざい》寺《じ》の「栄カエル」像を見ていると、段々とエロティックな像に思えてきた。まだまだ煩悩から抜けきれない私であった。

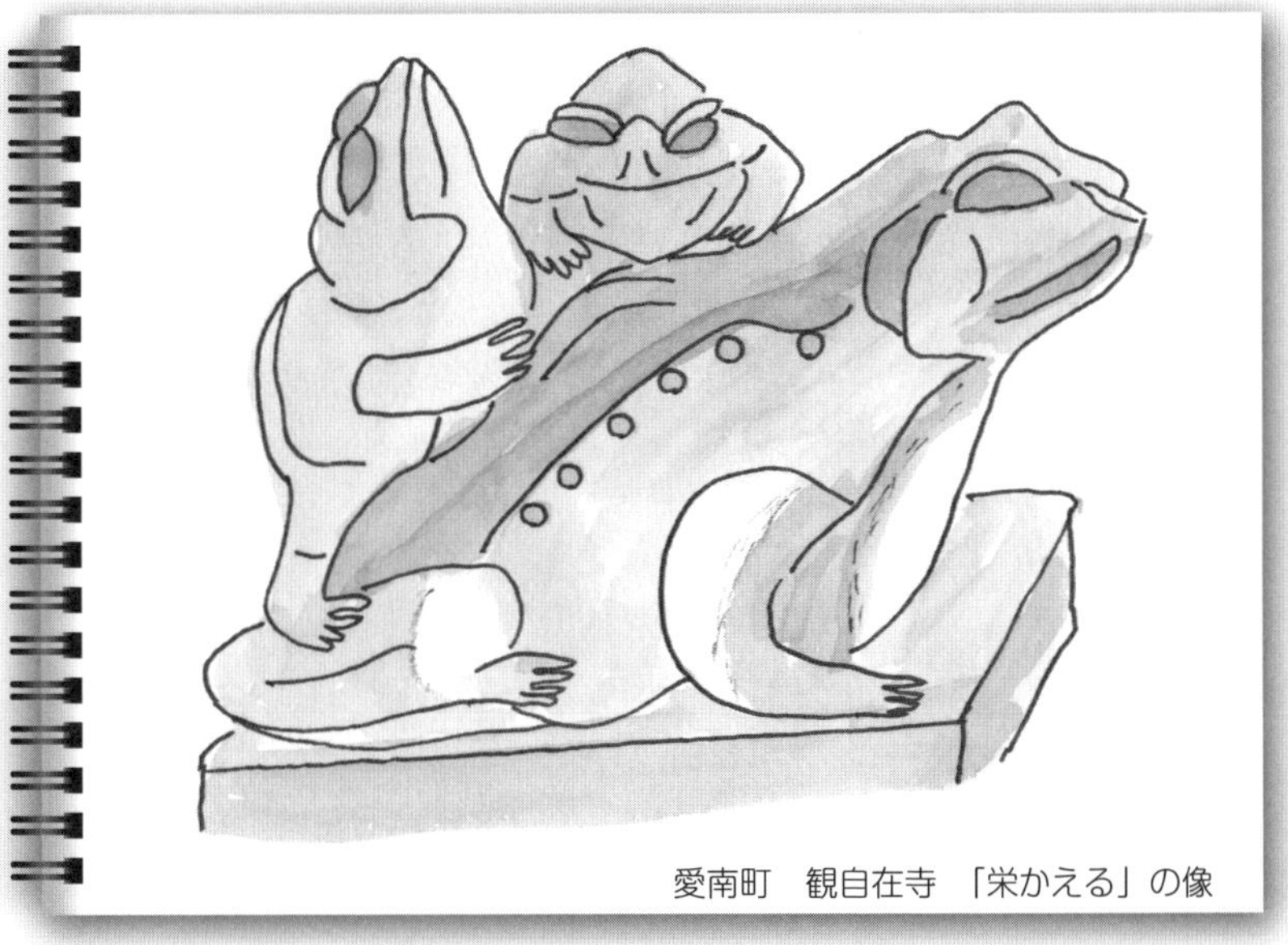

愛南町　観自在寺「栄かえる」の像

正木トンネルを通って愛媛県の愛南町に入り、さらに一本松トンネルを通過して増田川沿いに国道56号線を進む。この日は晴れで暑かった。トンネル内は涼しくて火照った体を冷やしてくれるので心地よい。そして一本松温泉を左手に見て歩いて行くと広見の交差点に到着。コンビニがあるので、体を内部から冷やそうと思いアイス「ガリガリ君」を購入。食べると直ぐに頭がキーンと痛み出したがじっと耐える。この症状は子供の頃から何度も経験しているが、大人になった今でも結構つらい。ここで国道から離れて県道２９９号線に踏み入れた。しばらく歩いて行くと遍路道の山道に入り、舗装した道に出ては再び山道に入ることを繰り返すうちに、僧都川《そうづがわ》沿いの道に合流した。

市街地を通過して、40番札所観自在寺《かんじざいじ》に到着したのは16時。先ずはベンチに座ってコンビニで買ったカフェオレを飲みながら宝聚殿《ほうしゅうでん》を眺めて一息つい

た。本堂にこの日も無事に歩いた旨を報告し、何か描きたくなるものがないか付近を見回すと、「栄かえる」の像を見つけた。親カエルと子供のカエルである。しかし考えるまでもなくカエルの子供はオタマジャクシだ。大小が入り交じった摩訶不思議なカエル像だが、見ているうちに段々とエロティックな像に思えてきた。「『栄かえる』か……」まだまだ煩悩から抜けきれない私であった。

寺を後に宿泊するホテルへ向かう。夕食が付かないプランなので、食材とビールを購入するためコンビニに寄った。この日で期限切れのクーポン券が2千円分残っているので、全て使ってしまおうとレジに行ったが、店員さんからこの券は利用出来ないと言われた。高知県のクーポン券は愛媛県では使えないとのことである。旅行支援キャンペーンは県単位だったのだ。さらにホテルにチェックインをすると、予約時に割引キャンペーンを利用する連絡を受けていないので正規料金となるとのこと。何か旅の歯車が少し狂い始めていた。部屋に入ると時間にせかされることなくスケッチの仕上げを終えてから風呂に入り、食事をした後はマイペースに過ごした。ビジネスホテルでの宿泊は到着時間も含めて時間の自由度が大きい事が長所である。

翌日は5時に起床。東の空はオレンジ色に染まりいい天気だ。前夜は1時に目が覚めた後よく眠れなかった。前々日は朝寝坊するほど熟睡したので、睡眠の長さと質が不安定である。ホテルの食堂で朝食を食べたが美味しく感じられなかった。体調が悪いのだろうか。少し不安を抱いて8時にホテルを出発した。

国道56号線を歩く。僧都川に架かる御荘《みしょう》大橋を渡ると、国道は次第に御荘湾から離れていくが、「外室手バス停」に来ると、再び海が見えて美しい景色が広がっていた。柏崎漁港に到着したのは10時半。ここから国道を離れて柏川沿いに歩き、柏小学校の横を通ると山の上に風力発電塔がたくさん現れた。ここから山の中へと入って行く。この道がかなりの急勾配で休憩を繰り返しながら進み、柳水大師《やなぎのみずだいし》の休憩所に着いたのは11時半。さらに40分程登ると清水大師《しみずだいし》で再び休憩。急登を続けたので疲れた。四国の遍路道は手強い。じっとしていると汗が引いて寒くなってきたので出発。旅の舞台は愛南町から宇和島市へと移った。

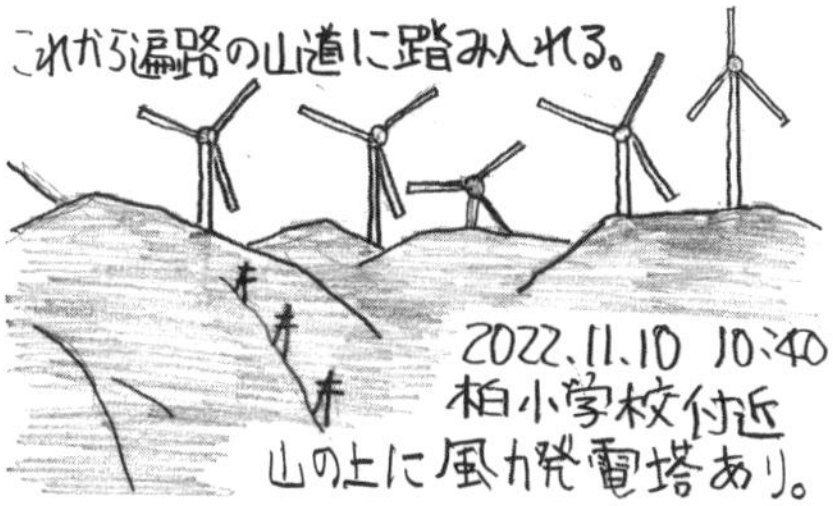
これから遍路の山道に踏み入れる。
2022.11.10 10:40
柏小学校付近
山の上に風力発電塔あり。

2022.
11.10
11:00
柏坂の
登り道。
けっこう急
な道で
ある。

2022
11.10
12:10
清水
大師
きつい登り
道だった。
四国の
遍路道
恐るべし
である。

# 51　宇和島市

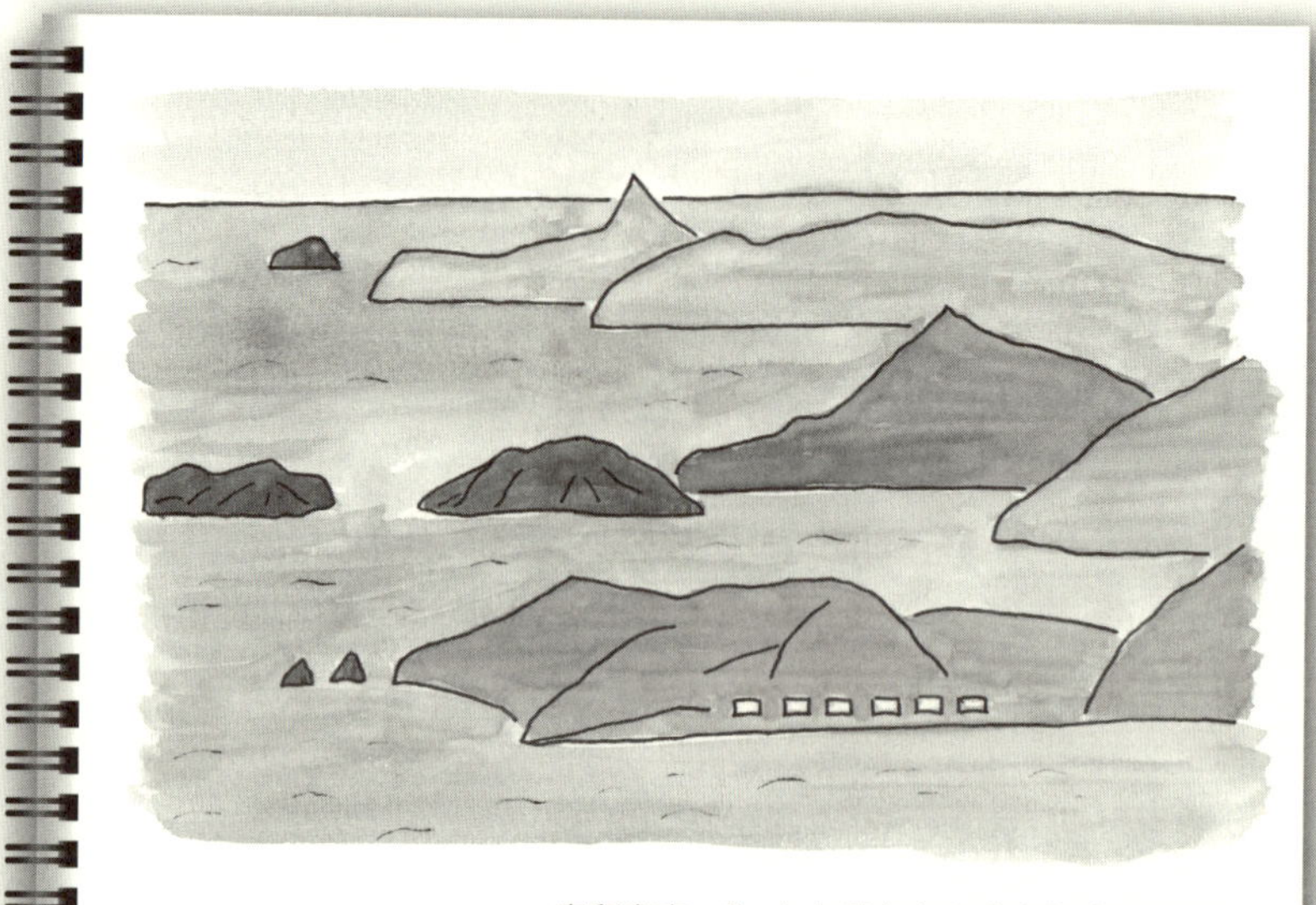

宇和島市　「つわな奥」から宇和海方面を望む

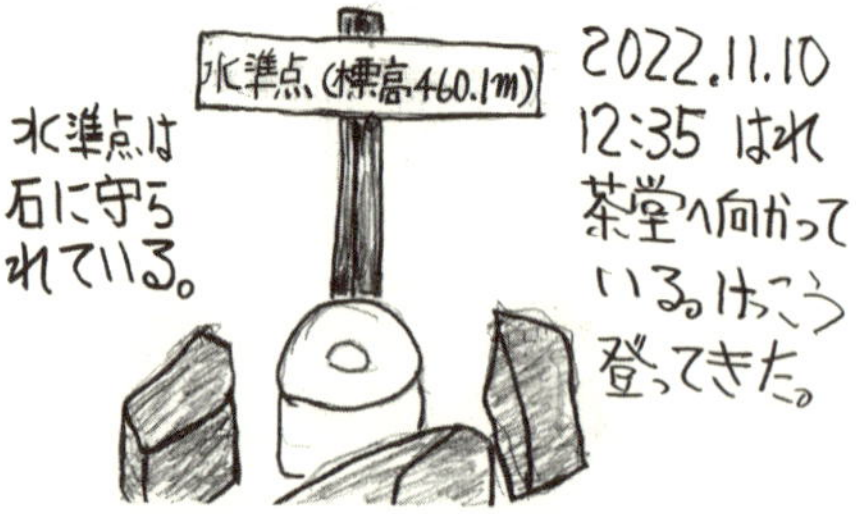
水準点 (標高460.1m)
水準点は石に守られている。
2022.11.10
12:35 はれ
茶堂へ向かっている。けっこう登ってきた。

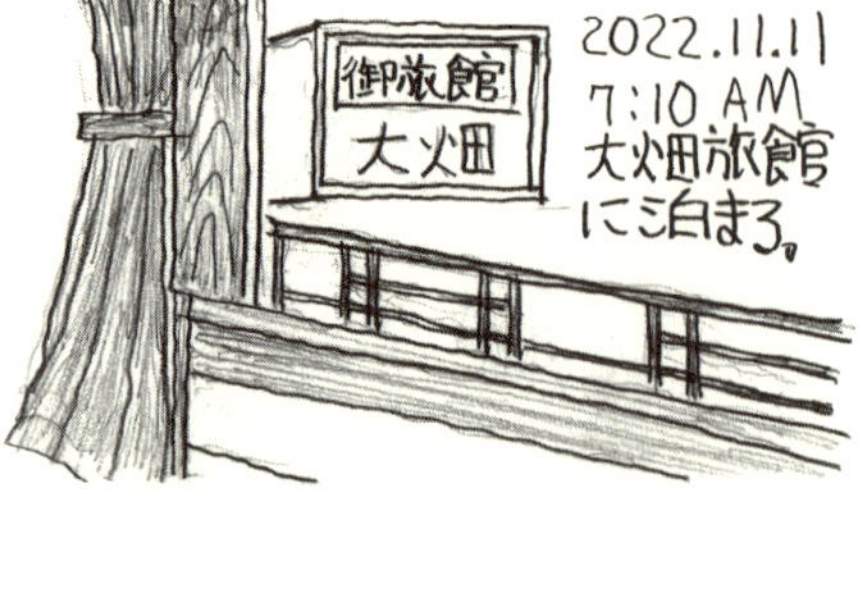
御旅館
大畑
2022.11.11
7:10 AM
大畑旅館に泊まる。

## 宇和島市

2022年11月10～12日
2023年3月26～27日

大畑旅館で台湾からの旅人と意気投合。彼の四国遍路旅は3周目とのことだ。

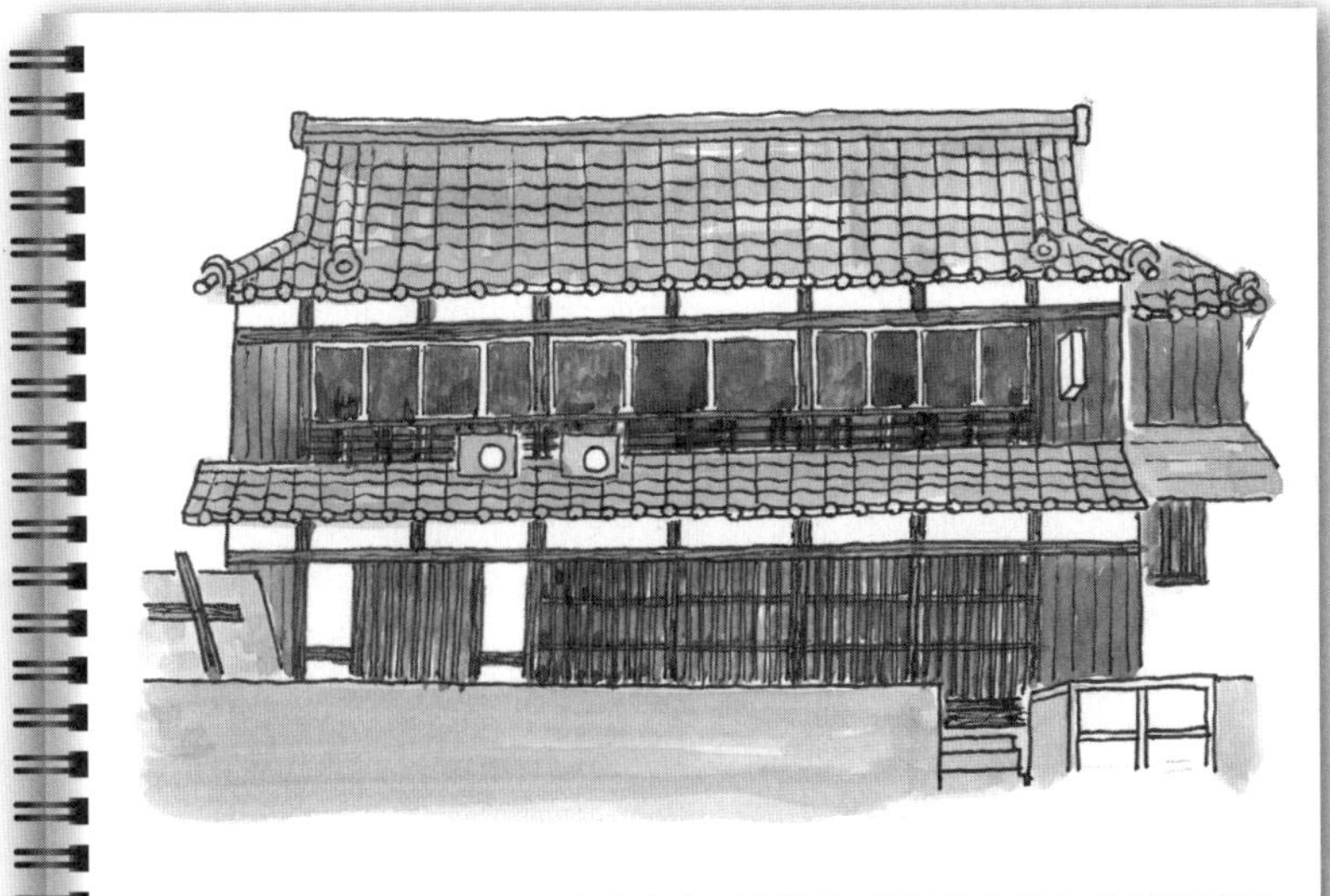

宇和島市　岩松川の河原から望む「大畑旅館」

清水大師を後に少し行くと、陽が当たる暖かな場所を見つけたので昼食休憩。ここに標高４６０・１ｍの水準点があるが、柏崎漁港の標高０ｍから上ってきたので、ここまでの道程は登山と言っても大袈裟ではない。そして宇和海方面が望める場所に出た。ここは「つわな奥」と言い、山の中の宝石と呼ぶのにふさわしい所だった。

　茶堂の休憩所を経由して山道を下りて行くと、岩に付着した苔に靴底が滑って転倒。岩角に膝をぶつけてズボンに血が滲んでくる程出血したので、絆創膏を貼って応急処置をした。

　舗装された道に出て小祝川に沿って進む。小祝川は芳原川に合流し、さらに岩松川に合流してから北灘湾に注いでいる。その岩松川を上流に向かって進むと、道沿いには趣のある建物が並び、「大畑旅館」に到着したのは16時15分。老舗旅館の雰囲気満点の建物である。この旅館は獅子文六が小説

『てんやわんや』を執筆した部屋があることで知られている。大正時代に建てられた木造2階建てで、宿泊室は2階にあり襖で仕切られていた。廊下は畳敷きで、私が泊まったのは一番奥の岩松川とは反対側の部屋だった。通りに面していないので落ち着いた雰囲気が気に入った。獅子文六は明治時代生まれの作家で、私は旅を終えてから『てんやわんや』を読んだが、終戦後に東京から宇和島に疎開した主人公がドタバタ劇に巻き込まれるのを書いたユーモア小説である。

この日の宿泊は私を含めて二人で、夕食の時に隣り合わせた宿泊客（以降Dさんと呼ぶ）と話をすると、台湾から来て遍路旅をしているとのこと。Dさんが持っている自動翻訳機（中国語→日本語）とお互いの片言の英語でコミュニケーションをとる。Dさんは3周目の四国八十八ヶ所巡りをしている最中で、使い古してボロボロになった『四国遍路ひとり歩き同行二人』を持っていた。私に山道を歩いてここまで来たのかと英語にボディーアクションを交えて尋ねるので、この日描いたスケッチを見せると、同じ道を歩いた事が分かり意気投合。今回の旅で描き留めたスケッチを見せるとさらに喜び、この様なスケッチをしながら北海道から沖縄まで歩いたと伝えると呆れていた。そしてDさんも土佐市の「汐風」に泊まったことが分かり、さらに話は盛り上がった。Dさんはフランスからスペインまで巡礼の道を歩いた時に、日本の四国遍路旅を勧められたとのこと。翌日は宇和島市内に泊まる予定だが宿泊先をまだ確保しておらず、この大畑旅館への予約は前日に宿泊した宿の御主人にお願いしたとのことだ。

私に言わせれば、実行力があるというよりかなり無謀な旅人である。

翌朝は6時半から朝食だったが完全に寝過ごしてしまい、6時40分に宿の御主人に起こされるという大失態を演じてしまった。急いで食堂に下りて行くとDさんは既に食事を終えていた。私が食べている最中にチェックアウトをしているので、私も一旦食事を止めて玄関に出る。バスで宇和島市街地に向かうとのことで、Dさんは私を入れてカメラで自撮りをしてから旅立って行った。

朝食を終えて部屋に戻り、室内を2枚スケッチしてから8時に旅館を出発。朝食時間を過ぎても寝過ごすくらい快適な宿だった。名残惜しいので、旅館の前を流れる岩松川の河原に出て建物の外観を描いた。

松山　西予市
56
4
御内
篠山
26km
2022.11.11
8:30AM はれ
電線にトビが
7羽留まっている。

2022
11.11
9:50AM
この遍路
道は楽し
い。

トビが7羽も留まっている電線を見たりして国道56号線を進む。そして松尾トンネルの手前から遍路道の山道へと踏み入れた。両側に木々が繁る気持ちのいい道だ。おへんろ小屋「わん屋」に着いたのは10時。天井から曲がりくねった「かずら」の木が吊されていた。説明板によると、この地に生息する大ウナギがモチーフとのこと。岩松川の大ウナギは愛媛県の天然記念物で、小説『てんやわんや』にも登場する。

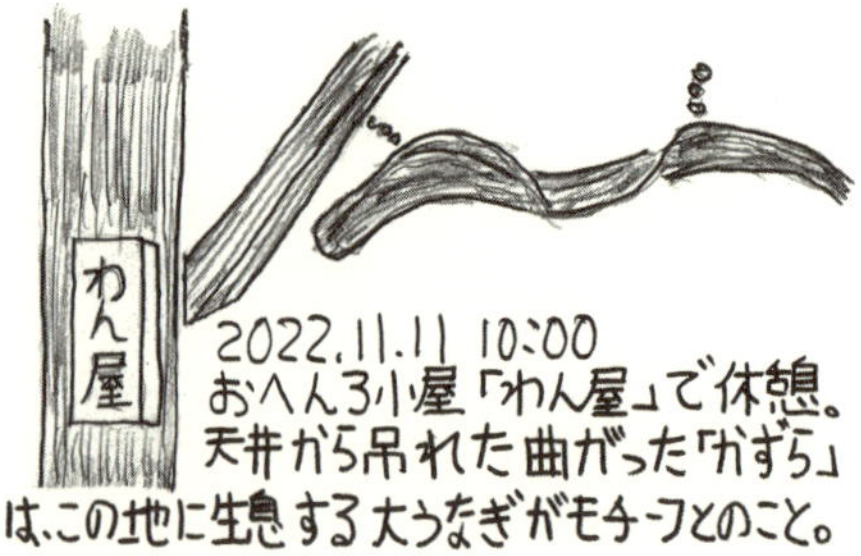
わん屋
2022.11.11 10:00
おへんろ小屋「わん屋」で休憩。
天井から吊れた曲がった「かずら」
は、この地に生息する大うなぎがモチーフとのこと。

2022
11.11
12:00
天赦園
に寄る。

この楽しい山道にもやがて終わりの時がやってきた。砕石工場の横を通り、再び国道56号線に出ると、松山まで１００㎞との標示板が立っていた。私の「四国一周 徒歩の旅」は遍路道と重ならない部分も多々あるが、出来るだけ遍路道を歩きたいと思わせてくれた道だった。

宇和島城を目差して国道を進む。既に宇和島の市街地に入っており、この日の宿泊はＪＲ宇和島駅前のホテルなので急ぐ必要は全くない。翌日に帰宅するので、この日は旅の最後に宇和島観光を予定していた。先ずは天赦園《てんしゃえん》に寄る。

ここは宇和島藩７代藩主伊達宗紀が造営した庭園で、中央に大きな池があり、その周りに石、竹、藤が配置されていた。パンフレットによると、４月の藤の花が咲く時期や、花菖蒲が開花する頃は特に美しいらしいが、訪れたのは11月なので花期は既に終わり、紅葉にはまだ早く彩りは乏しかった。

宇和島市街地の中央部分には小さな小山（城山）があり、そこに宇和島城が築かれている。天守閣は標高差80ｍ程石段を上がった所にあった。この城は築城の名手として知られた藤堂高虎が築き、後に仙台藩の伊達政宗の長子秀宗が入城して以来、伊達氏９代が城主となり明治時代を迎えた。天守閣は三層三階で、均整のとれた美しさから鶴島城とも呼ばれ、「現存12天守」のひとつである。

城を後に、西江寺に寄ってから宿へと向かう。辰野川沿いに歩いていると、闘牛の様子が描かれた汚水のマンホール蓋があった。宇和島は闘牛で名高い。宇和島闘牛公式サイトによると、定期大会は年に4回あり、牛達は制限時間なしで戦い、逃げた方が負けである。牛達はそれぞれに得意技を持ち、多様に技を繰り出して戦う。

宇和島市　宇和島城

単に角と頭で押し合うだけでなく、下から相手の前首を攻めたり、相手の突きをかわすなどの技術が必要とのことだ。牛に寄り添い操る人を「勢子《せこ》」と呼ぶ。言わば牛と勢子とが一体となって戦うのが闘牛だ。牛達には前頭から横綱まで番付があり、同じ格付け同士が戦う。大相撲の世界では時折平幕が横綱に勝つことがあるが、闘牛の世界では

宇和島市　闘牛の絵柄の汚水マンホール蓋

横綱と前頭を対戦させて、前頭が勝つことはありえないとのことだ。そして闘牛のマンホール蓋だが、ドーム天井の下に観客が並び、鉢巻きを締めた勢子と帽子を被った勢子が牛を操り戦っている絵柄だった。私が立っている場所は車両の通行が少ないとはいえ道路の中央である。前後に絶えず目を配りながら素早くスケッチをした。このマンホール蓋は宇和島市の名物を表現した傑作である。

15時45分にＪＲ宇和島駅に到着。そして駅前のコンビニで夕食と翌日の朝食を購入。そして駅前の「宇和島ターミナルホテル」にチェックインをすると幸運が待っていた。割引キャンペーンの適用に加えて、宇和島市が実施している旅行割引期間中で、現金で二千円がキャッシュバックされた。そして部屋に入り荷物を置いてから考えた。明朝は6時35分発の列車に乗るのでクーポン券を使う時間がない。今のうちにお土産等を買って使い切ってしまおう

宇和島市　駅前広場　闘牛の像

と思い立ち外に出る。しかし無理に使う必要はないと思い直し、駅前広場にある闘牛の像を眺めながら戦いに思いをはせていた。これが横綱なのだろう。迫力の中にも優しい表情をした像だった。部屋に戻りテレビの天気予報を見ていると、「明日から天気は崩れる」とのこと。実にいいタイミングで旅を終えることが出来たようだ。

翌日は4時半に起床。前夜は22時に寝たが、ほとんど眠れなかった。このところ朝寝坊することが多かったので、絶対に列車に乗り遅れてはいけないプレッシャーを感じて、寝る前から少し緊張していた。6時5分にホテルを出て駅に行き「宇和海4号」に乗車。列車は定刻に出発した。今回の旅も無事に終わってよかった。次は四国の最西端佐田岬を巡る旅が待っている。

5時前に家を出て6時半に東京駅に到着。第5回目の「四国一周　徒歩の旅」の始まりだ。コロナ禍はだいぶ収束したので、この時間帯でも東京駅は旅行者で混雑していた。今回は宇和島市から今治市まで歩いて「四国一周徒歩の旅」を完結させる予定だ。乗車したのぞみ7号は新横浜駅で満席になった。岡山駅で松山行のしおかぜ7号に乗り換えて、瀬戸大橋線を通って四国に入ったが、瀬戸大橋を渡るのはこれで7回目だ。

松山駅に到着すると外は雨。JR予讃線の宇和海15号に乗り換えると、ディーゼル車独特の匂いがいかにもローカル線の旅のように思えてくる。今回の旅では予讃線沿いに歩くことが多いので、予めどの様な道なのか知っておきたいので車窓を眺め続けた。伊予大洲駅付近では桜が満開だった。私がこの辺りを歩くのは一週間後だが、それまで散らないでいてほしい。宇和島駅に着いたのは14時47分。朝自宅を出てから10時間をかけて、やっとスタート地点に到着した。

2023.03.26
15:00
宇和島駅
5回目の
四国の旅
が始まる。
出口
1
のりば
宇和海

宇和島駅を出ると雨があがった直後だった。駅前広場にある蒸気機関車をスケッチしてから「宇和島ターミナルホテル」にチェックイン。前回に続いて旅行支援キャンペーン割引を利用したが、その内容は宿泊費が2割引と2千円のクーポン券付きで、前回よりは内容が少し縮小している。早速クーポン券を使って夕食とビールを購入してから部屋に戻った。

急いで部屋に戻ったのにには理由がある。この日が大相撲春場所の千秋楽なのだ。優勝は二敗の大栄翔と三

宇和島市　駅前広場　機関車

敗の霧馬山に絞られていて、本割で直接対決があった。私は地元埼玉県出身の大栄翔を応援したが、結果は本割で霧馬山が勝ち、優勝決定戦でも霧馬山が勝った。どちらの相撲も大栄翔は自分の押し相撲に徹して土俵際まで押し込んだが、霧馬山にかわされて優勝を逃した。

翌日は4時50分に起床。この日の最低気温は9℃とのことでかなり寒い。7時50分にホテルを出発。光満川《みつまがわ》とJR予土線に沿って県道57号線を進むと桜が満開で、その下に咲く菜の花の黄色が鮮やかだ。そして藪の中にウグイスを見つけた。この鳥は鳴き声を耳にすることはよくあるが、姿を視界に捉えるのは難しい。遍路休憩所で休んでいると「ジェージェー」と鳴き声がしたので振り向くと、カケスが木の枝に留まっていた。花と鳥に迎えられた旅の始まりとなった。

務田《むでん》駅を目差して行くと、地図に記載はないが

2023.03.27 8:50 宇和島
高光駅に
向かっている。
草の中に
ウグイスを
発見。

2023.03.27
9:05
光満川沿い
は桜と菜
の花

遍路道の標示があったので車道から離れた。山道の斜面を上って行くと舗装された細い道に出たが、駅へ行く方向が分からなくなった。近くに道路補修の作業をしている人がいたので、務田駅と41番札所龍光寺への行き方を尋ねた。見晴らしのいい高台だったので、指をさして丁寧に道順を教えていただいた。

　龍光寺に着いたのは11時。鳥居を潜り長い石段を上がって、本堂にこの日の安全を祈願する。さらに石段を上がると稲荷神社があるので再び祈願。鳥居はこの神社のものだったようだ。

　42番札所仏木寺《ぶつもくじ》へ向かう。山に入る方向に道順を示す矢印があるが、地図に記載がない道なので無難に県道31号線を歩くことにした。県道に設けられた花壇にはチューリップが咲き誇り、赤、白、黄色と正に童謡の世界である。周りに誰もいないので「咲いた 咲いた チューリップの花が……」と声を出して唄いながら歩き、正午に仏木寺に到着。お遍路さんが次々とやって来るが、マイカーやバスを利用する人達の方が歩き遍路よりも圧倒的に多い。歩き遍路は皆がザックを背負い、金剛杖を持ち、菅笠を被り、白衣を着ているので一目でわかる。私も歩く旅人なので、歩き遍路の人には親しみを感じて応援したくなる。

12時半に仏木寺を出発。県道31号線を進むと、若い女性の歩き遍路（以降Eさんと呼ぶ）が立ち止まって、スマホで道を確認している様子だった。龍光寺でも見かけた方で「こんにちは」と挨拶を交わしてから先へ進み、県道から離れて山道に入る。石畳のある斜面を上って行くと道が崩れている場所があったが、梯子《はしご》と迂回する道が設けられていたので安全に通過することが出来た。再び県道に合流してさらに上がって行くと、歯長《はなが》隧道が現れた。これを通過すると宇和島市から西予市となる。

聖徳太子
宇和島市　仏木寺　聖徳太子堂

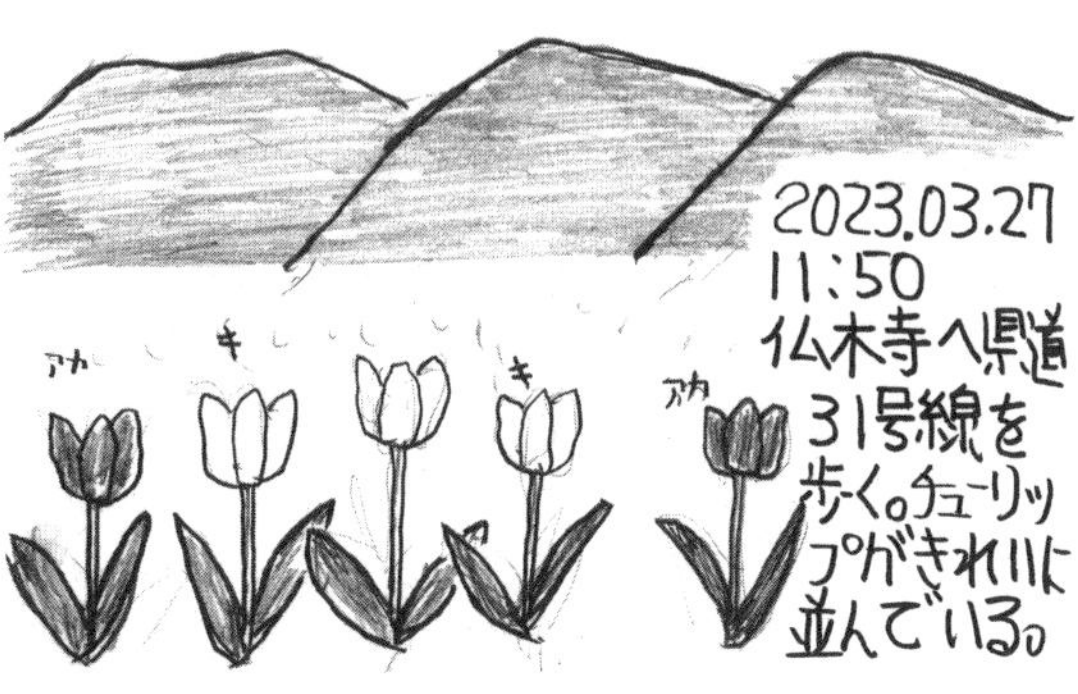
アカ
キ
キ
アカ
2023.03.27
11:50
仏木寺へ県道
31号線を
歩く。チューリッ
プがきれいに
並んでいる。

# 52　西予市

西予市　歯長峠からの下り道　小さな橋と小さな滝があった

歯長隧道
2023
03.27
13:30
歯長トンネルを通る。
苔むしたトンネルだ。

2023
03.27
14:05
遍路休憩所は満開の桜につつまれている

## 西予市

2023年3月27～28日

「わらマンモス」を見た。先頭に小さな子供のマンモス、次が雄の巨大なマンモス、その次に制作中の母親と思われるマンモスが並んでいた。

歯長隧道を通過すると休憩所の東屋があった。ここが歯長峠で坂道を上り続けてきたので一休みする。歯長隧道の出口を振り返ると、苔むした趣のあるいい感じのトンネルだった。休憩所に先客のお遍路さんが休んでいたので挨拶を交わす。この方は宿泊する宿をスマホで検索して予約をしている最中だった。四国八十八ヶ所霊場を廻るのは長期間に及ぶので、歩き遍路の多くはこの様に直前に電話で宿を予約する。それに遍路道沿いにはたくさんの宿が点在しているのでその様な方法でも旅は可能だ。一方、私はスマホや携帯電話を持たないので、事前に全ての宿を確定してから旅に出る。歩き遍路の人達の方が私より自由な旅をしていると思う。

休憩所で休んでいると、仏木寺で見掛けたEさんが挨拶をして通り過ぎて行った。Eさんは30代と思われる女性だが、歩きなれた足取りで、私以上に歩くスピードは速い。休憩所を出ると、直ぐに県道31号線から離れて下りの山道に入る。小さな滝があるなど楽しい道で、さらに下って行くと再び県道に合流した。そこに遍路休憩所があり、周囲は満開の桜に包まれていた。小休止してから休憩所を出ると、やがて県道29号線に合流してJR下宇和駅の横を通り、15時に「道の駅どんぶり館」に到着した。

この日の宿は西予市街地の卯之町《うのまち》駅近くなので、43番札所明石寺《めいせきじ》に行くには2㎞程迂回することになる。私は八十八ヶ所霊場にこだわる必要はないのだが、この頃には遍路道を歩いて八十八ヶ所霊場を巡るのは楽しいと思うようになっていた。迷うことなく明石寺へ向かう。宇和高校の横を通り明石寺へ続く細い道はやがて上り坂となって傾斜を増していく。少々疲れたが15時半に明石寺に到着。本堂の他にも大師堂などがあり、境内には桜の大木が満開の花を咲かせていた。建物を描く気力と体力が尽きていたので、本堂へ上がる階段の横に鎮座している金色の小さな布袋《ほてい》様を描いていると、Eさんから声をかけられた。彼女は香川県か

2023.03.27
15:30
明石寺
布袋様
あり。

2023
03.28
4:50AM
西予市
「まつちや旅館」に泊まる。まだ暗いがカケスと思われる鳴声で目覚める。

ら来て、これから列車で家に戻るとのこと。Eさんに限らないが、お遍路さんの振る舞いを見ていると御堂に向かって般若心経を唱えている方が多い。四国八十八ヶ所霊場を遍路することは、軽い気持ちでは出来ないと思う。

「まつちや旅館」に着いたのは16時45分。夕食の時、私の隣に日焼けした若者がいた。食欲旺盛で自分の「おひつ」のごはんを食べ尽くし、もうおかずはほとんど残っていないのに、さらにごはんのお代わりをしている。話をすると自転車で四国一周をしており、この日は宿毛から来たとのこと。東京の池袋駅の近くに住んでいて、自宅から中山道を通ってここまで自転車旅を続けていると言う。私も池袋駅は通勤の際に利用していたので話が弾む。翌日は松山に泊まるとのことで、私がサイクリングの聖地「しまなみ海道」を歩いた事を紹介すると興味を示し、「尾道まで行き、その日のうちに再び四国へ戻って旅を続けよう」などと言っていた。若者のパワーは計り知れないが、「そんな計画は、いくら自転車でも無理だ。それに高速道路を通るのは島々を結ぶ橋を通過する間だけで、それ以外は島を周遊する一般道を通るのでアップダウンがあり、途中で1泊以上必要だ」と忠告した。

翌朝は4時50分にカケスの鳴き声で目覚めた。この日は八幡浜市経由で大洲市まで約30㎞を歩く。歩き遍路の方はこの西予市卯之町から直接大洲市まで歩くが、私は「四国一周 徒歩の旅」をしているので八幡浜駅を通らなくてはならない。それは八幡浜から佐田岬半島を歩いて四国の最西端佐田岬《さだみさき》へ行くためだ。それなら大洲市ではなく八幡浜市に泊まればいいのだが、佐田岬半島にある伊方原発が定期検査の最中で、佐田岬半島の民宿や八幡浜のホテルはその関係者が宿泊するため満室で、予約することが出来なかったので大洲市泊まりとした次第だ。翌日は伊予大洲駅から八幡浜駅まで電車で移動してから佐田岬半島の三崎港まで歩く。歩いた道をつなぐための苦肉の策である。

7時半に宿を出発。放射冷却の影響だと思われるが、周囲には濃い霧が立ち込めていた。そして国道56号線と県道25号線の分岐点に到着。お遍路さんは国道を直進して大洲方面に向かうが、私は八幡浜に行くので県道25号線に入る。霧が濃いが田んぼの畦道には菜の花が咲き、桜は満開でその奥には山に囲まれた幻想的な景色の中を進む。太陽は霧に遮られて山の上に薄く浮かんでいた。JR予讃線沿いに歩いて行くと、列車が霧の中からぼんやりと現れて私の横を通

西予市　予讃線伊予石城駅近く　「わらマンモス」

り、白いベールの中に溶け込むように消えて行った。

　伊予石城《いよいわき》駅を通り過ぎると、わらで出来た大きな象が見えてきた。どうやらマンモスらしい。先頭は子供の小さなマンモス、次が牙のある雄の巨大なマンモス、その後ろが制作中で母親と思われる中くらいのマンモスが並んでいた。近くに西予市の見所の説明板が立っていて、この「わらマンモス」も紹介されていた。毎年3～4月に有志がわらの張り替えをしているとのことだ。実はこのマンモスは、前々日列車で宇和島へ向かっている時に車窓からも見えた。その時は何だろうと思ったが、近くで出会えるとは嬉しい限りだ。

「わらマンモス」を後に少し歩くと笠置《かさぎ》トンネル（1157m）が見えてきた。これを通ると西予市から八幡浜市に入る。

# 53　八幡浜市《やわたはまし》

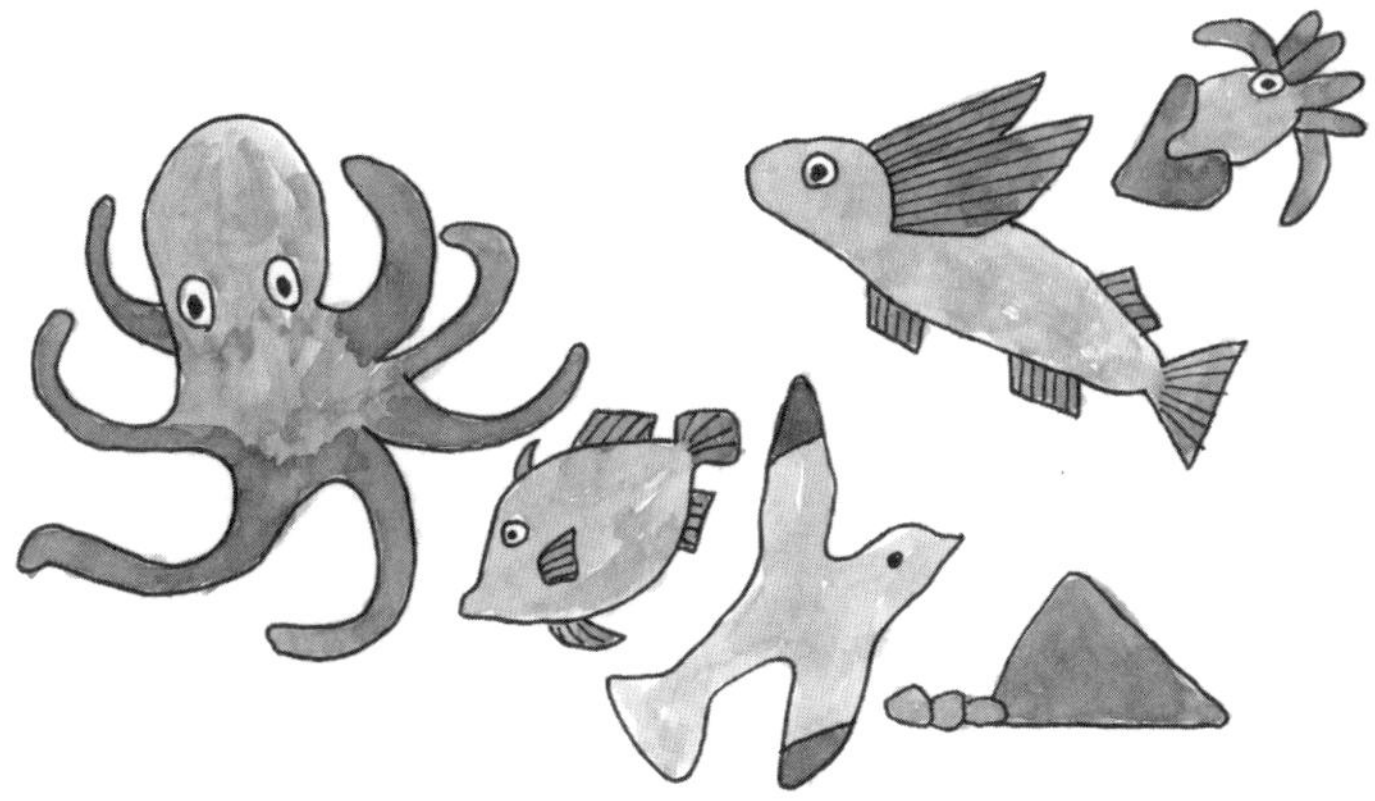

八幡浜市　駅前の歩道に描かれた絵

2023.03.28
10:20
夫婦岩と
桜

2023
03.28
12:10
八幡浜
市のマン
ホールの絵
柄はミカン

**八幡浜市**

2023年3月28日

満開の桜の下にチューリップが咲き誇り、それに加えて、菜の花の黄色とハナモモの赤色が彩りを添えていた。

笠置トンネルを通って八幡浜《やわたはま》市に入り、さらに釜倉《かまのくら》トンネル（４６６ｍ）を通過して県道25号線を進む。ＪＲ予讃線に沿って歩き、双岩《ふたいわ》駅の横を通過して15分程歩くと夫婦岩が現れた。上に突き出た二つの岩は先端部分が綱で結ばれている。周りは桜が満開で、車体にアンパンマンが描かれた列車が通過して行った。

八幡浜駅前の歩道には所々に魚や鳥が描かれていて、足元に目を落とすとミカンが刻まれたマンホール蓋があった。愛媛県は温州みかんで有名だが、それ以外の柑橘類も生産しており、全国でもトップクラスの生産量と品種を誇っている。愛媛県の旅行支援キャンペーン割引の名称は「えひめぐり みきゃん旅割」で、八幡浜市の「市の木」はミカンである。

国道１９７号線を進むと、桜は満開で歩道にはチューリップが植えられていて、その奥にはハナモモの赤色や菜の花の黄色が彩りを添えていた。千丈川と予讃線に沿って坂道を上り、線路がトンネルに隠れて見えなくなった頃に現れたのが夜昼《よるひる》トンネル（２１４１ｍ）だった。長くて嫌だなと思ったが入らざるを得ない。13時25分に入り、出たのは13時52分。万一の事故を考えて速足で歩いたが、それでも27分を要した。「いやー、長かった」の一言だ。

# 54　大洲市（1）

大洲市　松楽旅館　猫と遊ぶ

## 大洲市（1）

2023年3月28～29日

「松楽旅館」では猫と遊び、二つの岩風呂に入った。翌日は早朝に出発するので、少し緊張して就寝した。

夜昼トンネルを抜けると大洲市である。夜昼峠を越えて気候が変わったのか、風が強く吹いていた。国道197号線の両側は満開の桜並木で、花びらが桜吹雪のように舞っていてすごい景色だった。

国道から分かれて県道234号線に入ると正面に大洲城が現れて、進むにつれて次第に大きくなる。宿泊する「松楽旅館」に15時半に着いたが、素泊まりのプランなので夕食と翌日の朝食を購入するためにそのまま素通りする。肱川《ひじかわ》に架かる肱川橋まで来ると、満開の桜が並ぶ上に大洲城の天守閣が見えていた。

大洲の昔ながらの商家が並ぶ通りを過ぎて赤レンガ館に到着。ここは銀行の建物をリニューアルして観光案内施設として運用している。向かいの駐車場の縁石に座って外観をスケッチをしてから入館して内部を見学。そして中庭から赤レンガの壁を見た時、ここからも描きたいと思ったが、疲れていたので再び手帳を取り出す気力は湧かなかった。この日の旅はここまでとし、コンビニで食料を調達してから宿へと向かった。

「松楽旅館」はおもしろい宿だった。受付をしていると黒猫が寄ってきた。人馴れしていて体を寄せてくる。私は猫好きなので、人と猫双方の意見が一致してロビーの椅子に座り、しばらく一緒に遊んでから2階の部屋に入った。汗をかいたので先ずは洗濯である。3階にある洗濯機に洗濯物を入れていると、受付で会った猫とは別の三毛猫が寄ってきた。猫が先に歩き一緒に階段を下りて私は2階の部屋に戻ったが、恐らくこの猫は私を案内しているつもりだったのだろう。猫はそのまま1階のロビーに下りて行った。

旅館の風呂についても紹介しておきたい。岩風呂が二つあり、脱衣室に鍵をかけて専用で使うことが出来る。洗濯物の乾燥を待つ間に小さい方の風呂に入ったが、洗濯物を取り込んでスケッチの仕上げを終えると、今度は大きい方の岩風呂にも入って体を温めた。これでビールが一段と旨く飲めたことは言うまでもない。

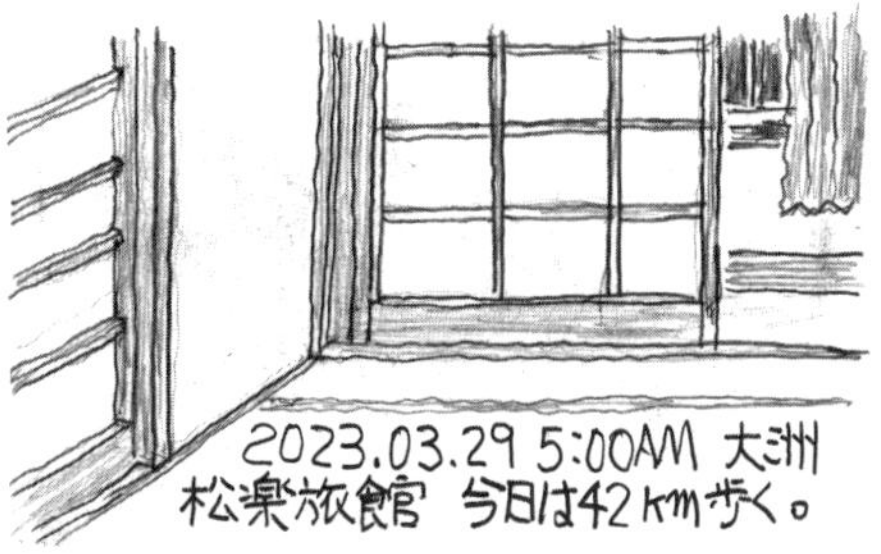
2023.03.29 5:00AM 大洲
松楽旅館 今日は42km歩く。

翌日は4時に起床。伊予大洲駅を6時26分発の特急列車に乗るので、少し緊張して寝ていたと思う。「松楽旅館」から伊予大洲駅へは2km程歩くので、部屋で朝食をすませてから5時40分に出発したが、まだ日の出前なので暗くて寒い。肱川橋を渡り大洲市の商店街を通って6時に駅に到着。早く着き過ぎてしまった。この日は長い距離を歩くので朝から気合いが入っていたが、少し空回り気味だった。

この日は八幡浜から佐田岬半島の三崎港まで約40km歩く日で、今回の旅の中でも一番きつい日である。伊予大洲駅から八幡浜駅の間は約14kmある。ここから三崎港まで約54kmを一気に歩き通すのは無理なので、前日にこの区間を歩いた次第だ。ウォーキング大会では、出場者は短時間で長い距離を歩いているが、それは荷物をほとんど持たない状態でレースをしている。私の場合は重い荷物を背負っているのに加えてスケッチをしながら歩くので、一日に最も歩いた道程は約45kmである。私にはそれ以上の距離を歩く実力はないし、マイペースで気に入った場所で立ち止まりながら歩くのが私の旅のスタイルなので、これを崩す訳にはいかない。伊予大洲駅から八幡浜駅までは列車で15分程で着くので、本来なら6時50分発の普通列車に乗るのだが、少しでも早く八幡浜駅から歩き始めたいので、特急料金を払ってでも約25分早く出発する特急列車を利用することにした。今回の旅のメインイベントが間もなく始まる。この日が雨でなくてよかった。私は駅のベンチに座りながら徐々に気合いが充実してきた。

# 55　佐田岬半島（八幡浜市）

佐田岬半島（八幡浜市）メロディーライン

## 佐田岬半島
（八幡浜市）

2023年3月29日

大峠トンネルを通過すると、佐田岬メロディーラインが始まった。所定の速度で車両が通ると「瀬戸の花嫁」のメロディーが聞こえてきた。

ＪＲ八幡浜駅前のコンビニで昼食のおにぎりを購入してから出発。「道の駅八幡浜みなっと」や八幡浜港に寄りたいが、この日は歩く道程が長いので最短で佐田岬半島の三崎港を目差す。愛宕山トンネルを通過して国道１９７号線を上って行くと名坂トンネルが現れ、その横に歩行者・自転車専用の歩道トンネル（４６１ｍ）があった。中に入ると不気味な声が響いてきたが、途中ですれ違った人が唄っていたようだ。名坂峠を越えたので道は下りになり、ミカン畑を両側に見ながら進む。天気は快晴で暑くなりそうだ。

国道を上って行くと大峠トンネル（１０８１ｍ）に到着。トンネルの入り口に照明のスイッチがあり、これを押すと30分間トンネル内の歩行者用照明が点灯して明るくなるとの説明が書かれていた。嬉しい配慮である。トンネル内が暗いと足元が全く見えないことは何度も経験してきた。さらに暗くなると直ぐ横にある壁さえ見えなくなる。私の目と壁との距離は30㎝程だが、それすら見えないくらいの真っ暗闇なのだ。そういう場合、壁に手を触れながら歩けばいいと思うだろうが、闇の向こう側に引き込まれそうな気がして、壁をさわるのを躊躇してしまう。このトンネルのように人が歩く間は点灯しているのは本当にありがたい。

大峠トンネルを通過して鼓尾バス停に来ると、「佐田岬　メロディー道路　始まり」との看板があり、「瀬戸の花嫁が流れます」と書かれていた。看板には小舟に乗った花嫁姿の愛媛県のキャラクター「みきゃん」と、船頭姿の「ダークみきゃん」が描かれているので否が応でも目立つ。確かに車が通過すると「瀬戸の花嫁」のメロディーが聞こえてきた。路面に溝が刻まれていて、所定の速度で車両が通過するとタイヤとの摩擦で音が出る工夫がなされているらしい。そして2年半前に「しまなみ海道」の大三島橋を、「瀬戸の花嫁」を口ずさみながら渡った事を思い出す。「瀬戸の花嫁」が一番似合う県は愛媛県だと思う。

# 56　佐田岬半島（伊方町）

佐田岬半島（伊方町）　メロディーラインより宇和海方面を望む

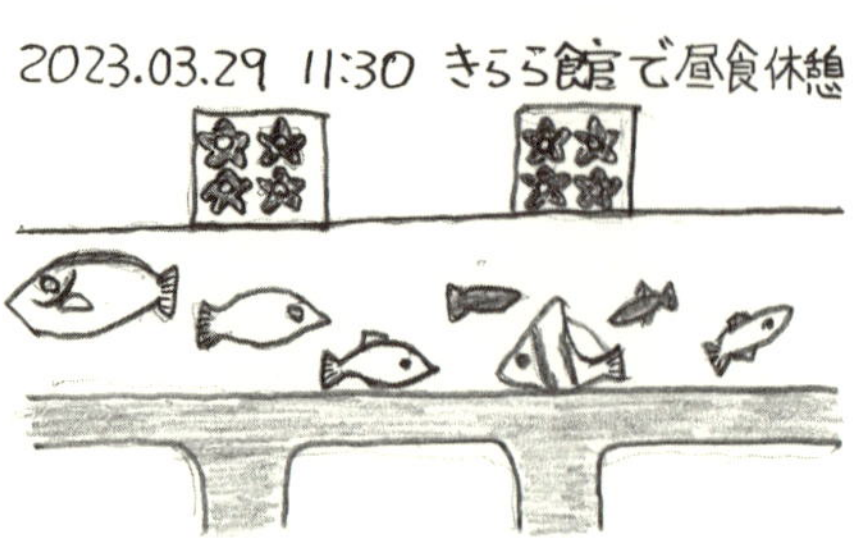


## 佐田岬半島
（伊方町）

2023年3月29〜30日

メロディーラインを進むと、堀切大橋の両側に宇和海と伊予灘が広がっていた。

佐田岬半島（伊方町）　メロディーラインの説明板

大峠トンネルを過ぎて国道１９７号線を下りて行くと、伊方町役場前の信号に到着。再び上り坂となり伊方町の市街地と伊方湾を見下ろして進むと、丸岡トンネル（３５０ｍ）が見えてきた。これからトンネルの通過が多くなる。次の中浦トンネル（４７９ｍ）は照明が少なくて、足元と壁が見えない所があり少し怖かった。どうやら先程通過した大峠トンネルは、１㎞以上あったので特別に照明の配慮がされていたようだ。トンネルを抜けると、時折山々の間から宇和海方面が開けて、山腹に山桜が咲く美しい景色を眺めながら歩いた。

11時10分に「道の駅きらら館」に到着。ずうっと上り続けて疲れたので昼食休憩とする。歩いている時はさほど感じなかったが、立ち止まると風が強く吹いていて日陰に入ると寒い。建物の中はきれいな魚が泳ぐ水槽があり、カウンターに座っておにぎりを食べながら魚を鑑賞した。もっと休

んでいたかったが、ここからさらに約22km歩くので11時半に出発。歩くペースを少し上げた方がよさそうだ。

空は晴れているが、海側は少し春霞がかかった景色が続く。そして「瀬戸の花嫁」に続いて、今度は童謡「うみ」のメロディーが流れる路面があった。車が通る度に「うみは ひろいな おおきいな……」のメロディーが聞こえてくる。通過する車の速度により、聞こえ方が微妙に違うようだ。そして「道の駅農業公園」に到着。北側の伊予灘方面が開け、ハナモモや菜の花も加わり、素晴らしい景色が広がっていた。

道の駅を出発して５分程行くと、赤い色をした鉄骨がアーチを描くように架かる堀切大橋が見えてきた。ここで佐田岬半島について簡単に説明しておく。「四国一周 歩程地図」を見て頂ければ分かる通り、佐田岬半島は北側の伊予灘（瀬戸内海）と南側の宇和海を隔てた日本列島で最も細長い半島として知られている。全長は約50kmで最小幅は約８００ｍ。先端の佐田岬から豊予《ほうよ》海峡を挟んで対岸の大分県佐賀関《さがのせき》までは14km程の距離でしかない。堀切大橋があるのは半島で最も幅の狭い地域で、江戸時代に伊予灘と宇和海を結ぶ運河の開削を試みたが断念した。「堀切」の名前はそのことに由来している。堀切大橋を渡っている時は、伊予灘と宇和海の両方を同時に見る事が出来た。

大久《おおく》展望台（瀬戸展望台）に着いたのは15時。ここは列柱が並びギリシャ神殿を思わせるような建物で、階段を上がると展望デッキになっており、満開の桜の横には佐田岬へと連なる山並みと宇和海が広がる景色を見ながら休憩した。この伊方町大久は青色発光ダイオードの発明でノーベル物理学賞を受賞した中村修二氏の出身地で記念碑が立っていた。展望台を出発してトンネルの通過を繰り返し、三崎港に着いたのは17時。八幡浜駅からメロディーラインをひたすら歩いた一日だった。

　この日の宿泊は三崎港近くの「えびすや旅館」。今回、旅の計画をするに当たり、伊方原発の定期検査期間と重なったので、佐田岬半島の宿泊場所を確保するのに苦労したが、なんとか予約できた宿である。そして19時から夕食。旅館のパンフレットによると豊予海峡で獲れた身のしまった魚を提供すると書かれているが、その通り海の幸が満載の料理に舌鼓を打つ。この日は八幡浜から三崎港まで約40kmを歩き、その前には宿から伊予大洲駅まで２kmを歩いたので、計42km歩いたことになる。一流のマラソン選手はこの距離を2時間程で走るので、「マラソンランナー恐るべし」などと頭に浮かぶ雑念を楽しみながら食事をした。今回の旅で一番長い区間を歩き終えたので一安心。部屋に戻る途中に談話スペースがあるが、いかにも老舗旅館らしく真空管アンプのオーディオからは静かな音楽が流れていた。

　翌日は5時半に起床。朝食の前に散歩をしようと三崎港に行く。天気はよいのだが、春霞がかかったようなぼんやりとした景色である。まだ漁船は動き出していないので、静かな朝の中を散策して宿に戻った。私が宿泊した部

佐田岬半島（伊方町）　えびすや旅館

屋は書院造りの和室で、障子の桟の配置が面白いので、それをスケッチしながら朝食を待つ。縦横の桟の間隔は不規則で、所々抜けている箇所がある。どういう感覚でこの様な配置に決めるのだろう。まるで抽象絵画の巨匠ピート・モンドリアンが創作したかのようである。

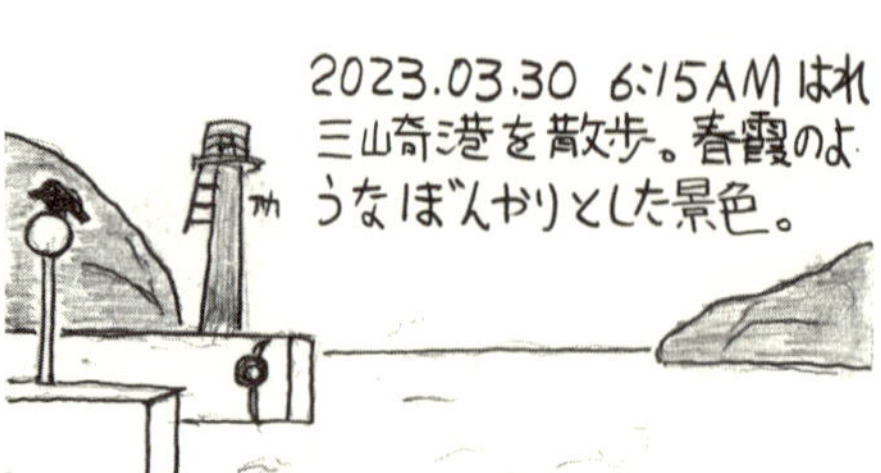

2023
03.30
9:15
三崎
三崎のアコウは大迫力である。

８時半に宿を出発。会計を終えて出発しようとしたが、先に玄関を出ようとしていたサイクリスト（以降Fさん）と話をした。彼は現在63歳で、先ずは四国を自転車で旅したので、次は日本中を自転車で駆け巡るとのこと。これからフェリーで大分県の佐賀関まで行き、大分県と熊本県を横断して天草に行く予定とのことだ。基本はテント泊とのことで、自転車にたくさんの荷物が括り付けられていた。荷物を一部持たせていただくと非常に重い。メロディーラインの坂道を上ってここまで来るのは大変だったに違いない。

この日は四国の最西端佐田岬に行く日である。ここから先はコンビニがないので、昼食を買うために来た道を戻ってコンビニに行くが、Fさんも食料を調達するとのことで、一緒に５００ｍ程歩きながら話をした。Fさんは60歳を過ぎてから自由に生きてみたいと思って会社を退職したとのこと。私の場合は手術で入院したことがきっかけで、これからの人生は本当にやりたいことを優先しようと思い職場を離れたが、どちらも似た様な理由で退職しているなと思った。Fさんとはコンビニで別れたが、三崎港のフェリーターミナルに向けて勢いよくペダルを踏んで行った。私もそれを追いかけるように三崎港へと歩き出した。

三崎港にはアコウの大木が通りに面して生えている。推定樹齢は６００年で、タコの足が巻き付いたようにも見えるので「タコの木」とも呼ばれている。クワ科の亜熱帯植物で、この地が生育の北限とのことだ。そのアコウの大木の横の坂道を上り、幅の狭い路地に入って三崎の街を散策した。

# 57　佐田岬

佐田岬　佐田岬駐車場から対岸の九州大分県佐賀関半島を望む

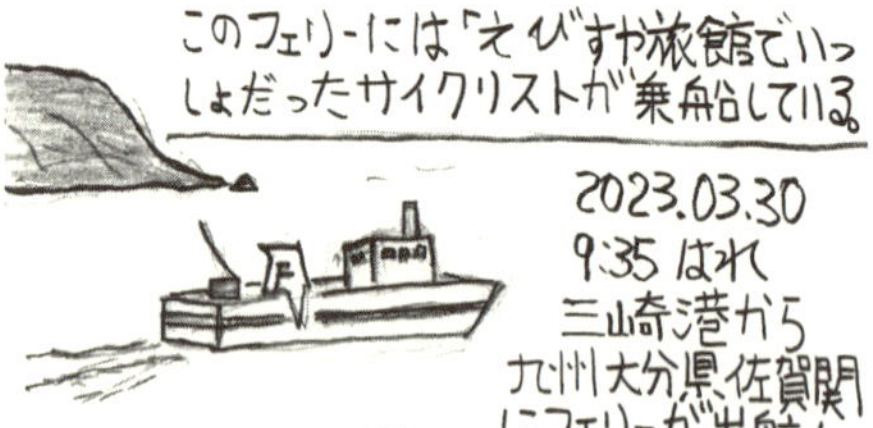
このフェリーには「えびすや旅館でいっしょだったサイクリストが乗船している。
2023.03.30
9:35 はれ
三崎港から
九州大分県佐賀関
にフェリーが出航していく。

2023.03.30 14:30 佐田岬灯台
ついにここまで来た。四国の最西端に立つ。今回の旅のメインイベントが今だ。
四国最西端
佐田岬灯台
北緯33度20分35.0秒
東経132度0分53.7秒

## 佐田岬

2023年3月30〜31日

四国最西端の佐田岬に到達。ここから豊予《ほうよ》海峡の対岸に位置する九州の大分県佐賀関《さがのせき》までの距離は、わずか14kmにすぎない。

三崎港を後に県道256号線を進む。海岸に沿うように上がって行くと、三崎港から佐賀関行のフェリーが出航して行くのが見えた。先程まで御一緒したFさんも乗船しているので、船に向かって手を振った。三崎港から佐賀関港までの距離は約31㎞で、フェリーの所要時間は70分である。

宇和海に沿って2時間程歩き、佐田岬漁港に到着したのは11時半。この日宿泊する「民宿大岩」に荷物を置かせてもらい、係の方に佐田岬への行き方を確認してから漁港に出て昼食休憩とした。

12時に漁港を出発。急な坂道をゆっくりと上がるが、身軽になったので坂道は苦にならない。やがて伊予灘を右手に見て進み、佐田岬駐車場に着いたのは13時10分。ここからは佐多岬の先端方面が望め、わずかに佐田岬灯台の上部が顔を出して、その奥には九州の佐賀関半島が雲の上に浮かんでいた。

駐車場から佐田岬灯台までは約2㎞離れている。いよいよ四国の最西端へと歩き出す。ここから先は車が入れないが、歩道はコンクリートで覆われているので歩きやすい。急勾配の下り道を進むと椿山展望台の案内標示があったので寄る。床はウッドデッキが敷き詰められ、展望は抜群にいい。眼下に白亜の佐田岬灯台が見える。春霞がかかったような空模様だが、水平線や対岸の九州はぼんやりと見えていた。ここから大分県の佐賀関までの距離はわずか14㎞にすぎない。展望台を後に海岸近くまで下りた後、再び上り返して14時半に佐田岬灯台に到着。ここに「四国最西端」の碑があったのでスケッチ。これで四国の東西南北の先端にある岬に全て立つという目標を達成した。目の前に広がる海は瀬戸内海（伊予灘）と宇和海の間にある豊予《ほうよ》海峡である。風が強くて寒いので、灯台の風に当たらない側に廻って海峡を眺めていた。

さて戻らなければならない。今度は来た時とは逆に上り坂が続くことになる。3月下旬だが、道の両側に

佐田岬　椿山展望台より佐田岬灯台を望む

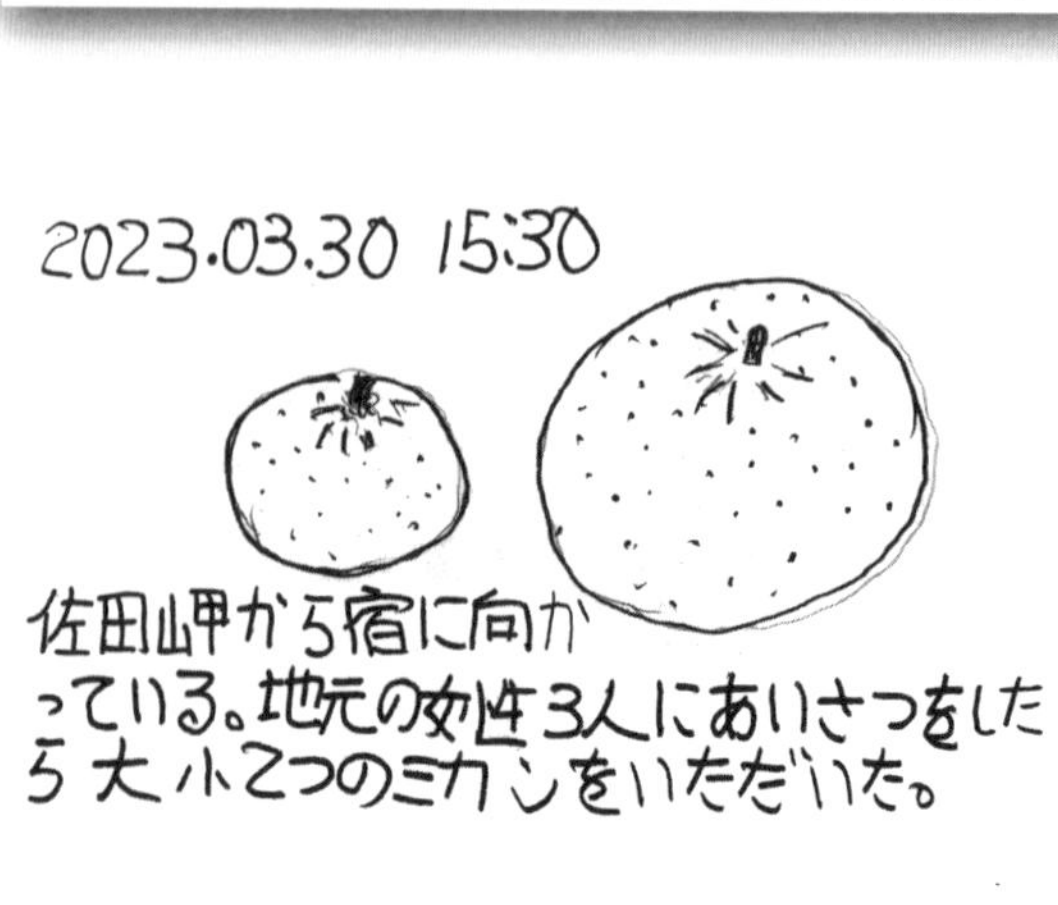
2023.03.30 15:30
佐田岬から宿に向か
っている。地元の女性3人にあいさつをした
ら大小2つのミカンをいただいた。

は赤い色をしたヤブツバキが咲いていた。先程は早く灯台に着きたくて気にかけなかったが、帰り道はツバキの花を見ながらゆっくりと歩いた。

佐田岬駐車場に戻ったのは15時。佐田岬漁港に向けて20分程歩いた頃、道路脇で地元の女性三人が会話をしていたので「こんにちは」と挨拶をすると、呼び止められて「甘くておいしいよ」の声と共にミカンを二つ頂いた。旅先でこの様な親切を受けると大変嬉しい。旅先での挨拶は幸運を呼び込む。

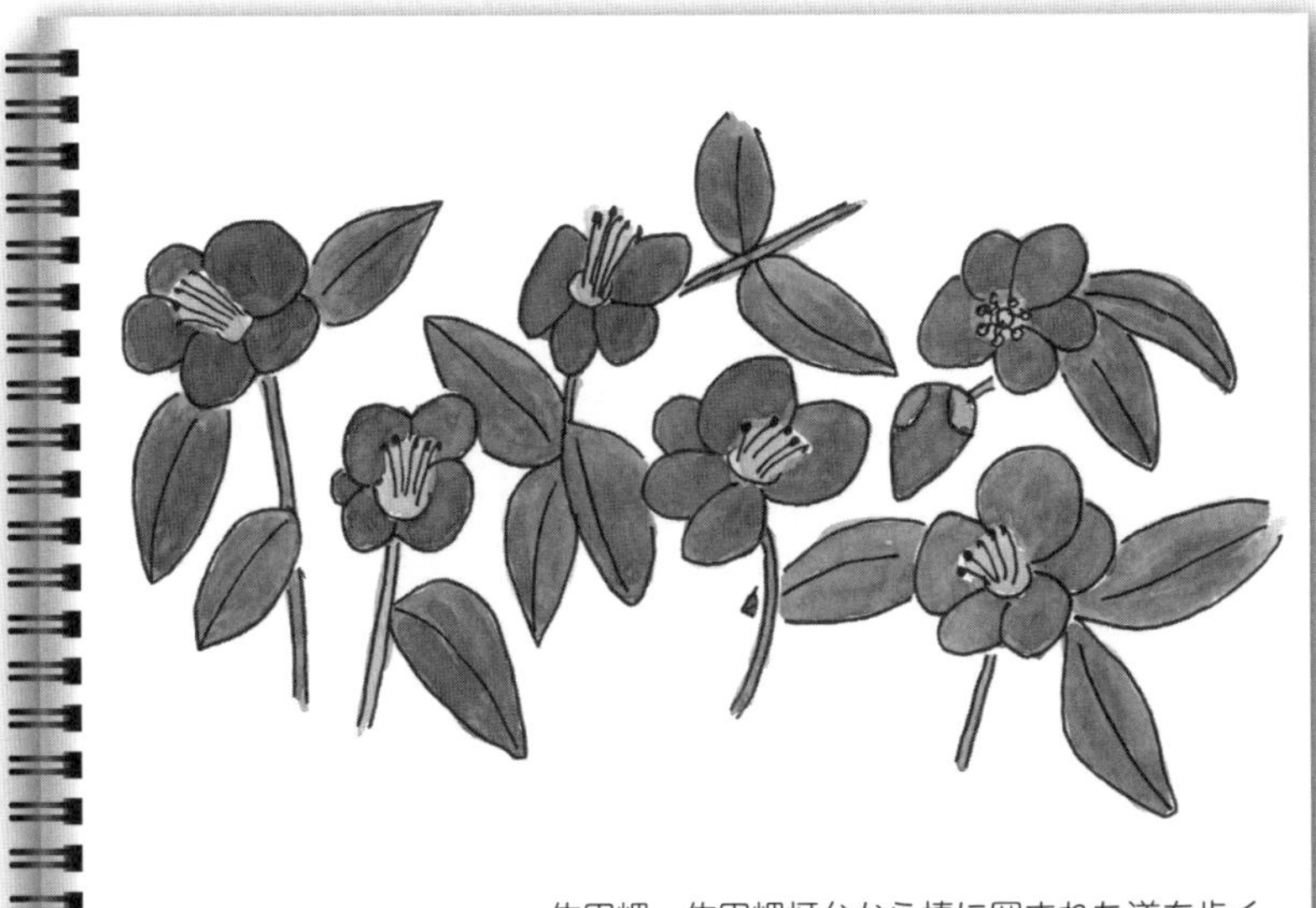

佐田岬　佐田岬灯台から椿に囲まれた道を歩く

「民宿大岩」に戻ったのは16時10分。フロントで受付をして、預けておいた荷物を受け取り、部屋に入った。風呂が沸いていることを確認してから部屋に入った。窓からの景色は、眼下に漁港があり奥の山々には風力発電塔が並び見晴らしがいい。この民宿自慢の展望風呂に入ろうと上階に行くと、風呂場には誰もいないので私が一番風呂だと思い洗い場に入ったが、何かがおかしい。風呂特有の湯煙が全く見えなくて寒々しいのだ。いつもは最初にシャワーで体を洗うのだが、先ずは体を温めようと浴槽に浸かったが何故か冷たい。サウナがあるので、これで体を温めてから大浴槽は水風呂として使うのかと思い扉を開けたが、中は暗くて冷え切っていた。体がすっかり冷たくなったので、シャワーから出るお湯で体をひたすら温めた。脱衣室に戻り、服を着てからフロントに行く。係の方に浴槽の水が温まっていない旨を伝え、一緒に風呂場ま

で戻って確認してもらった。すると電源を入れ忘れていたとのことで、沸き上がるまで30分程かかるらしい。「報告していただいて助かりました」と言われたが、人間誰しも間違いはあるし、部屋でスケッチの仕上げをしながら待つことにした。

湯が沸いた頃を見計らって風呂に入り直し、浴槽に浸かりながらこの日の出来事を思い出す。春霞がかかったような景色だったので海の色は光り輝くマリンブルーでなく、グレーに近い色だったのが少し残念だった。そんな中でも九州の佐賀関半島は見えたし、帰りには地元の方からミカンを頂いたりしてよい旅だったと思う。そしてこの水風呂事件も印象に残るハプニングだった。

夕食は離れの座敷で食べた。品数が多くて豪勢な料理である。ビールがとても旨いが、一本にしておかないと料理を食べきれないと思い、ちびちびと飲みながら全て平らげた。私は食べ終えた時の美しさを大切にしている。それは出された料理を残さないことだ。特に煮魚料理にはこだわりがあり、骨だけを残してしゃぶり尽くすのが私の流儀である。

翌日は5時10分に起床。曇り空なので日の出は見られなかったが、部屋の窓から船が順番に出漁していく様子を眺めていた。この日は3月31日の金曜日。7時から朝食をし、7時半からＮＨＫのＢＳで放映の朝ドラ「舞いあがれ！」の最終回を見ようと急いで部屋に戻る。テレビを見ながら前日地元の方から頂いたミカンを食べたが、甘くて大変おいしかった。引き続き放映されたのが、田中陽希さんの「グレートトラバース

3　日本三百名山　全山人力踏破」の最終回である。コロナ禍に見舞われながらも、3年7カ月をかけての偉業ですごいなと思う。単に300名山を登るだけでなく、その間の移動も徒歩でつなぎ、九州本土と屋久島の間にある大隅海峡、本州と北海道の間にある津軽海峡、北海道と利尻島を隔てる利尻水道はカヤックで渡るという物凄い日本縦断の旅である。彼はプロアドベンチャーレーサーなので仕事として旅をしている。大勢のスタッフと共に番組制作をしているので、活動に制約を受けることも多々あるだろう。スケールはかなり落ちるが、私の方が仕事から離れている分だけ自由で楽しい旅をしているかも知れない。

田中陽希さんから元気をもらい、高揚した気分で宿を出発。朝ドラのタイトルそのままの舞いあがり気味の気持ちを静めようと、近くの野坂神社でこの日の安全を祈願。そして来た道を戻り三崎

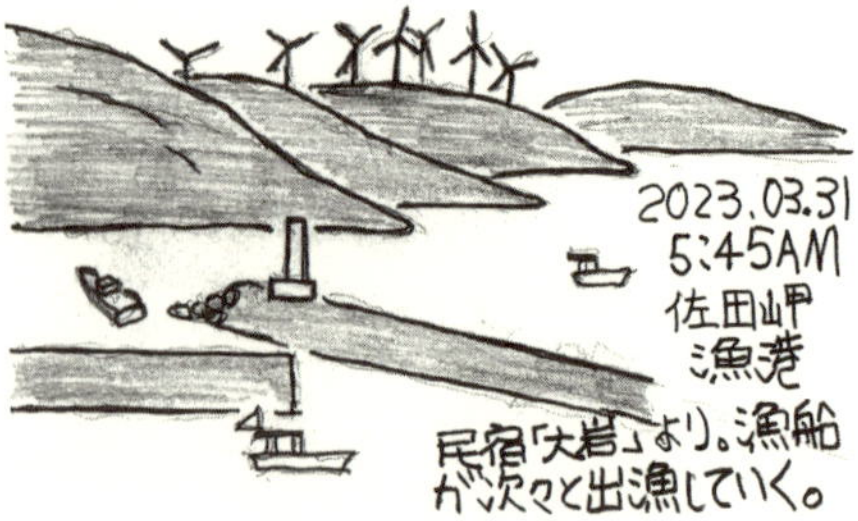

港を目差す。1時間程歩いた頃、私の横に生コンのミキサー車が止まり、運転手さんから「助手席に乗って行かないか」と声をかけられた。歩く旅をしている旨を伝えて丁重にお断りしたが、私が出会った四国の人達は皆が親切だ。

11時に三崎港に到着。ここからバスで伊予大洲駅まで戻る。本当は歩いて八幡浜まで行くのが歩く旅の本道だが、前々日にメロディーラインを歩き通したので、片道を歩いただけでも「四国一周　徒歩の旅」の道はつながっていると、都合のいい解釈をした。バスを待つ間に「はなはな」という観光施設の展望レストランで、旅行支援キャンペーンのクーポン券を使って千円の「生シラス丼」を注文。今回のクーポン券は8日間利用出来るので、無理な買い物で無駄遣いをすることもなく、経済面から私を支えてくれていた。

12時45分に松山駅行のバスに乗車。メロディーラインを車窓から眺めていたが、いつの間にか寝てしまい、八幡浜駅前に13時55分に到着。私が10時間以上かけて歩いた道を、バスはわずか1時間10分で着いてしまう。人は歩いてどこにも行けるが、人が築き上げた文明の力もすごいなと思う。

# 58　大洲市（2）

大洲市　臥龍山荘

## 大洲市（2）

2023年3月31〜4月1日

「銀河鉄道999」の看板があった。列車は銀河を走り廻っているが、私は日本中を歩き廻っていると思いながら眺めていた。

バスは14時半にJR伊予大洲駅に到着。ホテルに荷物を預けてから臥龍山荘《がりゅうさんそう》へ向かった。肱川《ひじかわ》に架かる肱川橋を渡り、大洲の昔ながらの街並みを通って山荘に着いたが、あいにく外国人の団体客と一緒になったので、横を流れる肱川の河原に行き、先ずは外から山荘を眺めることにした。パンフレットによると、この景勝地は幕末まで歴代藩主の遊賞地として厚く保護されていたが、明治維新後は補修されることなく自然荒廃していた。現在の山荘は貿易商河内寅次郎が余生を故郷で過ごしたいという思いから財を投じ、10年の構想と工期を費やして、地元大洲の大工中野虎雄を棟梁に、その思いを託して築いたという。

団体客が引き上げた頃を見計らって中に入った。臥龍院は内観、外観共に素晴らしかった。「霞月《かげつ》の間」は風情のある茶室で丸窓は月を表現していて、「清吹《せいすい》の間」の欄間は透かし彫りがよかった。庭に出ると苔むした感じが美しく、敷地の角に建つ「不老庵」は竹網代《あじろ》張りの天井が目を引き、開放された部屋からは周囲の景色が一望出来た。見学者は私の他に誰もいないので、縁側に座って下を流れる肱川を眺めていた。

臥龍山荘を出ると、鵜飼の様子が描かれたマンホール蓋があった。大洲の鵜飼は夏の風物詩として知られている。水面に浮かぶ鵜と羽ばたいている鵜の2羽に加えて魚と花が刻まれていた。

大洲の街並みを見学しようと「おはなはん通り」に行く。この通りは漆喰仕上げの白壁の建物が並び昔の雰囲気が漂っていた。1966年に放映されたNHKの連続テレビ小説「おはなはん」のロケ地として使われた場所だ。放映された当時私は小学生だったが、そのメロディーは今でも微かに覚えている。主演は樫山文枝さんだった。改めて通りを眺めると、道幅は広くて昔ながらの建物が並び、ロケには絶好の場所である。

夕食を購入してからホテルに戻ったのは17時半。洗濯と乾燥の合間にスケッチの仕上げを終えてから風呂に入り、20時から遅い夕食となった。

翌日は6時10分に起床。前日はあまり歩いていないので疲れていないはずだが、寝坊してしまった。私は疲れ過ぎた時は夜中に目が覚めることが多い。適度な疲れが睡眠には一番いいのだろう。目覚めは爽快で、朝から調子がよさそうだ。

ホテルのレストランで食事をしていると、奥歯に詰めた金属が外れた。旅の途中である。最悪の時に取れたものだ。余計な不安をひとつ抱えてしまった。

2023.04.01 8:00AM　ホテルを出発
右側にぼんやりと富士山が見える。
大洲市は歴史が感じられる街だった。

ホテルを8時に出発。この日は内子《うちこ》町泊まりなので12㎞程しか歩かない。ゆっくり内子の町並みを見て廻る予定だ。国道56号線を進むと、右手に富士山（大洲富士）があるが周囲は霧に覆われているので、山のシルエットがぼんやりと浮かんでいた。そして以前テレビで大洲市を紹介したニュースを思い出す。大洲市はタケノコが有名で朝に霧が立つので乾燥しないで柔らかく育ち、「朝霧タケノコ」として知られている。タケノコの旬の時期は3月〜5月なので正に今である。そう言えば、4日前の今頃の時間に大洲市と隣接する西予市でも濃い霧の中を歩いた。この辺りは放射冷却の影響で、この時期は霧が発生しやすいのだろう。旅を終えてから知ったのだが、大洲盆地で発生した霧が肱川沿いを強風と共に一気に流れる自然現象「肱川あらし」が10月〜3月にかけて起こるとのことだ。この日は晴れで気温は23℃まで上が

大洲市　国道56号線　新谷駅付近　銀河鉄道999の看板あり

るとのことだが、歩いている時は寒かったので薄手のジャンパーを着て、首にはマフラーを巻いていた。

ＪＲ内子線に沿うように国道を進み新谷《にいや》駅に近づいた頃、左手に「銀河鉄道９９９」が描かれた大きな看板が立っていた。私は車の往来が途絶えた合間を見て、道路を横断して看板の前に立つ。絵の作者はもちろん松本零士氏である。松本氏はこの年の２月に亡くなられたばかりで、わずか１月半前のことだ。私もこの絵の如く、さ迷うように日本中を歩いて旅している。汽車に乗っている私を鉄郎やメーテルなど登場するキャラクターの面々が手を振って見送っているように思えてくる。絵の下に「銀河鉄道９９９始発駅　新谷」と書かれていた。旅を終えてから知ったのだが、松本氏は戦時中、大洲市新谷地区に疎開していたとのこと。そして私が住む埼玉県入間市を西武池袋線が通っているが、松本氏が在住していた東京都練馬区にも同じ路線がつながっていて、「銀河鉄道９９９」のキャラクターが描かれた車両を時折見かけた。子供達だけではなく大人にも人気の車両だった。そんな御縁を感じながらこの看板をしばらくの間見入っていた。

「四国一周　徒歩の旅」は終わりが近づいてきた。旅をしている中で、ＪＲ牟岐《むぎ》線や阿佐海岸鉄道のＤＭＶ（デュアル・モード・ビークル）方式の列車、土佐くろしお鉄道など乗車したいと思った列車に何度も出会った。そして、魅力ある駅舎もたくさん見てきた。私は鉄道に乗るのが好きなので、歩く旅の次は列車の旅もいいかもしれない。

# 59　内子町《うちこちょう》

内子町　高橋邸　私が宿泊した離れの外観

2023.04.01 10:50
内子への遍路道
タンポポが咲き
チョウが集まる。

2023
04.01
11:00
内子への遍路
道。お遍路さん
の後を歩く。

## 内子町

2023年4月1～2日

高橋邸に泊まった。由緒ある6DKの純和風建築を独り占め。しかし夜が更けるにつれて、次第に心細くなってきた。

国道56号線を進み、ＪＲ内子線五十崎《いかざき》駅の手前で遍路道に入る。やがて草に覆われた道になるとタンポポが咲き乱れ、それに蝶が集まる様子や前を歩くお遍路さんを描き留めながら歩いた。内子駅に着いたのは11時半。先ずはこの日の宿泊場所である文化交流ヴィラ高橋邸に行き、荷物を置いて身軽になることにした。

高橋邸を簡単に紹介する。内子町のホームページによると、日本のビール業界の繁栄に貢献し、戦後の経済復興に通産大臣として業績を残した高橋龍太郎氏を育てた屋敷である。その長男であられる吉隆氏（元アサヒビール会長）が内子町に思いを寄せられていたことから、その御遺族により内子町に寄贈され文化交流の場に利用されている。母屋は公開されており、この日はひな人形が飾られていた。旧暦のひな祭り3月3日に合わせて開催されているとのこと。離れがゲストハウスで、こちらも趣のある和風建築である。６ＤＫを1棟、一組限定で宿泊に提供している。係の方に部屋を一通り案内していただいたが、トイレは2カ所あり風呂場と脱衣所は広く、台所にはかまどがあった。

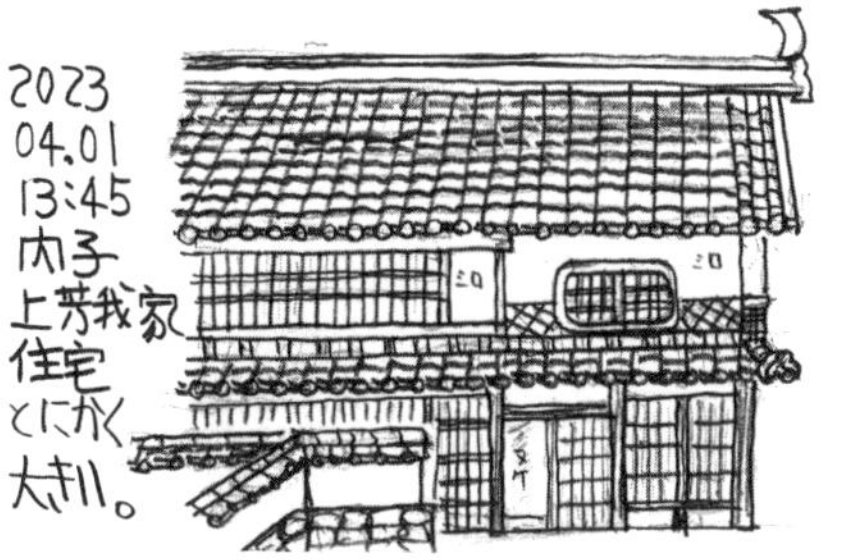
2023
04.01
13:45
内子
上芳我家
住宅
とにかく
大きい。

この様な立派な屋敷で、スーパーで購入した稲荷ずしを食べるのは少し情けない気がしたが、昼食を終えると元気になったので外に出る。先ずは隣接する空き地から高橋邸の離れをスケッチ。純和風の2階建て建築で、ここに泊まるのかと思うと、俄然楽しみが増してきた。

内子の街並み保存地区を歩くと、なまこ壁や漆喰の白壁、出格子のある建物が並ぶ。その中で上芳我家《かみはが》は江戸時代から大正時代にかけて木蠟《もくろう》の生産で

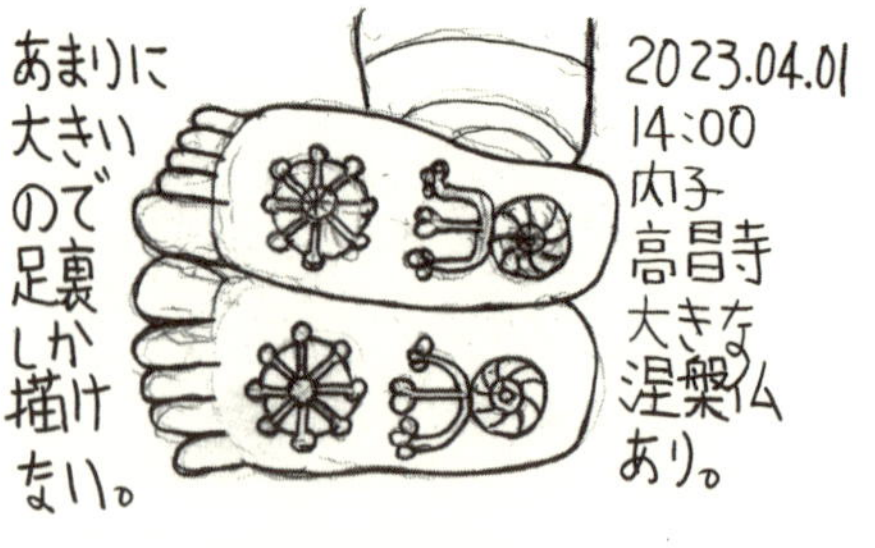

栄えた商家である。中に入ると木蠟について説明を受けた。木蠟とはハゼノキの実が原料で、圧力をかけて搾りとった蠟を生蠟《きろう》と言い、主に和蠟燭《ろうそく》の原料に使われる。さらに生蠟を漂白したものを白蠟《はくろう》と言い、蠟燭や化粧品、クレヨン等の材料に利用される。

　保存地区の通りが終わると高昌寺《こうしょうじ》に到着。そこに大きな涅槃仏《ねはんぶつ》があった、長さは10mくらいある。私の小さな手帳では描ききれないので、足の裏に描かれた模様をスケッチした。寺を後に保存地区の通りに戻り、内子駅方面に歩き出すと大村家や本芳我家など、かつて財をなした家々が並び、「商いと暮らし博物館」に入ると本物と見間違えるほどの人形が大正時代の薬屋の様子を再現していた。そして有名な内子座に到着。パンフレットによると大正5年（1916年）創建の木造2階建てで、木蠟や生糸などの生産で栄えた時代、芸術・芸能を愛してやまない人々の熱意により建てられたとのこと。中に入ると、1階は桝席で舞台は中央が回り舞台になっていて、奈落《ならく》まで見学することが出来た。そして2階の大向《おおむこう》に座り舞台全体を眺めながら休憩。ここは低料金の客席で、常連や劇通の利用が多いので「大向をうならせる」とは芝居が上出来のことを意味する。

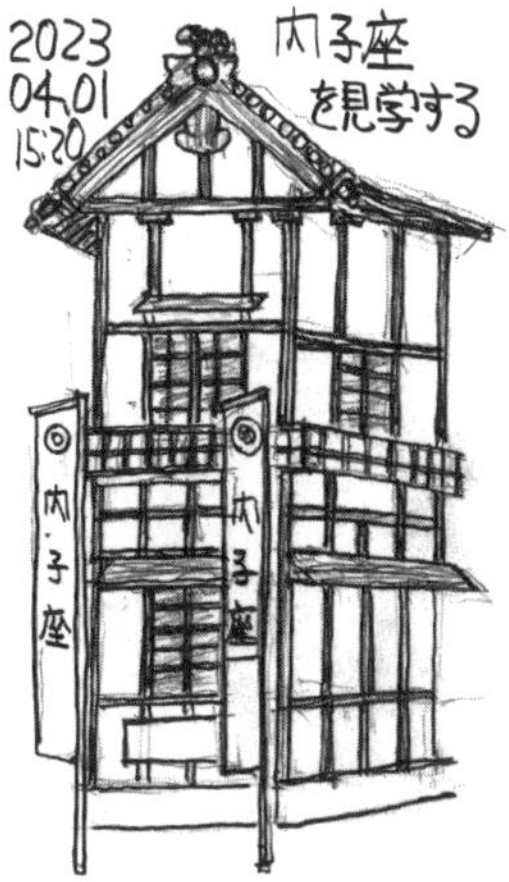


内子座の外観を描いてからコンビニで夕食とビールを購入。銘柄はもちろんアサヒである。これから高橋邸を独り占めして一人宴会だ。しかしこの日は4月1日のエイプリルフール。何か変な事が起こらなければよいが。

高橋邸に戻ったのは16時10分。係の方に戻った旨を報告し、母屋とひな人形の展示を見学させて頂く。レトロなガラスを通して少しゆがんだ庭の景色を楽しんだ。16時半に門が閉じられ係の方が帰ると、この広い屋敷内に私一人だけが取り残された。緊急時の連絡先を教えて頂いたが、スマホや携帯電話を持たない私には連絡のしようがない。これから翌日の朝、係の方が来るまで周りから完全に隔絶された状況になった。

先ずは建物内を探検する。そして2階の和室をスケッチし終えたのが17時半頃で、周囲が暗くなり始めた。係の方が戸締まりしているはずだが、念のために確かめる。雨戸などは独特の仕掛けが施された箇所があり、開けたのはいいが閉じるのに戸惑った。風呂の浴槽にお湯を張り、居間のテーブルでスケッチの仕上げを終えたのが19時半。風呂に入りいよいよ夕食だ。私のいる居間にはテレビやポットがあり、荷物もここに置いてある。夜が更けるにつれて冷えてきたので、電気カーペットを入れると大変心地よい。ビールを飲みながら、今日はどこに寝ようか思案した。実は係の方に部屋を案内された時、「どこに布団を敷きますか」と尋ねられ、「自分で決めるので、居間の隣の部屋に置いてください」と答えていた。居間で寝るのが便利だし、温かくて過ごしやすいのは明らかだ。しかしせっかく素晴らしい屋敷

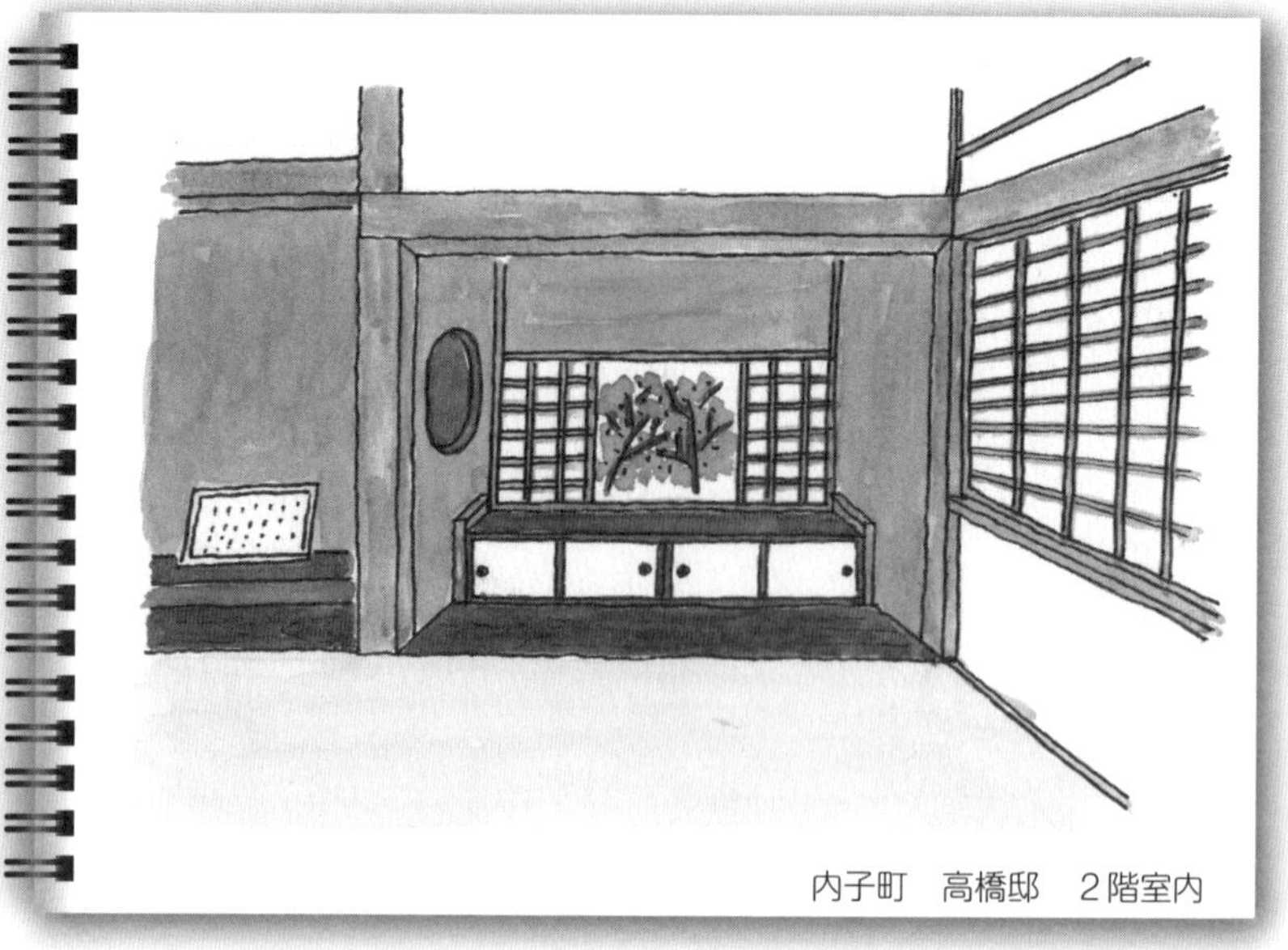
内子町　高橋邸　２階室内

に泊まるのだ。私は寒いのを我慢して、屋敷の中で一番広い部屋の中央に布団を敷いた。22時に就寝。使い勝手が全く分からないので、トイレに行く廊下の照明は点灯しておいた。この家は広くて部屋数が多いので、照明のスイッチの位置を覚えるだけでも結構大変である。

翌日は４時45分に起床。まだ暗くて寒いが、部屋の照明を点灯して布団を片付ける。かなり凝った造りの部屋なので描くのに30分程かかった。「日本縦断 徒歩の旅」を通していろいろな所に泊まったが、その中でもこの高橋邸は印象に残る宿の筆頭である。朝食は母屋で頂いた。ひな人形に囲まれての食事である。大変美味しくて大満足。庭は朝日で明るく輝き、ひな人形は可愛らしくて賑やかな雰囲気に包まれていた。

８時10分に高橋邸を出発。小田川に沿って国道56号線を歩くと、国道３７９号線への分岐に到着。

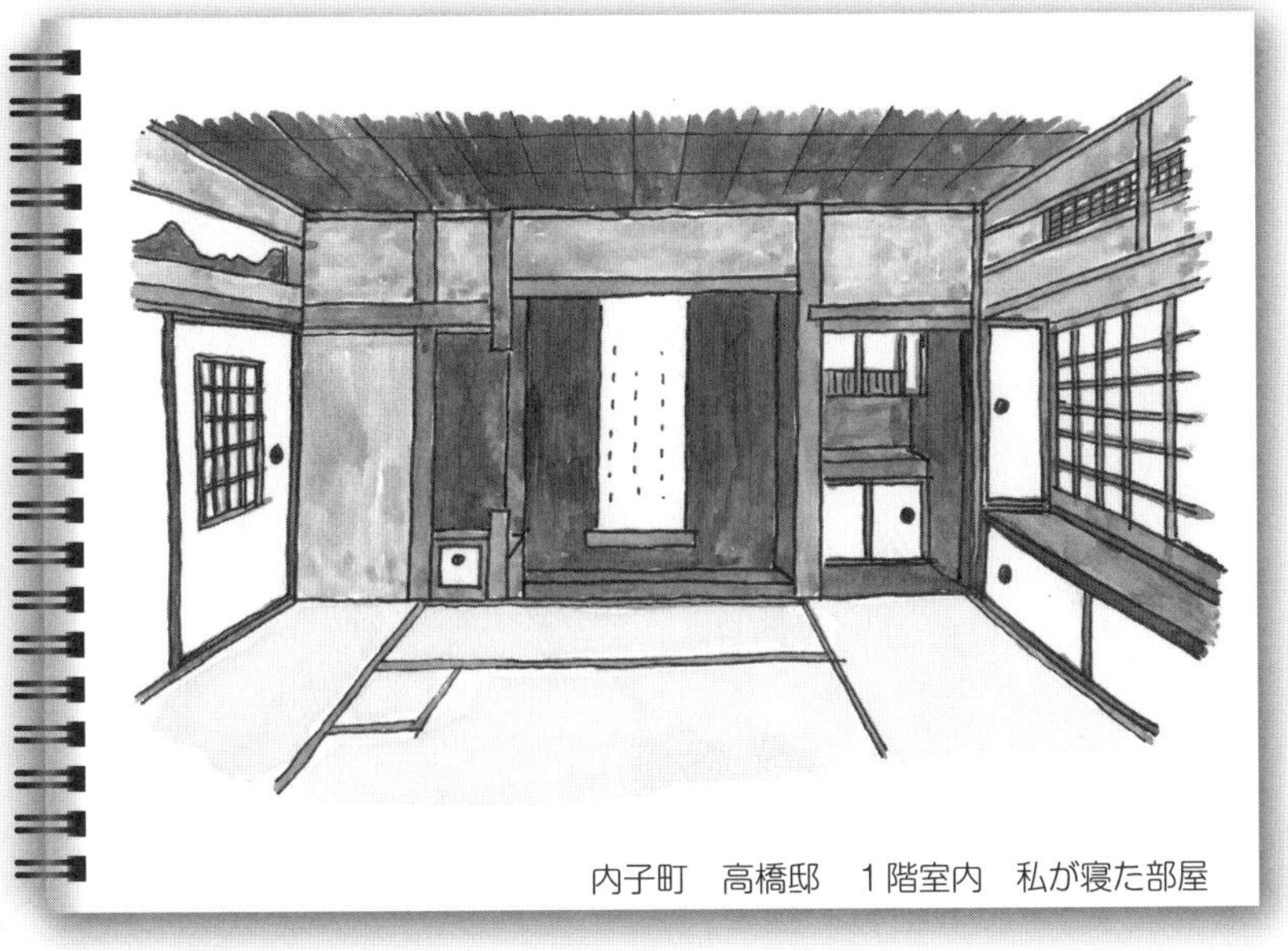

内子町　高橋邸　１階室内　私が寝た部屋

お遍路さんは小田川沿いに国道３７９号線を行くが、私は国道56号線を直進して伊予市街地方面へ進む。やがてＪＲ予讃線が左手に現れ、山の中に入るように上って行く。そして伊予立川駅を過ぎ、内子町に別れを告げて伊予市に入った。

2023
04.02
7:30
高橋邸で
ひな人形に
囲まれて朝食
をする。旨かった。

2023.04.02 9:55 伊予立川駅
丁度電車が留まっている。高台にある駅舎だ。
伊予立川

# 60　伊予市

ど根性モミジ
ここに有り


伊予市　やすらぎの里　「ど根性モミジここに有り」の立て札

2023
04.02
14:40
桜の花が舞っている。
伊予大鷦鷯神社で休む。

2023
04.02
15:15
いよ
伊予市のマンホールは枇杷の絵柄。自慢の特産品なのだろう。


## 伊予市

2023年4月2〜3日

ホテルに隣接する「いよ温泉」に入る。宿泊客には生ビールがジョッキ一杯無料サービス付きで、大変ありがたく頂いた。

国道56号線を中山川に沿って上り続けて伊予市に入った頃、風はないのに上から桜の花びらがひらひらと舞い落ちてきた。季節の粋な演出だなと思いながら進んで行くと、蛍の絵と「ど根性モミジここに有り」と書かれた看板が立っていた。その横に葉を付けた細い木がアスファルトの路面から突き出ている。ユーモラスな感じで微笑ましい。そして気になったのがマンホール蓋だ。クリの絵柄で「なかやま」と刻まれている。伊予市と合併する前は中山町だった名残である。11時40分に伊予中山駅に到着。無人駅のホームに入ると、駅舎は両側がトンネルに挟まれた場所に建っていた。松山方面の犬寄《いぬよせ》トンネルは全長約６㎞に及び、ＪＲ四国の中で最長のトンネルである。山間の道を歩いていることを感じながら昼食休憩とした。

「道の駅なかやま」に寄り、30分程歩くと東峰トンネル（１０６ｍ）を通過。その次に現れたのが犬寄トンネル（７４９ｍ）で、ここは標高２９０ｍの犬寄峠である。このトンネルは歩道幅が狭く、時折トンネルの壁面の目地から染み出た土砂が堆積している箇所があり、その度に車道に下りて再び歩道に上がることを繰り返したので、後ろから来る車両に気を使いながら通過した。

国道を下って行くと、左手に大鷦鷯神社《おおさざきじんじゃ》があった。古めかしい雰囲気に引かれて境内に入ると、桜の花びらが舞い落ちてきて、まるで歌舞伎「義経千本桜」の演目「道行初音旅」の華やかな舞台を見ているかのようだった。静御前のような美しい方が隣にいればいいのにと思いながら。

神社を後に進むとミカンに似た絵柄のマンホール蓋があった。よく見るとびわのようである。私の道中記には頻繁にマンホール蓋が出てくるが、そこにはわずか直径60㎝の中に地域の自慢が凝縮されていると思う。先程通った中山町ではクリの絵柄のマンホール蓋をスケッチしようか迷っているうちに中山町を通り過ぎて

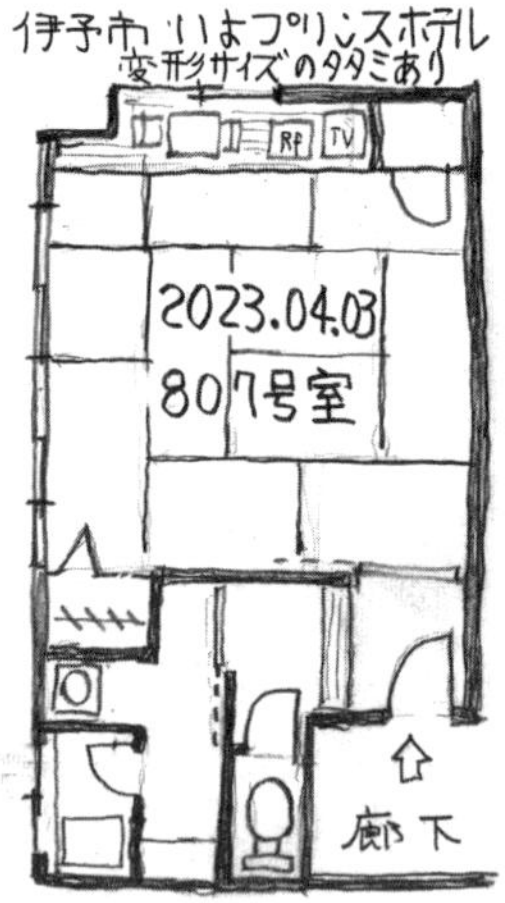
伊予市 いよプリンスホテル
変形サイズのタタミあり
RF
TV
2023.04.03
807号室
廊下

しまったが、ここまで来れば1時間程でこの日宿泊する伊予市の市街地に行くことが出来る。車両の通行が少ない路地に入ってびわの絵が刻まれたマンホール蓋をスケッチした。

16時に伊予鉄道郡中線《ぐんちゅうせん》の郡中港駅《ぐんちゅうこうえき》に到着。隣接してJR予讃線の伊予市駅があり、近くには伊予市役所があるので、ここは伊予市の中心地である。伊予鉄道郡中線は松山市駅とこの郡中港駅を結ぶ路線で、車両は赤っぽいオレンジ色をしていて、主に3両編成で運行しているようだ。

夕食とビールをコンビニで購入してから「いよプリンスホテル」に到着したのは16時半。最上階の角部屋でオーシャンビューの和室である。先ずはこのホテルに隣接している「いよ温泉」に行った。ホテルの宿泊客は無料で入ることが出来て、生ビールをジョッキ一杯無料で飲めるサービス付きである。まだスケッチの仕上げに着手していないし、乾燥機に入れた洗濯物を取り込んでいない。しかし風呂上がりの生ビールの誘惑に勝てるはずがなく、一人ベンチに座り、他の利用客の羨ましそうな視線を感じながら飲んだ。そして部屋に戻ると、太陽が伊予灘に浮かぶ島に沈みかけていた。太陽の近くに見える雲は赤く染まり、その周囲の雲はオレンジ色に輝き、その上には青い空、さらにその上には白い雲が浮かぶきれいな景色だった。

翌日は5時に起床。部屋からは伊予港が見え、漁船が次々と出航していく様子を眺めていた。そして6時を過ぎた頃に東側を見ると山の上から朝日が昇ってくるのが見えた。同じ部屋から「日の入り」と「日の

伊予市　18：30　ホテルの部屋から見た日の入り

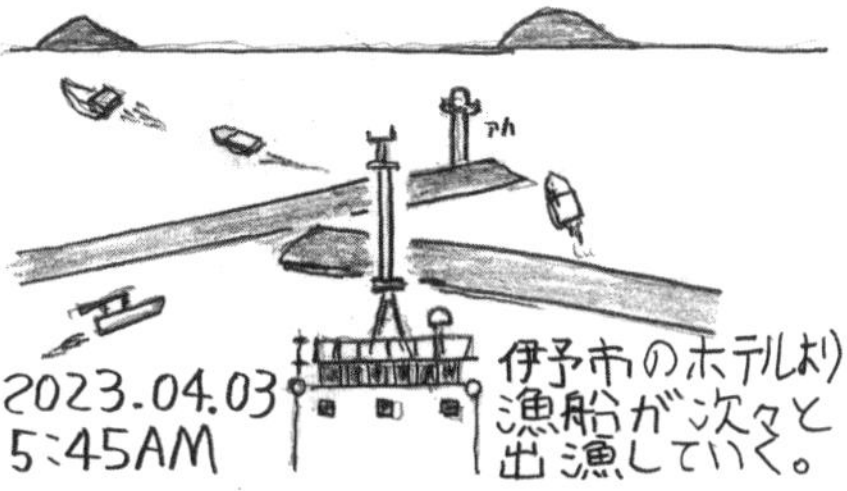
アカ
2023.04.03
5:45AM
伊予市のホテルより
漁船が次々と
出漁していく。

角部屋なので昨日は「日の入り」、今は
「日の出」を見ることができた。
2023.04.03 6:15AM
伊予市で泊まったホテルの部屋より。
山から太陽が顔を出す。

出」を見たのは初めての体験だった。
この日は4月3日の月曜日。新年度最初のNHKの朝ドラで高知県を舞台にした「らんまん」を見てから8時20分に宿を出発。そして直ぐに昔ながらの風情がある建物が道の両側に並んでいるのを見て立ち止まる。道幅は狭くて車が頻繁に通る

ので、建物から少し離れてスケッチ出来る場所を求めて歩く。それに大きすぎる建物は手帳に入りきらないので、適当な大きさの建物が望ましい。空き地の前に建つ2階が漆喰仕上げの建物を描いたが、これらの建物は伊予市の「郡中の街並み」と呼ばれている。

伊予鉄道郡中線に沿うように進むと、頻繁に列車が通過していく。やがて松前町に入り国道56号線に合流し、「エミフル」という大きな商業施設で休憩。もう松山市が近いので、国道を通る車両は多い。そして重信川に架かる出合大橋を渡っている時、左手側にある伊予鉄道の鉄橋を赤っぽい色の列車が3両編成で通過し、空を見上げると大きなプロペラ機が飛んで行った。地図を見ると松山空港はこの橋から北西方向に約2㎞しか離れていない。河原を見下ろすと菜の花の群落が咲き誇っていた。この季節は皆が桜に注目するが、私は菜の花が創り出す鮮やかな黄色の景色も大好きである。

# 61　松山市

松山市　松山城と満開の桜

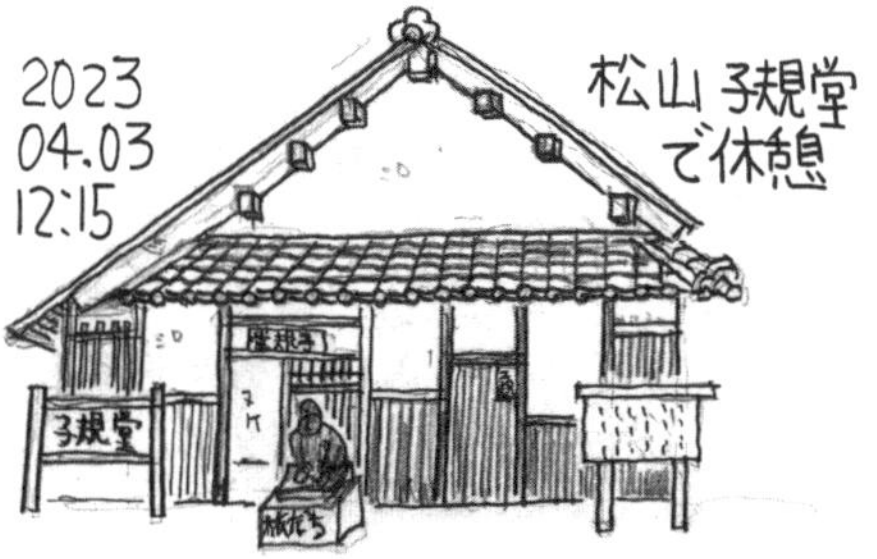



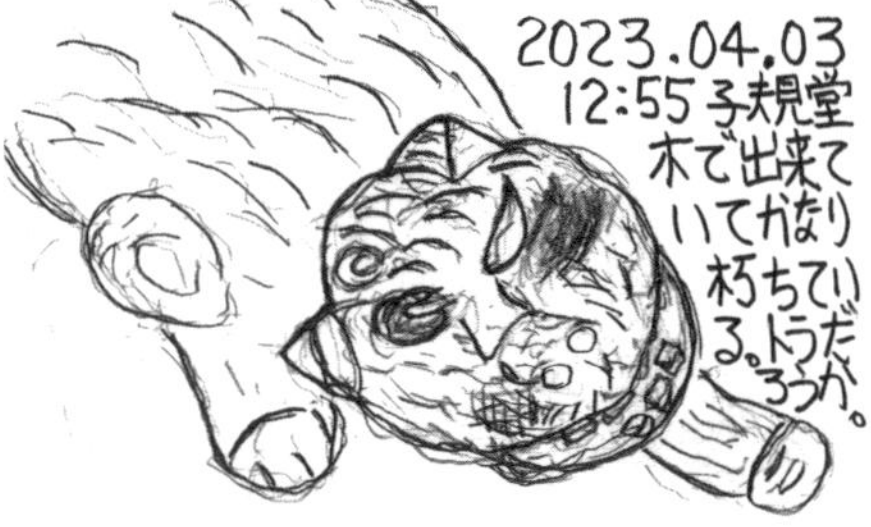



## 松山市

2023年4月3〜5日

「種田山頭火」終焉の地「一草庵」に寄る。6年前に山陽道の宮市宿（山口県防府市）を通った時、山頭火の生家跡に寄った事を思い出した。

出合大橋を渡り終えると松山市に入り、伊予鉄道松山市駅近くの子規堂に到着したのは12時。子規堂は正岡子規の菩提寺である正宗寺《しょうじゅうじ》の境内に建てられていた。建物の前にある「坊ちゃん列車」の横でベンチに座って昼食休憩とする。直ぐ隣には、朽ちかけているが面白い表情をした虎と思われる置物があり、それを眺めながらおにぎりをほおばる。正岡子規は松山市に生まれ、明治時代を代表する俳人である。説明板によると、我が国に入ってきたベースボールに、彼の幼名「升《のぼる》」にちなんで「野の球」即ち「野球」という言葉を作った人とされている。我が国に於ける今日の野球の繁栄を考えるとその功績は絶大だ。

子規堂を後に松山城を目差す。石垣を見ながら長い坂を上がり、松山市の中心部に位置する勝山山頂（標高１３２ｍ）に築かれた天守閣に着いたのは13時半。慶長７年（１６０２年）に「賤ケ岳《しずがたけ》の七本槍」で有名な加藤嘉明が築城し、その後入城した蒲生忠知が寛永４年（１６２７年）に二の丸を、寛永12年に松平定行が三の丸を築いた。現存12天守のひとつであり、四国では他に丸亀城、高知城、宇和島城が該当する。これで「四国一周 徒歩の旅」を通して四つの現存天守に全て寄ったことになる。広場から眺めた天守閣は桜に囲まれるように建っていて、眼下には松山市街地が一望出来た。

松山城を後に「坂の上の雲ミュージアム」に行ったが、この日は月曜日で休館だった。『坂の上の雲』は司馬遼太郎氏が松山市出身の三人の男達、すなわち日露戦争で騎馬隊を率いた秋山好古、その弟で日本海海戦時の連合艦隊参謀だった秋山真之、そして正岡子規を主人公にして、当時の日本が先進国に追いつこうとしていた時代を背景に書かれた小説だ。建物の設計は安藤忠雄氏である。ミュージアムに隣接して萬翠荘《ばんすいそう》があった。ホームページによると、松山藩主の子孫にあたる方が大正11年（１９２２年）に建てた洋風建築で、美術館として公開されている。この敷地には夏目漱石が松山中学の英語教師として赴任した折に下宿していた愛松亭があったとのこと。しかしこちらも月曜が休館日で、門が閉じられ敷地内に入ることが出来なかった。宿泊するホテルに到着したのは16時。大浴場があるので早速入りに行く。まだ早い時間帯なので入浴者は私一人だった。楽しみにしていた施設の見学が出来なかった悔しさをぶつけるように、横幅7m程の浴槽を平泳ぎで往復して憂さ晴らしをした。私はホテルを予約する際は大浴場のある所を選ぶことが多い。大きな浴槽は旅を充実させる重要な要素だと思っている。

2023.04.03
15:25
萬翠荘は
休館日
残念!

翌日は5時10分に起床。ホテルのレストランで6時半から朝食を食べたが、バイキング形式なので慌ただしい。部屋に戻ってＮＨＫのＢＳ放送「心旅」を見る。この日は4月4日の火曜日。「心旅」は13年目に突入したとのこと。俳優の火野正平さんが自転車で日本全国を旅する番組で、火野さんが何かに気付いてペダルから足を下ろすタイミングが、私が歩いていている最中に、きれいな景色や面白いものを見つけて立ち止まる感覚に似ていると思いながらよく見ている。

8時10分にホテルを出発。先ずは「秋山兄弟誕生の地」に行く。ここは『坂の上の雲』を読んだ人なら誰もが訪れたいと思う場所だが、開館は10時からなので門が閉じられていて入れない。門の外から復元した生家と秋山兄弟の銅像が見えたので、騎乗姿の秋山好古大将像をスケッチした。

松山市　秋山兄弟誕生地　秋山好古大将像

愛媛大学の横を通り一草庵に着いたのは9時半。ここは放浪の俳人「種田山頭火」終焉の地である。昭和14年（1939年）ここに住み、翌年10月に脳溢血のため永眠。享年59歳。私は6年前に山陽道を歩いて宮市宿（山口県防府市）を通った時、山頭火の生家跡に寄ったことを思い出した。代表句に「分け入っても 分け入っても 青い山」がある。「日本縦断 徒歩の旅」をしていて全く旅の終わりが見えない頃、生家跡を見た時にこの句が心の中に飛び込んできて、私には山頭火が偉大な先達に思えた。パンフレットに「……すべての点に於て、私の分には過ぎたる栖家《すみか》である、私は感泣して、すなほにつ、ましく私の寝床をこ、にこしらへた」とあり、「昭和15年、山頭火は松山の句友十数人が集い活発に活動」と記載されていた。一草庵は明るい感じの簡素な建物だった。山頭火は野垂れ死にしなくてよかったと思う。私は山頭

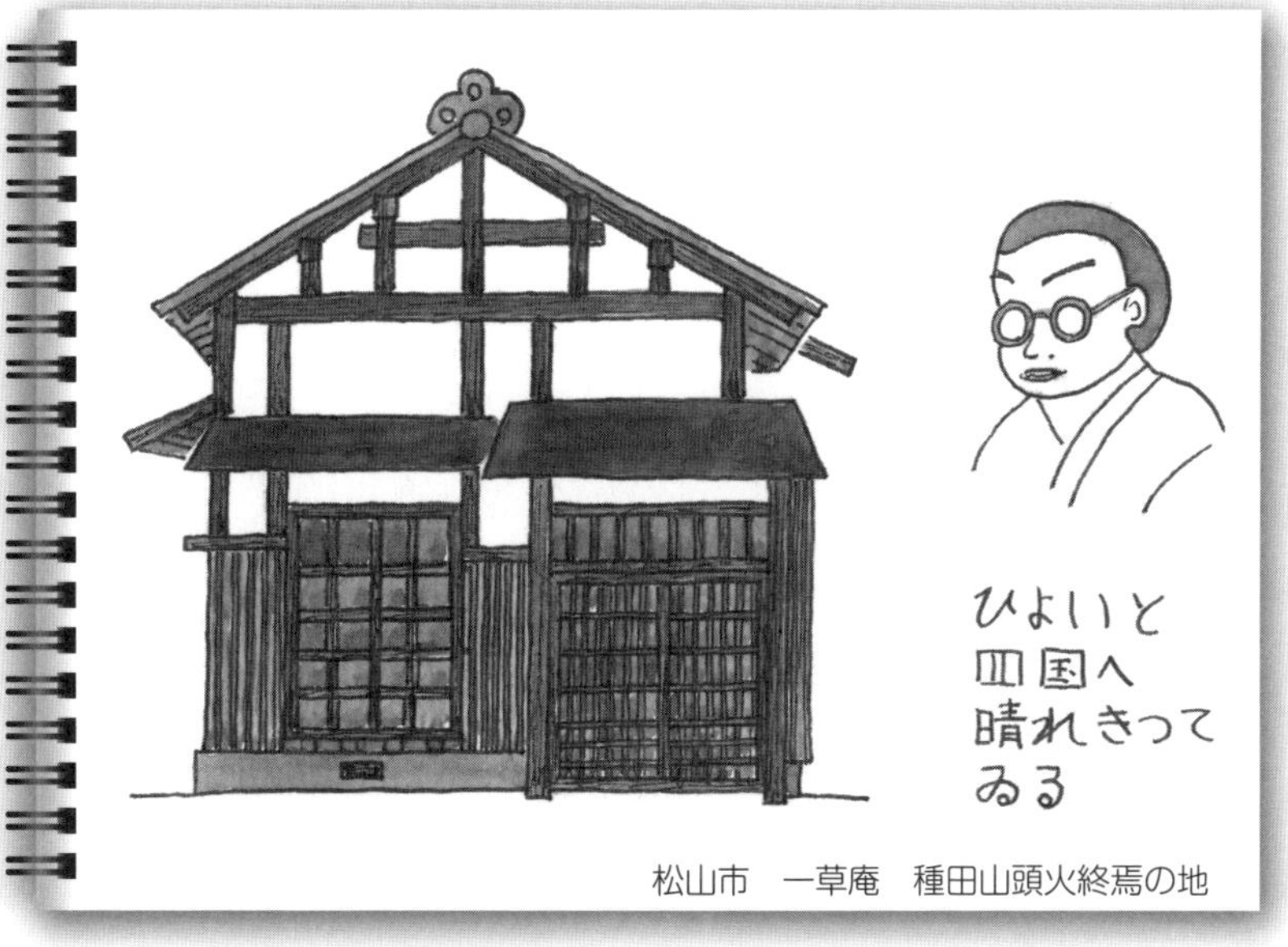
ひよいと
四国へ
晴れきって
ゐる
松山市　一草庵　種田山頭火終焉の地

火が残した「人生即遍路」の言葉が好きだ。

一草庵を後に53番札所圓明寺《えんみょうじ》を目差す。お遍路さんはここから52番札所の太山寺《たいさんじ》に向かうが、私はお遍路ではないので、無理してまで大きな回り道はしない。自分が歩く道の近くに寺社がある場合は寄るというスタンスで歩いている。11時10分圓明寺に

2023
04.04
11:30
四国53
番札所
圓明寺
桜が満
開で花
びらが
落ちてくる。

2023.04.04 11:55
圓明寺で休憩。

到着。境内は桜が満開で、本堂を描いていると花びらが手帳に落ちてきた。スケッチを２枚描き、心地よいので1時間も長居をしてしまった。

　実はずうっと気掛かりな事があった。４日前大洲市のホテルで朝食の際に奥歯の詰め物が外れた事である。県道１７９号線を歩いていると歯科医院があったので、応急処置をしてもらうことにした。予約制なので飛び込みでは治療を受けられないことを危惧したが、30分程待っただけでセメントを詰める処置をしていただいた。詰め物の奥で虫歯が進行しているとのこと。これで歯にしみることに気を使わないでビールが飲めるので一安心だ。

　伊予北条駅近くにあるこの日の宿「シーパＭＡＫＯＴＯ」に着いたのは16時15分。ここは温泉施設なので早速大浴場へ行き、露天風呂で瀬戸内海の絶景を眺め、ジェットバスや気泡風呂でくつろいだ。この温泉は地下６５０ｍから湧き出した塩湯である。満足して部屋に戻ったが、実は私が宿泊した部屋にも大きな風呂がある。タイルの枚数を数えると大きさは４ｍ×３ｍ×高さ３・２ｍで、何時でも入れるように温泉で満たされている。洗面所から外のバルコニーに出ると、砂浜に面した美しい景色が広がっていた。

大浴場から戻った後はテレビを見ながら夕食となる。天気予報によると、「明日は夕方以降雨になり、日中もパラパラと降って風は強い」とのこと。宇和島市から歩き始めて10日目だが、まだ一度も雨に降られていなかった。ここに来て雨につかまったようだ。

翌日は4時50分に起床。せっかく部屋に大きな風呂があるのだから、洗顔を兼ねて入ることにした。体が温まるとベランダに出て景色を見ながら体を冷やし、再び温泉に浸かることを繰り返す。そして考えた。朝食付きのプランだが食事の開始は7時半からと遅い。風呂からあがると、前日購入した牛乳を飲んで直ぐに出発することにした。雨が降り出す前に出来るだけ先へ歩いておきたい。厨房に寄って朝食をしない旨を伝えてから6時半に出発。先ずは2km程先にある「道の駅風早《かざはや》の郷《さと》風和里《ふわり》」を目差した。

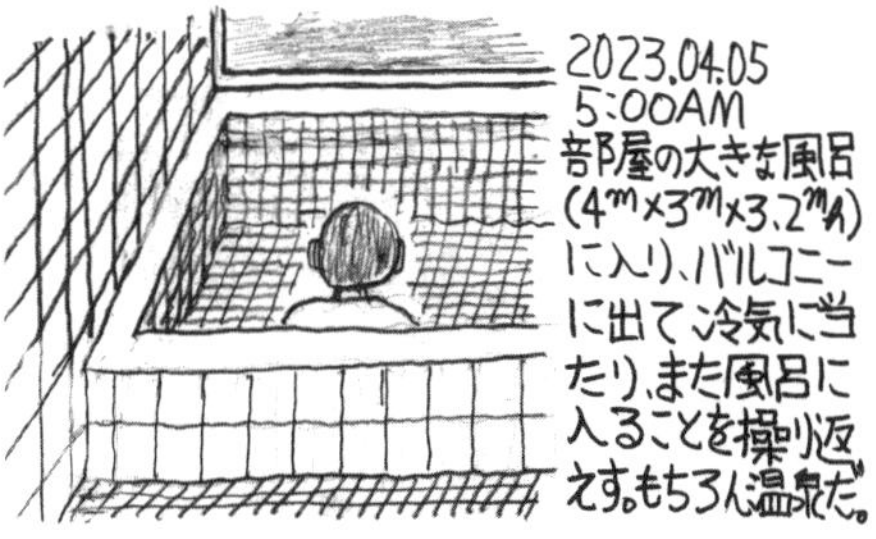

ＪＲ浅川駅に着いたのは8時10分。「伊予三島駅から新居浜駅間は強風のため、朝から夜のはじめまで運休があるかもしれない（やまじ風）」とのテロップが流れていた。「やまじ風」とは、愛媛県東部で見られる南よりの強風である。宿を早く出発したのは正解だったようだ。

# 62　今治市（2）

お接待 道中お気をつけて!!
54番 延命寺 2里
高城
53番 円明寺 7里

今治市　国道196号線沿い　ミカンのお接待

2023.04.05
9:00AM
国道196号
線を歩いてい
ると鬼瓦の
工房が
あった。

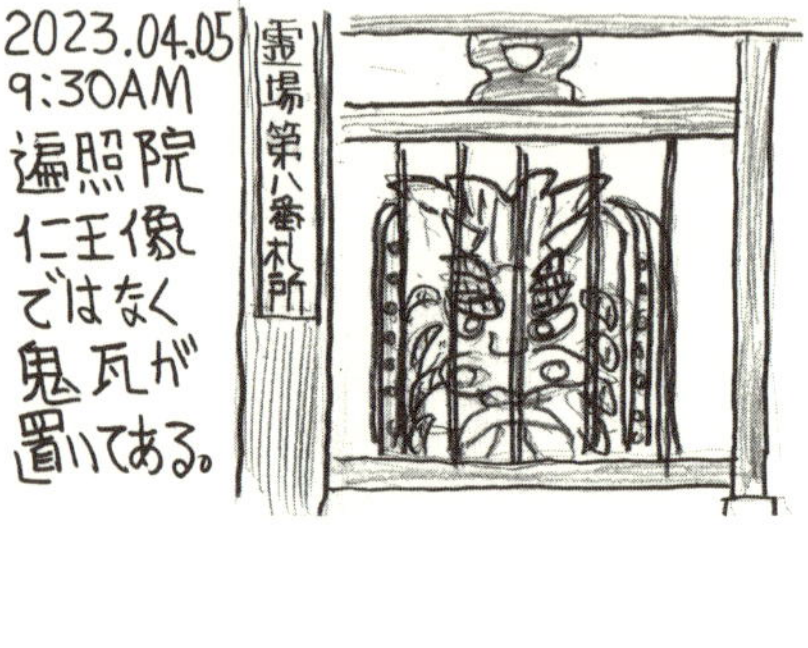
2023.04.05
9:30AM
遍照院
仁王像
ではなく
鬼瓦が
置いてある。
霊場第八番札所

## 今治市（2）

2023年4月5〜6日

「お接待 道中お気をつけて!!」の札と共にミカンが置かれていた。この絵には「四国一周 徒歩の旅」の全てが凝縮されていると思う。

国道196号線を進み、今治市に入ったのは8時半。30分程歩くと鬼瓦が立て掛けてあり、制作する工房が並んでいた。ここは今治市菊間町で瓦の生産で知られている。近くで見る鬼瓦はとても大きくて、いぶし銀に輝き表情はユニークだ。直ぐ近くに遍照院《へんじょういん》があった。一般に寺の門に置かれるのは仁王像だが、ここでは大きな鬼瓦が安置されていた。歩道には鬼瓦のマークがはめ込まれていて、菊間町は鬼瓦のメッカのようである。鬼瓦を作る人を鬼師と言うが、この菊間町では花形の職業に違いない。地図を見るとこの付近には「瓦のふるさと公園」や「かわら館」があるが、今日はこれから天気が悪くなるので寄るのは止めておく。

私は瓦屋根が続く街並みを眺めるのが好きだ。1カ月後に鯉のぼりが空を泳ぐ季節となるが、童謡「鯉のぼり」は「甍《いらか》の波と雲の波……」で歌い始める。これは瓦屋根が波の様に重なっているとの意味で、瓦屋根のある景色は日本の原風景のひとつだと思う。「鯉のぼり」にはもうひとつ別の有名な歌がある。「屋根より高い鯉のぼり……」で始まるが、こちらも屋根が関連して瓦を連想させる。

時折国道から離れて遍路道に入ったりしながら進むと、小さな台の上にミカンがたくさん置かれていて、「お接待　道中お気をつけて!!」と書かれた札が置いてあった。もうひとつ札があり「53番円明寺　7里、54番延命寺　2里」と書かれている。地元の方の温かい心を感じながら通り過ぎて50m程歩いた時、これをスケッチしたくなって引き返した。すると私の後を歩いていたお遍路さんから「どうかしましたか」と声をかけられた。「このお接待のミカンを描きたくて戻りました」と答えたら、「頂いていいのでしょうか」との話になり、その方は手を合わせてひとつ手にされた。私はお遍路ではないが、53番札所圓明寺に寄り、54番札所延命寺《えんめいじ》に向かっていることを理由にひとつ頂いた。この日が「四国一周　徒歩の旅」の最終日である。この

2023.04.05 11:30 予讃線の列車が通過
風が冷たくなってきた。そろそろ雨がくるかな。

2023.04.05. 12:00 星の浦海浜公園より
いかにも今治らしい風景である。

時に描いたスケッチには、四国を約50日間かけて歩いた旅の全てが凝縮されていると思う。

大山《おおやま》八幡《はちまん》大神《おおかみ》で少し早いが昼食休憩とした。おにぎりを食べている間にも風は次第に冷たくなり、明らかに低気圧が近づいている。雨が降り出す前に出来るだけ先に進もうと速足で歩き、正午に星の浦海浜公園に到着。しかし私は美しい景色を求めて旅をしているのに、雨を恐れて逃げるように歩くのは情けない気がしてきた。雨が降っても傘や雨具を持っているので恐れることは何もないのだ。芝生の上に椅子があるので休憩する。ここからの景色は造船業が盛んないかにも今治市らしい風景だった。黒と赤の船体の上に何台ものクレーンが立っているのが見える。２年半前にしまなみ海道を歩いていた時、今治市の伯方島に入った時にも船のドックを見かけた。私の「四国一周　徒歩の旅」も終わりが近づいていた。

54番札所延命寺には13時20分に到着。境内は満開の桜がきれいだった。お遍路さんはここから55番札所南《なん》光坊《こうぼう》に向かうが、私はＪＲ今治駅近くのホテルに宿泊するので56番札所泰山寺《たいさんじ》へ先に行くことにした。県道38号線、１５６号線と進み、国道１９６号線を横断した頃から雨が落ちてきたので傘をさす。今回の旅を開始してから11日目で初めて傘を手にした。泰山寺に着いたのは14時半。建物の庇に隠れて大師堂を見ながら休憩。この時に雨が強くなってきたので南光坊に行くのは諦めた。翌日は帰宅するので、本堂に無事に旅を終えることが出来た報告とお礼をした。

今治駅に到着したのは15時半。ここは「四国一周 徒歩の旅」の起点の場所である。始まりは２０２０年10月で、しまなみ海道を歩き終えて到着した。それから2年半に亘り5回の旅を経て四国を一周したことになる。この間、新型コロナウイルスまん延のため自由に旅が出来なかったが、ようやく達成することが出来た。翌朝に乗る福山駅行バス停留所の場所と発車時刻を確認してからホテルに入ったのは16時。スケッチの仕上げを終えて外を見ると、雨はかなり強く降っていた。夕食を終えて、接待所でいただいたミカンを食べたが甘くておいしかった。「四国一周 徒歩の旅」全般を通して感じたのは、四国には八十八ヶ所霊場があるので、お遍路さんや旅人をもてなす文化が根付いていることだ。出会った地元の方々、御一緒したお遍路さんや旅人達は皆が親切でいい人達で、お蔭様で大変楽しい旅をさせていただいた。

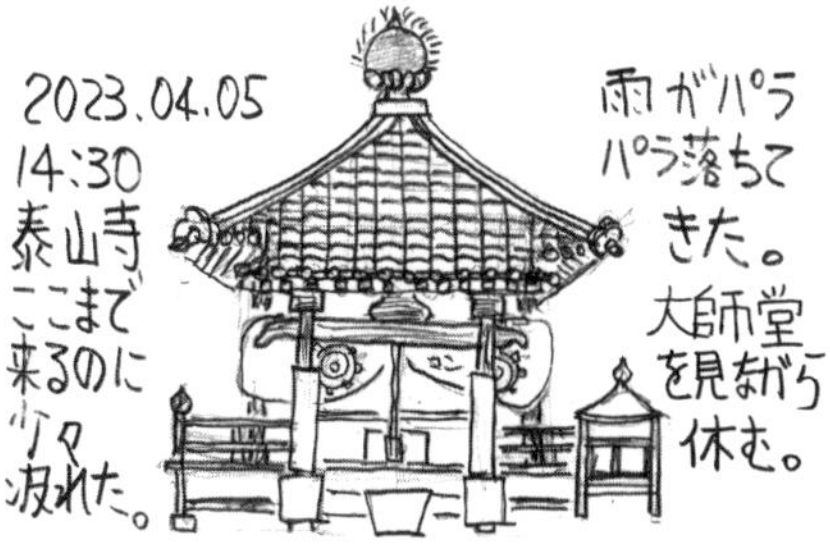
2023.04.05
14:30
泰山寺
ここまで
来るのに
少々
疲れた。
雨がパラ
パラ落ちて
きた。
大師堂
を見ながら
休む。

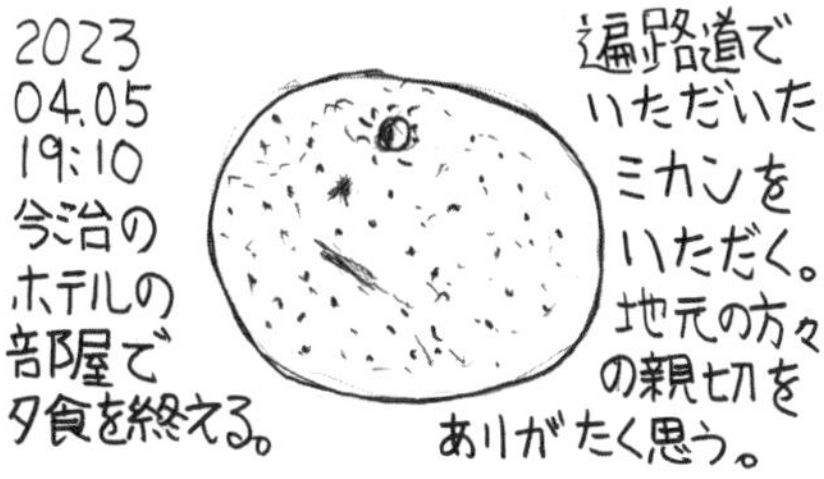
2023
04.05
19:10
今治の
ホテルの
部屋で
夕食を終える。
遍路道で
いただいた
ミカンを
いただく。
地元の方々
の親切を
ありがたく思う。

翌朝は5時35分に起床。旅を終えた安心感からか、完全に寝坊してしまった。今治駅前発6時20分のバスに乗る予定だったが、出発の支度や朝食の時間を考慮するととても間に合わない。仕方ないので次の7時15分発のバスに乗ることにした。

7時に今治駅に到着。これから「しまなみライナー」でしまなみ海道を経由して広島県の福山駅に行く。今治駅からJR予讃線経由で岡山駅まで行った方が早く家に帰れるが、2年半前に歩いたしまなみ海道をバスの車窓から眺めたかった。定刻に出発して15分程で「瀬戸内しまなみ海道（西瀬戸自動車道）」に入り来島海峡大橋を渡る。疲れと旅を終えて緊張から解放されたからだろう。いつの間にか眠ってしまった。

バスは8時50分に福山駅に到着。福山駅前広場から福山城を眺めると桜が満開だった。旅の初日の宇和島市でも満開だったので、桜前線の北上と私が歩く速さはほとんど同じなのだろう。これで「四国一周　徒歩の旅」が終わり、私の「日本縦断　徒歩の旅」は「日本列島縦断　徒歩の旅」に格上げされた。

## 「しまなみ海道 徒歩の旅」概略一覧

| 旅回数 | 年月日 | 歩　程 | 宿泊場所 | 備　考 |
|---|---|---|---|---|
| 1 | 2020.10.12 | 尾道市 | 尾道市 | 自宅から新尾道駅まで列車で移動<br>ホテルアルファーワン尾道（２食付） |
| | 10.13 | 尾道市→〈尾道大橋〉→［向島］→〈因島大橋〉→［因島］→〈生口橋〉→［生口島］ | ［生口島］ | 民宿旅館ひよし（２食付） |
| | 10.14 | ［生口島］→〈多々羅大橋〉→［大三島］ | ［大三島］ | 民宿なぎさ（２食付） |
| | 10.15 | ［大三島］→〈大三島橋〉→［伯方島］→〈伯方橋〉→〈大島大橋〉→［大島］ | ［大島］ | 民宿とも（２食付） |
| | 10.16 | ［大島］→〈来島海峡大橋〉→今治市 | 今治市 | ホテル菊水今治（２食付） |

※１．［　　　］は市町村名以外で、項目を立てた島の名称
※２．〈　　　〉は項目は立てないが、通過した橋の名称

| 旅回数 | 年月日 | 歩　程 | 宿泊場所 | 備　考 |
|---|---|---|---|---|
| 3 | 04.03 | 室戸市→[室戸岬] | [室戸岬] | 民宿室戸荘（2食付） |
| | 04.04 | [室戸岬]→室戸市→奈半利町 | 奈半利町 | ホテルなはり（2食付） |
| | 04.05 | 奈半利町→田野町→安田町<br>→安芸市→芸西村→香南市 | 香南市 | サイクリングターミナル<br>海のやどしおや宿（2食付） |
| | 04.06 | 香南市→南国市→[桂浜] | [桂浜] | 民宿まさご（2食付） |
| | 04.07 | [桂浜]→高知市 | 高知市 | ファミリーロッジ旅籠屋高知店<br>（朝食付・夕食なし） |
| | 04.08 | 高知市 | 帰宅 | 高知駅から自宅へ列車で移動 |
| 4 | 2022.10.30 | 高知市 | 高知市 | 自宅から高知駅へ列車で移動<br>高知駅から桂浜へバスで移動<br>民宿坂本（2食付） |
| | 10.31 | 高知市→土佐市 | 土佐市 | 民泊汐風（朝食なし・夕食なし） |
| | 11.01 | 土佐市→須崎市 | 須崎市 | 柳屋旅館（2食付） |
| | 11.02 | 須崎市→中土佐町→四万十町 | 四万十町 | 美馬旅館（朝食付・夕食なし） |
| | 11.03 | 四万十町→黒潮町 | 黒潮町 | 民宿ニュー白浜（2食付） |
| | 11.04 | 黒潮町→四万十市 | 四万十市 | 民宿月白（2食付） |
| | 2022.11.05 | 四万十市→土佐清水市 | 土佐清水市 | 民宿旅路（2食付） |
| | 11.06 | 土佐清水市→[足摺岬] | [足摺岬] | 民宿青岬（2食付）<br>「おもてなし」で昼食のお弁当を頂く |
| | 11.07 | [足摺岬]→土佐清水市→[竜串] | [竜串] | ホテル南国（2食付） |
| | 11.08 | [竜串]→大月町 | 大月町 | 民宿幡多郷（朝食なし・夕食付） |
| | 11.09 | 大月町→宿毛市→愛南町 | 愛南町 | 青い国ホテル（朝食付・夕食なし） |
| | 11.10 | 愛南町→宇和島市 | 宇和島市 | 大畑旅館（2食付） |
| | 11.11 | 宇和島市 | 宇和島市 | 宇和島ターミナルホテル<br>（朝食なし・夕食なし） |
| | 11.12 | 宇和島市 | 帰宅 | 宇和島駅から列車で自宅へ移動 |

※1．[　　　]は市町村名以外で項目を立てた場所、鉄道の名称
※2．〈　　　〉は項目を立てないが通過した市町村名

## 「四国一周 徒歩の旅」概略一覧

| 旅回数 | 年月日 | 歩　程 | 宿泊場所 | 備　考 |
|---|---|---|---|---|
| 1 | 2020.10.17 | 今治市→西条市 | 西条市 | スーパーホテル伊予西条<br>(朝食付・夕食なし) |
| | 10.18 | 西条市→新居浜市→四国中央市 | 四国<br>中央市 | 蔦廼家（２食付） |
| | 10.19 | 四国中央市→観音寺市 | 観音寺市 | ファミリーロッジ旅籠屋讃岐観音寺店<br>(朝食付・夕食なし) |
| | 10.20 | 観音寺市→三豊市→善通寺市→丸亀市 | 丸亀市 | スーパーホテル丸亀駅前<br>(朝食付・夕食なし) |
| | 10.21 | 丸亀市→宇多津町→〈坂出市〉→高松市 | 高松市 | エクストールイン高松<br>(朝食付・夕食なし) |
| | 10.22 | 高松市→[屋島]→高松市 | 同上 | 同上 |
| | 10.23 | 高松市→[瀬戸大橋線] | 帰宅 | 高松駅から自宅へ列車で移動 |
| 2 | 2021.11.03 | 高松市→[屋島] | [屋島] | 自宅から高松駅へ列車で移動<br>屋島ロイヤルホテル（朝食付・夕食なし） |
| | 11.04 | [屋島]→[竹居観音岬]→さぬき市 | さぬき市 | 旅宿にった（２食付） |
| | 11.05 | さぬき市→東かがわ市→鳴門市 | 鳴門市 | グランエクシブ鳴門 ザ・ロッジ（２食付） |
| | 11.06 | 鳴門市→[鳴門海峡] | [鳴門海峡] | 旅館公園水野（２食付） |
| | 11.07 | [鳴門海峡]→鳴門市 | 鳴門市 | ファミリーロッジ旅籠屋鳴門駅前店<br>(朝食付・夕食なし) |
| | 11.08 | 鳴門市→松茂町→徳島市 | 徳島市 | ホテルアストリア（２食付） |
| | 11.09 | 徳島市 | 帰宅 | 徳島駅前からバスで、大鳴門橋、淡路島、明石海峡大橋を経由して京都駅へ移動 |
| 3 | 2022.03.27 | 徳島市 | 徳島市 | 自宅から徳島駅へ列車で移動<br>ホテル千秋閣（２食付） |
| | 03.28 | 徳島市→小松島市→阿南市 | 阿南市 | ホテルルートイン阿南（２食付） |
| | 03.29 | 阿南市→[蒲生田岬] | [蒲生田岬] | 民宿あたらしや（２食付） |
| | 03.30 | [蒲生田岬]→美波町 | 美波町 | ホテル白い燈台（２食付） |
| | 03.31 | 美波町→〈牟岐町〉→海陽町 | 海陽町 | 民宿大砂（２食付） |
| | 04.01 | 海陽町→[阿佐海岸鉄道] | 海陽町 | はるる亭（２食付） |
| | 04.02 | 海陽町→東洋町→室戸市 | 室戸市 | 民宿徳増（２食付） |

| 旅回数 | 年月日 | 歩　程 | 宿泊場所 | 備　考 |
|---|---|---|---|---|
| 5 | 2023.03.26 | 宇和島市 | 宇和島市 | 自宅から宇和島駅へ列車で移動<br>宇和島ターミナルホテル<br>（朝食付・夕食なし） |
| | 03.27 | 宇和島市→西予市 | 西予市 | まつちや旅館（2食付） |
| | 03.28 | 西予市→八幡浜市→大洲市 | 大洲市 | 松楽旅館（朝食なし・夕食なし） |
| | 03.29 | 八幡浜市→［佐田岬半島（八幡浜市）］→［佐田岬半島（伊方町）］ | 伊方町 | 伊予大洲駅から列車で八幡浜駅へ移動<br>えびすや旅館（2食付） |
| | 03.30 | ［佐田岬半島（伊方町）］→［佐田岬］ | ［佐田岬］ | 民宿大岩（2食付） |
| | 03.31 | ［佐田岬］→［佐田岬半島（伊方町）］ | 大洲市 | 佐田岬半島 三崎港からバスで伊予大洲駅へ移動<br>ホテルオータ（朝食付・夕食なし） |
| | 04.01 | 大洲市→内子町 | 内子町 | 文化交流ヴィラ高橋邸<br>（朝食付・夕食なし） |
| | 04.02 | 内子町→伊予市 | 伊予市 | いよプリンスホテル（朝食付・夕食なし） |
| | 04.03 | 伊予市→〈松前町〉→松山市 | 松山市 | ホテルルートイン松山-勝山通り<br>（朝食付・夕食なし） |
| | 04.04 | 松山市 | 松山市 | シーパMAKOTO（朝食付・夕食なし） |
| | 04.05 | 松山市→今治市 | 今治市 | JRクレメントイン今治<br>（朝食なし・夕食なし） |
| | 04.06 | 今治市 | 帰宅 | 今治駅からバスでしまなみ海道を経由して広島県の福山駅へ移動 |

※1．［　　　］は市町村名以外で項目を立てた場所、鉄道の名称
※2．〈　　　〉は項目を立てないが通過した市町村名

# おわりに

「しまなみ海道・四国一周 徒歩の旅」を振り返ると、それまでの旅とは少し違った内容になりました。北海道から沖縄本島まで歩いた「日本縦断 徒歩の旅」では、一人で宿場町や寺社、峠や街道、美しい景色を簡単なスケッチをしながら淡々と歩きましたが、今回の旅ではそれらに加えて人との出会いが数多くありました。四国では八十八ヶ所の寺を巡る「四国遍路」が昔から行われてきました。それは主に海沿いを時計回りに一周する約１４００㎞の行程ですが、私が歩いた道と重なる部分が多々ありました。私が歩いた２０２０年から２０２３年にかけてはコロナ禍の影響でお遍路さんは少なかったのですが、宿で一緒になった時は食事の際に会話をし、歩いている時には挨拶を交わしました。また沿道に住む地元の人達から声をかけられて何度もミカンを頂きました。美しい景色は時間の経過と共に記憶が薄れていきますが、人から受けた親切はいつまでも覚えているものです。多くの人に出会えて大変思い出深い旅になりました。

歩き遍路の多くは、白衣を着て、菅笠をかぶり、金剛杖をついて歩き、お寺に着くと御堂に向かって御経を唱えていました。それを終えてから参拝した証として、納経帳に御朱印を押してもらいます。八十八ヶ所霊場の中には急な山道を上らないと行けない寺もたくさんあります。旅を終えてから、次は遍路道を忠実にたどって八十八ヶ所霊場巡りをしてみたい気もしましたが、さほど信心深くない私が歩いても納経帳に御朱印を押してもらう事だけが目的になりそうで、安易な気持ちでしてはいけないと思っています。

旅は5回に亘り53泊58日（そのうち4泊5日は「しまなみ海道 徒歩の旅」）を要したのですが、一般に歩き遍路の方は40日くらいで四国八十八ヶ所霊場を歩き通すと言われています。私はスケッチや記録をとりながら歩いたので、かなりゆっくりとした旅になりました。私は旅をする時にデジカメを持って行きません。スマホや携帯電話は元々所持していません。それは自分の頭の中に記憶を定着することが大切だと思っているからです。写真を撮れば30秒くらいで終わるのに、スケッチをする時は長い時間をかけて対象と向き合います。仕事や日常生活では効率を重視して時間に追われるように過ごしていますが、私にとって歩く旅はそれらから解放される手段であり、「人生無駄も大事」と思うに至りました。

最後に災害について触れておきます。この原稿の校正作業をしている最中の2024年4月17日23時頃に、豊後水道を震源とするM6・6の地震がありました。宿毛市と愛南町では震度6弱を記録し、宇和島市、大洲市など、「四国一周 徒歩の旅」で歩いた地域でも土砂崩れや断水等の被害が出ました。過去の旅を振り返ると、中山道を歩いている最中の2016年に「熊本地震」が発生、山陽道を歩き終えて1年後の2018年に「西日本豪雨」があり、各地で河川が氾濫しました。北海道を歩いた2018年の旅の合間には「北海道胆振東部地震」が発生し、全道のほぼ全域が停電。そして奥州街道の福島県本宮市を歩いた1年後の2019年には、台風による増水で阿武隈川が氾濫して市街地が水没しました。この度「日本列島縦断 徒歩の旅」を終えましたが、日本列島は自然災害が多く、旅をしている最中に大きな災害に遭遇しなかったのは単に運がよかっただけと思っています。

今回の旅では宿泊した宿の女将さんや御主人、同宿したお遍路さん、私を励ましてくれた地元の方々など多くの人達から親切を受けました。ここに御礼を申し上げます。

**著者プロフィール**

**長坂 清臣**（ながさか きよおみ）

1956年（昭和31）北海道歌志内市出身。現在は埼玉県に在住。
建築の設備設計、現場監理の業務に携わる。趣味として登山をしていたが、東海道を歩いたことをきっかけに街道歩きに興味を持つ。その延長として日本列島縦断歩きをして2023年に達成。

資格
　設備設計一級建築士　技術士（衛生工学部門）
著書
　『中山道六十九次 徒歩の旅絵日記』（2018年　文芸社）
　『西国街道・山陽道 徒歩の旅絵日記』（2020年　文芸社）
　『九州・沖縄縦断 徒歩の旅絵日記』（2021年　文芸社）
　『北海道縦断 徒歩の旅絵日記』（2022年　文芸社）
　『奥州街道・日光街道 徒歩の旅絵日記』（2023年　文芸社）

**しまなみ海道・四国一周 徒歩の旅絵日記**

2024年11月15日　初版第１刷発行

著　者　長坂 清臣
発行者　瓜谷 綱延
発行所　株式会社文芸社
　〒160-0022 東京都新宿区新宿1－10－1
　電話 03-5369-3060（代表）
　　　 03-5369-2299（販売）

印刷所　株式会社フクイン


ISBN978-4-286-25548-4